Topsch · Grundkompetenz Schriftspracherwerb

Reihe »Studientexte für das Lehramt«
Herausgegeben von Eiko Jürgens

Band 5

Wilhelm Topsch

Grundkompetenz Schriftspracherwerb

Methoden und handlungsorientierte Praxisanregungen

Beltz Verlag · Weinheim und Basel

Prof. Dr. **Wilhelm Topsch**, Jg. 1941, ist Erziehungswissenschaftler an der Universität Oldenburg und langjährig in der Lehrerausbildung tätig.

2., überarbeitete und erweiterte Auflage 2005
Die erste Auflage ist unter der ISBN 3-472-04520-5 im Hermann Luchterhand Verlag GmbH, Neuwied/Kriftel, erschienen.

Lektorat: Peter E. Kalb

www.beltz.de
Herstellung: Klaus Kaltenberg
Satz: Druckhaus »Thomas Müntzer«, Bad Langensalza
Druck: Druckhaus Beltz, Hemsbach
Umschlaggestaltung: Federico Luci, Odenthal
Umschlagabbildung: Creative Photo J. Moers, Dorsten
Printed in Germany

ISBN 3-407-25368-0

Inhaltsverzeichnis

Vorwort des Herausgebers

Lesen- und Schreibenlernen zählen zu den Schwerpunkten der Grundschularbeit. Dieses Lernfeld wird in Zukunft seine zentrale Bedeutung vermutlich sogar noch steigern, weil sich die Lern- und Lebenssituation der Kinder, ihr Freizeitverhalten und ihre Mediennutzung in deutlichem Wandel befinden.

Ziel dieses Buches ist es, eine allgemeine Grundkompetenz zum Schriftspracherwerb zu vermitteln, Hintergrundwissen zu formulieren und Praxishilfen bereitzustellen. Das Buch bietet detailliertes Basiswissen zur Schriftsprache und hilft, Schwierigkeiten und Probleme von Kindern theoretisch einzuordnen. Es erörtert Methoden- und Inhaltsfragen, wendet sich dem Thema Schrift und Schreiben zu, skizziert die VA-Kontroverse und bietet vielfältige Praxishilfen für die konkrete Ausgestaltung von Lern- und Fördersituationen. Außerdem enthält es eine Fülle an Übungsvorschlägen. Insgesamt wird eine fundamentale Orientierung für die komplexen Abläufe der alltäglichen Schularbeit im Bereich des Schreibenlernens entwickelt.

Das Buch wendet sich an Studierende und Schulpraktiker gleichermaßen. Es stellt den gegenwärtigen Argumentationsstand dar, greift offene Fragen auf, liefert Argumente und bezieht Position. Für Studierende stellt es das notwendige Grundwissen zur Verfügung, das für eine kompetente Auseinandersetzung mit dem Thema im Studium und/oder im Schulpraktikum erforderlich ist. Lehrerinnen und Lehrern ermöglicht es, unterrichtspraktische und methodische Entscheidungen vor dem jeweiligen theoretischen Hintergrund zu reflektieren.

Das Buch basiert auf langjährigen Erfahrungen, die der Autor vor allem in der ersten, aber auch in der zweiten Phase der Lehrerausbildung sowie in Fortbildungsveranstaltungen sammeln konnte. Es ist informativ geschrieben und methodisch abwechslungsreich gestaltet. Dem Autor gelingt es, Theorie und Praxis so miteinander zu verbinden, dass eine faktenreiche, gleichwohl verständliche und nachvollziehbare Einheit entsteht.

Bielefeld *Eiko Jürgens*

1. Einleitung

»Als ich endlich lesen konnte, war ich richtig stolz ...«

»Lesen gelernt habe ich sehr schwer. Ich glaube, es war ein langwieriger Prozess, genauso das Schreiben ...«

»An besondere Erlebnisse in Bezug auf das Lesen- und Schreibenlernen kann ich mich nicht mehr erinnern. Aber ein Reim aus meiner Fibel ist mir im Gedächtnis geblieben ...«

Fast alle Kinder kommen mit klaren Erwartungen in die Schule: Sie wollen Lesen und Schreiben lernen, damit sie endlich in der Welt der »Großen« mithalten können. Der Schulbeginn und vor allem das Lesen- und Schreibenlernen stellen für viele Kinder aber auch eine erste große Herausforderung dar. Da Schulanfang und Schriftspracherwerb – zwei wirkliche Einschnitte im Kinderleben – zusammenfallen, wundert es nicht, dass sich die meisten von uns nach Jahren und Jahrzehnten noch daran erinnern. Viele Lehramtsstudierende, die ich gebeten hatte, ihre Erinnerungen an den eigenen Schriftspracherwerb aufzuschreiben, eröffneten ihre Texte mit der Bemerkung, dass sie sich *eigentlich* an nichts mehr erinnern könnten, aber dann folgt fast immer eine Fülle von sehr konkreten Einzelheiten.[1] Es lohnt, sich zu erinnern: In vielen Fällen liegt der Schlüssel zum Verständnis von Problemen, die Kinder heute beim Schriftspracherwerb haben, in der Rückerinnerung an eigene Probleme.

Der Schriftspracherwerb zählt traditionell zu den Schwerpunkten der Grundschularbeit. Im Bewusstsein vieler Erwachsener sind Lesen- und Schreibenlernen im Kern auf das erste Schuljahr beschränkt. Wer so denkt, der wird sich fragen: Lohnt es, sich außerhalb des eigentlichen Lese-/Schreiblehrgangs mit diesem Bereich zu beschäftigen? Müssen wir unsere Aufmerksamkeit nicht auf andere Lernfelder richten? Brauchen Kinder heute nicht vielmehr eine medien- und informationstechnologische Basiskompetenz – eine allgemeine Computer- und Internet-Literalität? Wer so fragt, übersieht die Realitäten. Angesichts der bereits eingetretenen und der zu erwartenden Veränderungen in der Lebenssituation von Kindern kann man für die Zukunft eher mit einer steigenden Bedeutung der Auseinandersetzung mit der Schriftsprache in der Schule, aber auch mit erhöhten Problemen beim Schriftspracherwerb rechnen. Die Familiensituation, das Freizeitverhalten, die Mediennutzung und die veränderten Möglichkeiten der Informationsbeschaffung insgesamt tangieren die Lesesozialisation. Etwas überpointiert kann man sagen, dass Kinder und Jugendliche in eine doppelte Medienfalle geraten: Einerseits setzt die Nutzung des Informationsüberflusses eine

1 Bei den eingestreuten Zitaten in der Randspalte handelt es sich um schriftliche Rückmeldungen von Lehramtsstudierenden, für die ich hiermit danke.

erhöhte Schriftsprachkompetenz voraus – andererseits wird der Schriftspracherwerb durch die Omnipräsenz konkurrierender Medien nicht gefördert, sondern gestört.

Durch die PISA-Studie[1] wissen wir, dass eine verstärkte Auseinandersetzung mit dem Schriftspracherwerb dringend geboten ist. Bereits die Ergebnisse von »PISA 2000« (Baumert u. a. 2001; 2002) haben die Öffentlichkeit in Deutschland geschockt und die Diskussion stark beeinflusst. Die erste PISA-Untersuchung zeigte, dass sich die Lesekompetenz der deutschen Schülerinnen und Schüler nur im unteren Mittelfeld bewegt und – hierin lag die eigentliche Schockwirkung – dass alle Errungenschaften unseres Bildungssystems wie Schulpflicht, ein ausgebautes Schulsystem, die universitäre Lehrerausbildung und ein elaboriertes Angebot an Schulbüchern und Lehrmitteln nicht automatisch zur Sicherung ausreichender Leistungen im Schriftspracherwerb führen.

Mehr als zwanzig Prozent der 15-jährigen deutschen Schülerinnen und Schüler befanden sich bei den Ergebnissen der Untersuchung »PISA 2000« in den untersten Kompetenzbereichen und konnten nur als schwache oder schwächste Leser eingestuft werden. Zusammenfassend kommen die Autoren zu dem Schluss: Bezogen auf die Mittelwerte »liegen die Leistungen deutscher Schülerinnen und Schüler im unteren Teil des Feldes der OECD. [...] In Deutschland finden sich vergleichsweise viele Jugendliche mit sehr schlechten Leistungen. Auch die Freude am Lesen ist in Deutschland vergleichsweise gering« (Baumert u. a. 2001, S. 116).

Die Untersuchung »PISA 2003« bestätigt diese Ergebnisse. Auch hier kamen die beteiligten deutschen Schülerinnen und Schüler über mittlere Leistungen nicht hinaus (OECD 2004, S. 280). Gleichzeitig gehörte Deutschland aber zu der Gruppe der elf OECD-Länder, in denen zwanzig oder mehr Prozent der getesteten Schüler nur auf dem ersten Level oder darunter eingeordnet werden konnten.[2] Etwa jeder fünfte 15-jährige der deutschen Stichprobe (22,3 Prozent) befand sich im untersten Leseleistungsfeld: »... at least one in five are not proficient beyond Level 1« (OECD 2004, S. 279). Das bedeutet für diese Schülerinnen und Schüler zugleich eine schwere Beeinträchtigung der Lern- und Leistungsmöglichkeiten in anderen Bereichen.

1 Programme For International Student Assessment (2000): PISA ist ein international standardisierter Leistungsvergleich von 15-jährigen Schülerinnen und Schülern in den Bereichen Lesekompetenz, mathematische Grundbildung, naturwissenschaftliche Grundbildung; Folgeuntersuchungen: 2003 und 2006.

2 Dabei handelt es sich um folgende Länder (in absteigender Reihenfolge): Mexiko, Türkei, Griechenland, Slowakische Republik, Italien, Luxemburg, Deutschland, Portugal, Spanien, Österreich und Ungarn (OECD 2004, S. 279).

Deutlich besser als in der PISA-Studie, die sich auf die 15-jährigen konzentrierte, schnitten die deutschen Grundschülerinnen und Grundschüler in der IGLU-Studie[1] ab. In dieser internationalen Vergleichsuntersuchung, an der 35 Länder beteiligt waren, belegten sie den Rangplatz 11. Damit erreichen sie »einen Rangplatz im oberen Leistungsdrittel und liegen im Durchschnitt auf der Höhe der teilnehmenden Länder aus der Europäischen Union« (Bos u.a. 2003, S. 101).

Trotz des unterschiedlichen Forschungsdesigns (PISA untersuchte die Leistungen eines Altersjahrgangs – IGLU die Leistungen am Ende einer Klassenstufe) machen die Ergebnisse deutlich, dass der Unterricht nicht nur die Aufgabe des Schriftspracherwerbs aufgreifen muss, sondern dass ihm auch die Aufgabe des Schriftspracherhalts zufällt. Die Institution Schule wird sich als Ganzes darauf einstellen müssen, dass der Schriftspracherwerb für einen Teil der Kinder nicht auf den Schulanfang begrenzt werden kann und dass der Erhalt der Leistungen im schriftsprachlichen Bereich ein fortdauerndes Engagement in den auf die Grundschule aufbauenden Klassenstufen erforderlich macht. Die Vermittlung von Kompetenzen im Umgang mit der Schriftsprache wird zu einer die gesamte Schulzeit begleitenden Anforderung an Lehrerinnen und Lehrer. Vor diesem Hintergrund erscheint es als Anachronismus, dass das Fachwissen zum Lesenlernen/Schreibenlernen in der Regel in Form von Kommentarbänden an Fibeln und Erstlesewerke im engeren Sinne gebunden wird und daher nur begrenzt zugänglich ist. Kenntnisse über den Schriftspracherwerb und deren Vermittlung gehören heute schon – und erst recht in der Zukunft – zur Grundkompetenz des Berufes von Lehrerinnen und Lehrern.

Was kann ein einführender Band wie der vorliegende in dieser Situation leisten? Die nachfolgenden Kapitel, die auch unabhängig voneinander gelesen werden können, zielen auf eine Orientierung im Feld der Schriftspracherwerbsdidaktik, auf eine Schärfung des Problembewusstseins und auf den Aufbau grundlegender Handlungskompetenz ab.

- *Basiswissen:* Nach einem Überblick über die Entstehung von Schrift soll durch eine Problemanalyse die Komplexität unseres Schriftsystems einsichtig werden. Dabei geht es wesentlich um die Erkenntnis, dass unsere Schrift keine Lautschrift ist. Dies schafft die Grundlage für ein besseres Verständnis der Probleme Lesen lernender Kinder und für strukturell richtige Hilfen. Zusammenhänge zwischen dem

1 Internationale Grundschul-Lese-Untersuchung: Ziel dieser Studie waren Ermittlung und Vergleich der Lesekompetenz, des naturwissenschaftlichen Verständnisses und der mathematischen Kompetenz am Ende der vierten Jahrgangsstufe.

Spontanschreiben und der basalen Rechtschreibkompetenz sollen das Verständnis für Fehlschreibungen stützen.

- *Methodenkonzepte:* Methodenkompetenz und Methodenvielfalt setzen Methodenwissen voraus: Die typischen Übungen und Verfahrensschritte der einzelnen Konzepte sollen »an ihrem Ort« gesichtet werden, um Methodenkompetenz für ein variationsreiches Vorgehen zu entwickeln. Der Spracherfahrungsansatz und das Konzept des Lesens durch Schreiben werden dabei berücksichtigt.
- *Inhaltsfragen:* Schriftspracherwerb ist immer mit Inhalten verknüpft. In Form eines »heimlichen Lehrplans« werden Werte und Normen beim Lesen- und Schreibenlernen vermittelt. Das müssen sich auch Lehrerinnen und Lehrer klarmachen, die mit selbst gestalteten Materialien arbeiten.
- *Schrift und Schreiben:* Schreibenlernen ist ein komplexer psychomotorischer Vorgang, der einer eigenständigen methodischen Reflexion bedarf. Als Anfangsschrift für das Lesen- und Schreibenlernen hat sich die Druckschrift durchgesetzt. Für die darauf aufbauenden Schreibschriften werden Alternativen und Probleme aufgezeigt und diskutiert.
- *Praxishilfen:* Die Praxishilfen sind systematisch nach ihrer Zugehörigkeit zur Element-, Wort- und Textebene geordnet. Sie sind nach dem Gesichtspunkt der Handlungsorientierung ausgewählt und können leicht auf die jeweilige Lernsituation angepasst werden.

Absicht dieses Buches ist es, Aspekte einer allgemeinen *Grundkompetenz zum Schriftspracherwerb* aufzugreifen, Basiswissen zu vermitteln und grundlegende Handlungsoptionen aufzuzeigen. Auch wenn die Situation heute nicht mehr so übersichtlich erscheint wie vor 500 Jahren: Halten wir uns an Valentin Ickelsamer, der um 1530 schrieb: »Soviel gehört sich zu wissen .../die anderen verzwickten stücklin und künstlin/die die subtilen schulmeister drauff haben/die dienen wenig zu der sach/man lasse die damit kempffen/die gern mit unnützen dingen umbgehen.« (Ickelsamer, um 1530, S. 22 [eigene Zählung])

2. Basiswissen

»Eigentlich habe ich sehr schöne Erinnerungen an das Lesen- und Schreibenlernen: Es gibt nur eine Situation, die ich bis heute in sehr unangenehmer Erinnerung habe ...«

»An meine ersten Leselernversuche kann ich mich noch gut entsinnen ...«

»Ich weiß, dass mir das Lernen von Anfang an richtig Spaß gemacht hat ...«

Der Schriftspracherwerb gehört zu den schulischen Lernbereichen, zu denen fast jeder Erwachsene eigene Erfahrungen beisteuern kann. Als Lehrerin oder Lehrer werden Sie sich darauf einstellen müssen, dass die Eltern auch in Methodenfragen eine feste Meinung haben und mitreden wollen. Der Grund liegt auf der Hand: Da letztlich (fast) alle Erwachsenen am Ende Lesen und Schreiben gelernt haben, entsteht bei ihnen der Eindruck, »hinlänglich Bescheid« zu wissen. Das beginnt schon bei der Frage nach der Anzahl der Buchstabenzeichen. Kaum ein Erwachsener, der hierzu nicht eine Antwort parat hätte: Meistens wird die Frage spontan mit einer Zahl zwischen 24 und 26 beantwortet. Eine offenbar nahe liegende, aber falsche Antwort. Die Antwort ist in Wirklichkeit viel komplexer (vgl. 2.2.3).

Dieses Kapitel will Faktenwissen zum Schriftspracherwerb bereitstellen. Dabei geht es um das Schriftsystem, die Entwicklung des Alphabets und um den Aufbau einer Schriftsprachkompetenz in der Grundschule. Ein Schwerpunkt des Kapitels liegt darin, die Differenzen zwischen Schrift und Sprache zu entfalten, um Sie für die Schwierigkeiten, vor denen das Lesen lernende Kind steht, zu sensibilisieren.

2.1 Schrift als Repräsentationssystem von Sprache

Dass der Schriftspracherwerb mit Sprache und Schrift zu tun hat, ist trivial. Weniger trivial ist schon die Einsicht, dass sich unsere Sprache in unserer Schrift nicht nach einem 1:1-Schema abbilden lässt und dass Probleme des Schriftspracherwerbs teilweise aus einer unreflektierten Gleichsetzung von Sprache und Schrift (durch Erwachsene oder durch Kinder) herrühren können. Wie irrig die Annahme ist, lässt sich leicht belegen:

- Sprechen Sie sich die Wörter »Mann« und »man«, [man] und [man][1] exakt vor. Hören Sie genau hin und ziehen Sie dann Rück-

1 Den Duden-Konventionen entsprechend verwende ich für Laute oder gesprochene Wörter [ ] (phonetische Schreibweise); für Phoneme / / (phonemische, phonologische Schreibweise); für Grapheme < > (orthographische oder graphematische Schreibweise).

schlüsse auf die Schreibweise von »Mann« und »man«. Machen Sie sich bitte klar, dass Sie weder das große »M« noch das kleine »m«, weder das Doppel-n, »nn«, noch das einfache »n« *hören* können.
- Sprechen Sie »Fahne« und »Vater«, [faːnə][1] und [faːtəʁ] und prüfen Sie, was Sie für die Schreibung der beiden Wörter heraushören können: Weder »F« noch »V«, weder die Schreibweise »ah« noch die Schreibweise »a« – es handelt sich jeweils um ein »langes a« – kann man *hören*.

Schriftsysteme

Schriftsysteme kann man nach unterschiedlichen Gesichtspunkten kategorial ordnen. Im Umfeld des Schriftspracherwerbs ist die Unterscheidung von nichtalphabetischen Schriften und alphabetischen Schriften didaktisch von besonderem Interesse. Folgt man den Entwicklungsstufen der Schrift, dann lassen sich folgende Konzeptionen unterscheiden:

- Ideen- oder Bilderschriften (z.B. Piktogramme),
- Wortschriften (z.B. die chinesische Schrift),
- Silbenschriften (z.B. die japanische Schrift) und
- Buchstabenschriften (z.B. die lateinische Schrift).

2.1.1 Nichtalphabetische Schriften

Piktogramme

Bilder visualisieren ihre Botschaft unmittelbar. Wie Bilder sind auch die Bildzeichen nicht auf die Vermittlung spezieller Wörter ausgerichtet. Mit ihnen ist vielmehr eine unmittelbare Sinnfindung beim Betrachter intendiert. Bildzeichen haben meist einen deutlich realistischen/naturalistischen Bezug. Dies ist der Grund dafür, dass wir trotz hoch entwickelter Schriftsysteme in bestimmten Bereichen, in denen Personen aus unterschiedlichen Sprach- und Kulturkreisen zusammentreffen, vielfach Piktogramme als Sinnträger finden können. Aufgrund des Bildbezuges zur Realität erschließt sich die Bedeutung dieser Bildzeichen dem Betrachter in der Regel unmittelbar. Bildzeichen sind nicht an eine bestimmte Sprache gebunden und lassen daher unterschiedliche sprachliche Umsetzungen zu.

1 Für die Darstellung wird das Internationale Phonetische Alphabet (IPA) in Anlehnung an Duden, Band 1, [23]2004 verwendet. Der Doppelpunkt nach dem Vokalzeichen kennzeichnet einen Vokal als Langvokal.

Beispiel
Das nebenstehende Piktogramm kann z.B. von unterschiedlichen Betrachtern ganz unterschiedlich »erlesen« werden, z.B. als »Non fumatore«, »Non-smoker« oder »Nichtraucher«.
Mit steigendem Abstraktheitsgrad setzen Piktogramme jedoch auch eine zunehmende Kenntnis von Konventionen voraus. So fließen in dieses Piktogramm Konventionen ein, die Ihnen aus dem Bereich der Verkehrsschilder geläufig sind: Es handelt sich um ein kreisrundes Schild, wie es bei den Verbotsschildern des Straßenverkehrs üblich ist. Es hat wie diese einen dunkleren Rand (bei Verbotsschildern im Verkehr: rot) und ein weißes Innenfeld, in das ein Symbol für das entsprechende Verbot gesetzt wurde. Zusätzlich muss der Betrachter die Regel: »Durchstreichen bedeutet ein Verbot – es kennzeichnet das falsche Verhalten«, kennen und von anderen Situationen (Anstreichen, Ankreuzen zur Kennzeichnung des Richtigen) unterscheiden.

Insgesamt stößt die Bezugnahme auf Bilder, Bildzeichen oder Piktogramme aber schnell an Grenzen. Diese liegen bereits in der Eindeutigkeit und Aussagekraft der Bilder: Bei der Abbildung eines größeren hochbeinigen Hundes mit spitzen Ohren könnte man sich fragen, ob dies ein Schäferhund, ein Wolf oder generell »nur« einen Hund darstellt – und auch stellvertretend für Dackel, Pudel oder Schnauzer etc. stehen soll. Vor allem ist es kaum möglich, komplexe Inhalte oder abstrakte Ideen auf Bildebene darzustellen. Schon ein für einen Zeitungsleser alltäglicher Satz wie der folgende wäre in dieser Form undenkbar:

> *»Trotz der allgemeinen Euroschwäche hoffen viele Anleger, dass der Europäische Zentralbankrat (EZB) den Diskontsatz und/oder Lombardsatz unverändert lässt.«*

Wortschriften

Bilderschriften, die im engeren Sinne noch keine echten Schriften darstellen, führen also in eine Sackgasse. Deshalb entstanden Wortschriften, die auch abstrakte Inhalte ausdrücken können. Gegenüber Bilderschriften setzen sie ein weit höheres Maß an Konventionen voraus, um gelesen werden zu können. Jeder Begriff der Sprache benötigt im Prinzip ein eigenes Schriftzeichen, damit er sicher und eindeutig identifiziert werden kann. Und jedes dieser Zeichen muss vorher erlernt werden. Die chinesische Schrift besteht aus rund 50.000 verschiedenen Schriftzeichen, von denen für die normale Zeitungslektüre etwa 2.000–3.000 benötigt werden. Die didaktische Problematik liegt auf der Hand: Der Gebrauch der Schriftsprache setzt das Erlernen einer Vielzahl von Konventionen voraus, und für jedes neue Wort in der Sprache muss ein neues Schriftzeichen vereinbart, erlernt und gemerkt werden.

Der Vorteil nichtalphabetischer Konventionsschriften liegt darin, dass sie vom Leser direkt in Bedeutung umgewandelt werden können, und zwar – wie bei der Bilderschrift – unabhängig davon, in welcher sprachlichen Realisierung, z.B. in welchem Dialekt sich das Lesen vollzieht. Das war (und ist) für ein so riesiges Land wie China mit einer Vielzahl von unabhängigen Dialekten von nicht zu unterschätzender Bedeutung. Nichtalphabetische Schriften sind also nicht von vornherein weniger leistungsfähig als Buchstabenschriften. Es kommt darauf an, unter welchem Blickwinkel man sie betrachtet: Sieht man auf die Fülle dessen, was gelernt und gemerkt werden muss, dann sind sie den Buchstabenschriften zweifelsfrei unterlegen. Sieht man dagegen auf ihre Unabhängigkeit von einer bestimmten Sprache, dann erkennt man deutliche Vorteile.

Als Nutzer einer Buchstabenschrift erscheint Ihnen die Vorgehensweise von nichtalphabetischen Schriften auf den ersten Blick vielleicht außerordentlich fremd. Mit den arabischen Ziffern verwenden aber auch wir ein kulturübergreifendes Zeichensystem, das Bedeutungen vermittelt, ohne an eine bestimmte phonetische Realisierung gebunden zu sein. In dieser Hinsicht sind die weltweit verbreiteten arabischen Ziffern einer nichtalphabetischen Schrift ähnlich. Die Leistungsfähigkeit dieses Systems kann man sich leicht verdeutlichen.

Beispiel
Was Ihnen der Gemüsehändler an Ihrem Urlaubsort abverlangen will, würden Sie kaum verstehen, wenn er Ihnen das Wort »dwadzat-odin« in einer Buchstabenschrift (vielleicht sogar kyrillisch) aufschreiben würde. Wenn er dagegen »21« aufs Packpapier schreibt, dann können Sie die Information ohne Schwierigkeiten entnehmen – weil sie nicht »dwadzat-odin«, sondern »einundzwanzig« lesen. Sie haben also in einer anderen Sprache als der »Sender« das Richtige gelesen.

ДВАДЦАТЪ ОДИН

Die Verwendung der arabischen Ziffern weist beiläufig darauf hin, dass auch in unserer Kultur, die im Wesentlichen auf die Vermittlung von Bedeutung durch ein alphabetisches Schriftsystem ausgerichtet ist, der Zugriff auf bestimmte Inhalte im Sinne einer Konventionsschrift erfolgt. Betrachten Sie die folgende Ziffernfolge 2 3 4 5 (Übersicht S. 18) und die erheblichen inhaltlichen Veränderungen, die sich jeweils durch geringfügige Erweiterungen ergeben.

Die Beispiele machen deutlich, wie stark die Versprachlichung der Ziffernfolge und die Sinnentnahme von Konventionen bestimmt werden kann. Minimale Zusätze können die Bedeutung grundlegend verändern:

Elemente	Zeichenfolge	Bedeutung (Leseergebnis)
2, 3, 4, 5	2.345	Zweitausenddreihundertfünfundvierzig
	2·345	Zwei mal dreihundertfünfundvierzig
	2:345	Zwei geteilt durch dreihundertfünfundvierzig
	2.3.45	Zweiter, Dritter, (Neunzehnhundert-)Fünfundvierzig
	2,345	Zwei, Komma, drei, vier, fünf
	234–5	Zweihundertvierunddreißig minus fünf
	234,5°	Zweihundertvierunddreißig, Komma, fünf Grad
	*2.3.45	Geboren am Zweiten, Dritten, (Neunzehnhundert-) Fünfundvierzig
	✝2.3.45	Gestorben am Zweiten, Dritten (Neunzehnhundert-) Fünfundvierzig
	234^5	Fünfte Potenz von zweihundertvierunddreißig (zweihundertvierunddreißig hoch fünf)
	234[5]	siehe Fußnote fünf

Die Unterscheidung zwischen dem Tausenderpunkt und dem Multiplikationspunkt beruht lediglich auf der Stellung des Punktes zur Grundlinie – eine Differenz, die u.U. weniger als einen Millimeter beträgt. In den letzten beiden Fällen gibt es überhaupt keine Differenz. Hier ist ausschließlich der Kontext ausschlaggebend: In einem naturwissenschaftlich-mathematischen Kontext würde die hochgestellte [5] als Potenz – im Rahmen eines geisteswissenschaftlichen Textes würde die [5] vermutlich als eine Fußnote gedeutet. Für all diese Beispiele gilt, dass der Sinn jeweils nicht phonetisch an eine bestimmte Sprache gebunden ist. Sie können die dritte Spalte der Tabelle vermutlich nicht nur in Deutsch, sondern auch in Englisch, Französisch oder in einer anderen Sprache verbal realisieren. Das ist ein großer Vorteil. Erkennbar ist zugleich aber auch die Problematik: Sie liegt darin, dass für jeden einzelnen Fall die Konventionen bekannt sein müssen.

2.1.2 Alphabetische Schriften

Buchstabenschriften

Unsere Schrift hat sich innerhalb von mehreren Jahrtausenden allmählich und unter den verschiedensten kulturellen Einflüssen von einfachen realitätsnahen Bildern und Bildzeichen zu einer hoch abstrakten Buchstabenschrift entwickelt. Für einzelne Schriftzeichen kann dieser Prozess noch recht gut nachvollzogen werden (vgl. Blumenthal 1979, S. 18f.; Faulmann 1992).

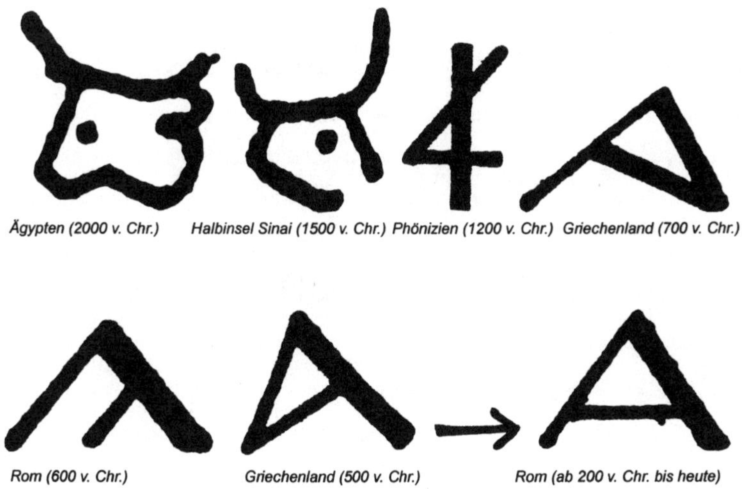

Abbildung 1: Die Entwicklung des Buchstaben A (nach: Blumenthal 1979, S. 18)

Das Funktionsprinzip der alphabetischen Schrift liegt darin, dass Laute und Lautsequenzen durch Buchstaben und Buchstabensequenzen repräsentiert werden. Dieses Vorgehen erlaubt es, eine im Prinzip unendlich große Zahl von Wörtern in ihrem Lautbestand zu erfassen und mit Hilfe eines eng begrenzten Zeichensystems zu fixieren. Da nicht die Bedeutung, sondern die Lautung der Sprache durch die Schrift erfasst wird, setzt die Teilhabe am schriftsprachlichen Kommunikationsprozess in einer alphabetischen Schrift (Buchstabenschrift) die Kenntnis des Zeichenrepertoires *und* die Kenntnis der Sprache voraus.

Abbildung 2: Kenntnis des Zeichenrepertoires und der Sprache als Voraussetzung für Sinnbindung und Sinnfindung

Die Abbildung zeigt das Wort »Fibel« in drei verschiedenen Zeichensystemen. Sehr wahrscheinlich können Sie nur das erste Beispiel lesen. Hier kennen Sie die Zeichen und die Sprache. Bei der zweiten Darstellung kennen Sie die Zeichen nicht, daher können Sie das Wort nicht »lesen«, obwohl Sie die Sprache beherrschen. Sobald Sie aber wissen, dass die Handzeichen für die Laute »F-I-B-E-L« stehen, erschließt sich das Wort. Im dritten Beispiel kennen Sie vermutlich weder die Zeichen (kyrillisch) noch die Sprache (russisch). Daher nützt es Ihnen wenig, wenn Sie erfahren, dass die kyrillischen Zeichen für die lateinischen Buchstaben »B-U-K-W-A-R« stehen.

Auch die Entwicklung der eigentlichen Buchstabenfolge unseres lateinischen Alphabets erstreckte sich über mehr als ein Jahrtausend. Sie wurde mehrfach ergänzt und ausdifferenziert (vgl. Zischka 1964, S. 37).

Abbildung 3: Entwicklung des Alphabets

Ausgangsalphabet der Römer (etwa 4.–2. Jahrhundert v. Chr.)

ABCDEFGHIKLMNOPQRSTUX

etwa ab 1. Jahrhundert v. Chr.

ABCDEFGHIKLMNOPQRSTUXYZ

etwa im 11. Jahrhundert

ABCDEFGHIKLMNOPQRSTUWXYZ

etwa ab 17. Jahrhundert

ABCDEFGHIJKLMNOPQRSTUVWXYZ

Die Begrenzung der Anzahl der Buchstabenzeichen in unserem Alphabet kommt durch eine starke Abstraktion zustande, die eine hohe Generalisierungsleistung voraussetzt. Es ist keinesfalls so, dass für jeden Laut ein eigenes Zeichen zur Verfügung stände. Vielmehr wird jeweils eine unterschiedlich große Zahl von einander ähnlichen Lauten auf ein Zeichen oder eine Zeichengruppe projiziert. Betrachtet man diese Entwicklung, dann fällt nicht nur die Ausdifferenzierung um die Zeichen Y, Z und W ins Auge, sondern auch die Ausdifferenzierung der Lautzeichen I und U. Beide wurden erst im 17. Jahrhundert in eine vokalische und eine konsonantische Bedeutung aufgetrennt. Das Zeichen I wurde in »I« und »J«, das Zeichen U in »U« und »V« aufgeteilt. Zwar gab es auch vorher bereits die Zeichen U und V in Texten, aber ihre Verwendung macht deutlich, dass beide Buchstaben sowohl eine vokalische als auch eine konsonantische Bedeutung haben konnten. Sollte es Ihnen sonderbar vorkommen, dass es den Lesern seinerzeit nichts ausgemacht hat, bestimmte Zeichen sowohl als Konsonanten wie auch als Vokale zu lesen, dann betrachten Sie einmal die heutige Verwendung des Buchsta-

Abbildung 4: Verwendung der Zeichen »u« und »v« in einem Text um 1530

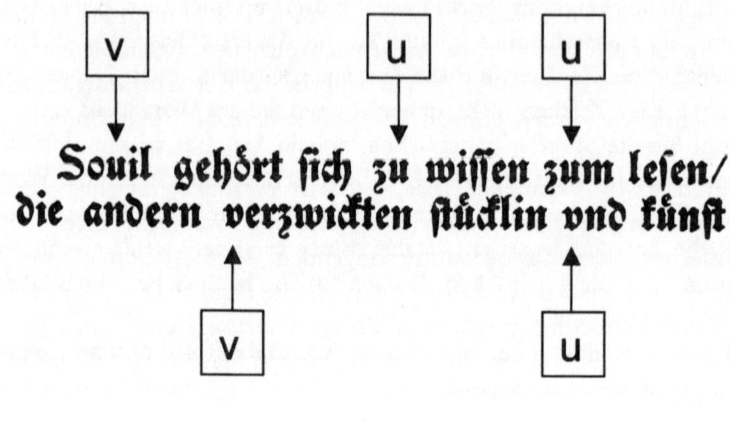

ben Y: Offensichtlich haben wir kein Problem damit, ihn einmal als [i] und ein anderes Mal als [j] zu versprachlichen (z.B. in »Yvonne« und in »Yoga«). Ähnlich unbefangen gehen wir auch mit dem u-Zeichen im Wort »Quelle« [kwelle] um.

2.1.3 Grammatikalisierung der Schrift

Jahrhundertelang wurde unter »Lesen« das laute Lesen verstanden. Ausnahmen davon waren bestaunens- und berichtenswert. So schrieb der Kirchenlehrer, Theologe und Philosoph Augustinus (354–430) voller Verwunderung über den Bischof von Rom: »Wenn er aber las, so glitten die Augen über die Blätter und das Herz spürte nach dem Sinn, Stimme und Zunge aber ruhten.« (Augustinus 1955, S. 89) Dies war in jener Zeit wirklich ungewöhnlich, denn das leise Lesen war »in der westlichen Welt vor dem 10. Jahrhundert kaum üblich« (Manguel 1998, S. 57). Dies änderte sich, als nach der Erfindung des Buchdrucks (um 1450) und der Übersetzung der Bibel durch Luther in die deutsche Sprache (gedruckt 1522) ein breites Interesse an Bildung erwachte, das schließlich in eine Massenalphabetisierung einmündete.

Konstantschreibung

Mit der Ausbreitung der geschriebenen Sprache durch den Buchdruck setzte eine Entwicklung zur Konstantschreibung ein, die das leise Lesen förderte: Wörter, die etwas Gleiches bedeuten, wurden zunehmend in gleicher Weise geschrieben. Das war vorher durchaus nicht selbstverständlich. Als Valentin Ickelsamer (um 1530) seine Schriften zum Lesenlernen und zur Grammatik vorlegte (vgl. 3.1.2), enthielten sie für das simple Wort »und« drei unterschiedliche Schreibweisen: »vnnd« – »vnd« – »vñ«. Was für das Häufigkeitswort »und« galt, das galt in jener Zeit erst recht für seltener verwendete Wörter. Da die Wörter ohnehin laut gelesen wurden, war die Gleichschreibung gleicher Wörter oder Wortteile offenbar noch ohne große Bedeutung: Man sah die Wörter beim Lesen nicht nur, sondern hörte sie auch. Das können Sie an den Fehlschreibungen von »Fuchs« leicht nachvollziehen. Lesen Sie einfach laut: »Fux«, »Fucks«, »Fuchs«! – Obwohl die Wörter sehr unterschiedlich geschrieben wurden, können Sie nichts anderes als [fuks] hören.

> Für das worterkennende leise Lesen ist es aber »einfacher, wenn Wörter immer gleich geschrieben werden ... wahrscheinlich noch einfacher, wenn die bedeutungstragenden Wortbestandteile immer gleich geschrieben werden ... tät und säugling lassen den Bedeutungszusammenhang mit tat und saugen sozusagen auf einen Blick erkennen. Z.B.: saugen, absaugt, eingesaugt, Staubsauger, Säugetier, Säugling« (Naumann 2004a, S. 189).

Neben die Lautorientierung der Schrift tritt also allmählich das Prinzip der Morphemkonstanz, das Wortverwandtschaften und die Bezugnahme auf den Wortstamm zur Verschriftung heranzieht.

Beispiel
Wenn man der Lautung entsprechend »Pferde« mit »d« schreibt, dann schreibt man auch »Pferd« mit »d« – obwohl man hier unverkennbar ein »t« hört. Wenn man »Hand« mit »a« schreibt, dann leitet sich daraus die Schreibweise der Wörter »Hände«, »Linkshändigkeit« oder »behände« ab.

Die allmähliche Vereinheitlichung unserer Schriftsprache vollzog sich in zwei Schritten, und zwar durch

- das »Verschwinden der dialektbedingten Schreibunterschiede« in der Schrift,
- das »Verschwinden der Lautunterschiede in der Schreibform der Morpheme« (vgl. Naumann 2004a, S. 190).

Vom 16. Jahrhundert an entwickelte sich zudem die Großschreibung bestimmter Wörter, was ebenfalls das Erfassen des Satzsinnes beim Lesen stärkte.

Grammatikalisierung

Die Grammatikalisierung der Schrift fällt mit dem Beginn der Alphabetisierung immer weiterer Bevölkerungsgruppen zusammen. Sie erleichtert und fördert das stille Lesen und die flüssige Verarbeitung von größeren Informationsmengen. Allerdings hat dies auch einen Preis: Was beim Lesen an Schnelligkeit und Erleichterung hinzugewonnen wird, das erweist sich beim Schreiben als zusätzliche Erschwernis. Die Grammatikalisierung der Schrift führt also unter einer didaktischen Perspektive zu einer Verlangsamung und Verlängerung des Schreibenlernens. Resümierend kann man festhalten: »Die Rechtschreibregeln stellen eine Optimierung der Schrift für den Lesenden dar; von den Schreibenden verlangen sie zusätzlichen Aufwand.« (Naumann 2004b, S. 55)

Zusammenfassend kann man sechs Punkte festhalten:

1. Schrift ist ein spezielles Kommunikationssystem, dessen Aufgabe darin besteht, Inhalte festzuhalten – meist um sie über Raum und Zeit hinweg zu speichern – und bei Bedarf wieder verfügbar zu machen.
2. Schriftsprachliches Handeln ist eine spezielle Kommunikationsform. Es ist auf Sinnbindung (Enkodieren/Schreiben) und Sinnfindung (Dekodieren/Lesen) ausgerichtet.

3. Enkodieren und Dekodieren, Sinnbindung und Sinnfindung, beruhen auf Konventionen. Schreiber und Leser müssen ein gemeinsames Zeichenrepertoire und dessen Verknüpfungsregeln beherrschen, sonst ist Kommunikation nicht möglich.
4. Alphabetische Schriften halten nicht Bedeutungen, sondern Laute und Lautfolgen von Sprache fest. Die Bedeutung ergibt sich also nicht unmittelbar, sondern nur auf dem »Umweg« der Lautung. (Das schließt allerdings nicht aus, dass beim flüssigen Lesen eine unmittelbare Bedeutungszuordnung möglich ist: Der kompetente Leser kann sich den »Umweg« zumindest bei bekannten und häufig verwendeten Wörtern ersparen.)
5. Da Enkodieren und Dekodieren bei Buchstabenschriften grundsätzlich auf der Lautung beruhen, setzt die Teilhabe an der schriftsprachlichen Kommunikation in einer Buchstabenschrift zusätzlich die Beherrschung der jeweiligen Sprache voraus.
6. Grammatikalisierte Schriften erleichtern das Lesen. Sie erfordern für das Schreiben jedoch zusätzliches Wissen.

2.2 Unterschiede zwischen Sprache und Schrift

Schriftsysteme, die nicht wie Bilderschriften Ideen, sondern in Zeichen fixierte Laute einer bestimmten Sprache wiedergeben, setzen in der Regel einen doppelten Übersetzungsprozess voraus:

- Der Sachverhalt wird durch eine Lautfolge repräsentiert.
- Die Lautfolge wird durch Schrift repräsentiert.

Sache	⟷	Sprache	⟷	Schrift
	↕	da: fli:kt aɪn fo:gəl	↕	Da fliegt ein Vogel.
Realität	⟷	Symbol 1. Grades	⟷	Symbol 2. Grades
	1. Übersetzung		2. Übersetzung	

Strukturschema 1: Schriftsprachliches Handeln als doppelter Übersetzungsprozess

Bereits vor Hunderten von Jahren stellte Augustinus (354–430) diesen Zusammenhang mit folgenden Worten dar: »Es wurden aber die Buchstaben erfunden, damit wir uns auch mit den Abwesenden unterhalten können. Sie sind Zeichen der Laute, während die Laute in unserer Rede selbst Zeichen der Dinge sind, die wir denken.« (Augustinus 1936,

S. 279) Ein in Schrift kodierter Sachverhalt kann vom Leser dadurch dekodiert werden, dass er den einzelnen grafischen Symbolen (den einzelnen Buchstaben) und Symbolgruppen (z.B. au, sch, sp) Lautwerte zuordnet oder auch ganzen Wörtern unmittelbar und ohne Rückgriff auf die Buchstaben-/Lautfolge Namen beilegt, wie das vor allem beim geläufigen Lesen geschieht. (Denken Sie z.B. daran, wie Sie Ihren eigenen Namen »erlesen«!)

Dabei wird klar, dass Sprache und Schrift unterschiedliche Symbolsysteme darstellen. Trotz einer hohen Übereinstimmung in funktionaler Hinsicht – beide Systeme transportieren Informationen – ist nicht zu übersehen, dass zwischen Sprache und Schrift eine Reihe von konstitutiven Differenzen besteht. Schriftsprachliches Handeln ist mit einer Reihe von spezifischen Schwierigkeiten verbunden, die in drei Problemfeldern dargestellt werden sollen.

2.2.1 Formale Unterschiede

Nonverbale und paralinguistische Aspekte

In der mündlichen Kommunikation wird der Informationsgehalt einer Aussage häufig nonverbal (Mimik, Gestik) und paralinguistisch (Intonation, Lautstärke, Sprechtempo) überlagert und moduliert.

Gestik, Mimik, Intonation

Beispiel
Es ist leicht nachvollziehbar, dass die Wortfolge »Würdet ihr jetzt bitte etwas leiser sein?« nicht unbedingt als höfliche Bitte gemeint sein muss. Die in der Schriftsprache höflich und distinguiert wirkende Wortfolge kann – mit erhobener Stimme, hochrotem Kopf und zusammengezogenen Augenbrauen in die Klasse gebrüllt – durchaus als Befehl oder als allerletzte Warnung, jetzt »endlich die Klappe zu halten«, gemeint sein. Mit anderen Worten: Die eigentliche »Botschaft« liegt häufig gar nicht in der Wortwahl, sondern in der Art, in der eine Aussage vorgetragen wird.
Die für das Verstehen oft unverzichtbaren nonverbalen und paralinguistischen Aspekte können in der Schriftsprache aber nicht unmittelbar, sondern nur im Rahmen des Kontextes vermittelt werden. Da die ersten Texte beim Schriftspracherwerb aufgrund ihrer Begrenztheit kaum Kontext enthalten, steht ein bedeutsames Informationssystem für das schriftsprachliche Handeln nicht unmittelbar zur Verfügung. Der notwendige Kontext kann bei Texten für das Anfängerlesen oft nur durch eine Illustration hergestellt werden. Womit zugleich deutlich wird, dass Fibelillustrationen nicht nur der Motiva-

tion oder der grafischen Ausschmückung dienen, sondern – zumindest bei anspruchsvolleren Texten mit komplexeren Situationen – als Kontextelement die Sinnfindung unmittelbar unterstützen.

Formale Regeln

Viele formale Regeln und Konventionen, die in der Schriftsprache eingehalten werden müssen, finden sich in der gesprochenen Sprache nicht wieder: Zu nennen sind hier die Schreib-Lese-Richtung, das Zeilenprinzip, Trennzeichen, Interpunktionszeichen, die Lücke zwischen den Wörtern usw. Als kompetente Schriftsprachnutzer erscheinen Ihnen diese Aspekte möglicherweise als »naturwüchsig«. Sie sind es aber keineswegs. Sowohl ein Blick in die Geschichte der Schriftentwicklung wie auch die Schriften von Spontanschreibern aus dem vorschulischen Bereich belegen dies nachvollziehbar. In der Literatur gibt es hinreichend Beispiele dafür, wie sich Kinder bei ihren Schreibversuchen allmählich an die formalen Regeln (Raum-Lage-Stabilität der Buchstabenzeichen, Schreibrichtung, Zeilenprinzip, Wortlücke) herantasten. Beobachtbar sind unterschiedliche Lösungen, die zwar willkürlich anmuten, aber oft doch eigenen Regeln zu folgen scheinen.

Abbildung 5: Unterschiedliche Raumlagen von Schriftzeichen innerhalb eines Bildes (»FIL, KATI, BAUM«)

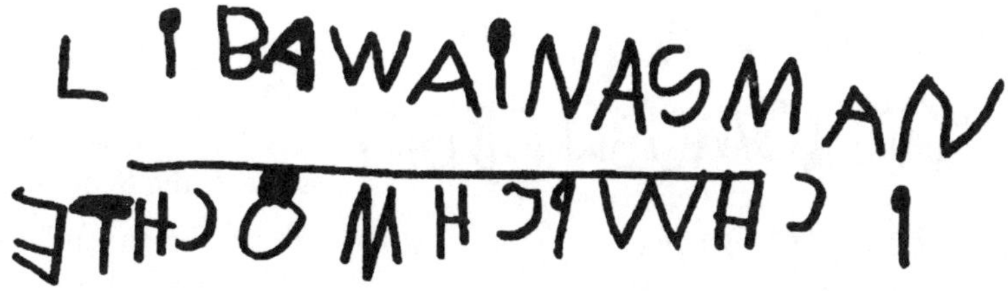

Abbildung 6: Schriftband ohne Wortlücken und Schreibrichtungswechsel am Zeilenende (»Lieber Weihnachtsmann ich möchte ...«)

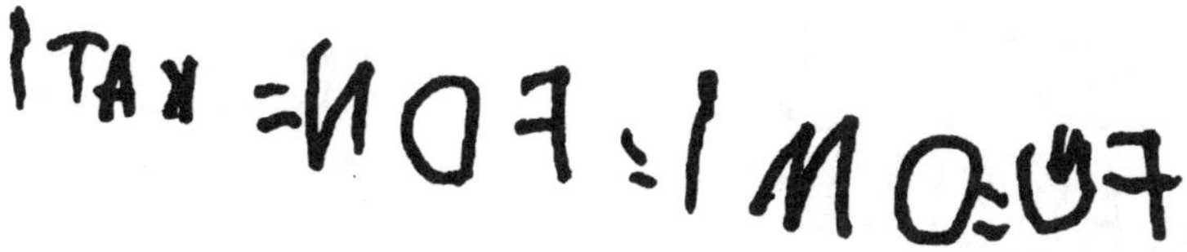

Abbildung 7: Gegenläufige Schreibrichtung und Hilfszeichen für die Wortlücke (hier: Gleichheitszeichen als Trennzeichen: »Für Omi von Kati«)

Abbildung 8: Abhängigkeit der Schreibrichtung vom grafischen Kontext (»AUTO – OTUA«)

Die Abbildungen zeigen Raum-Lage-Instabilitätsprobleme und unterschiedliche Annäherungen an das Prinzip der Schreibrichtung. Hier finden sich kreative Lösungen, z.B. die Fortsetzung der Schrift am Ende der Zeile in Form eines Zeilenbandes mit Wechsel der Schreibrichtung (Abbildung 6). Interessant ist auch die Einfügung von eigenen Trennzeichen zwischen den Wörtern (z.B.: =). Sie entsprechen der allmählichen Einsicht, dass Redeeinheiten aus Wörtern bestehen und resultieren wahrscheinlich aus der Begegnung mit Schrift, bei der das Kind sowohl Trennzeichen für die Silbentrennung als auch Ausrufezeichen gesehen, und sehr konstruktiv, nämlich als Trennkonvention zwischen Wörtern, gedeutet hat.

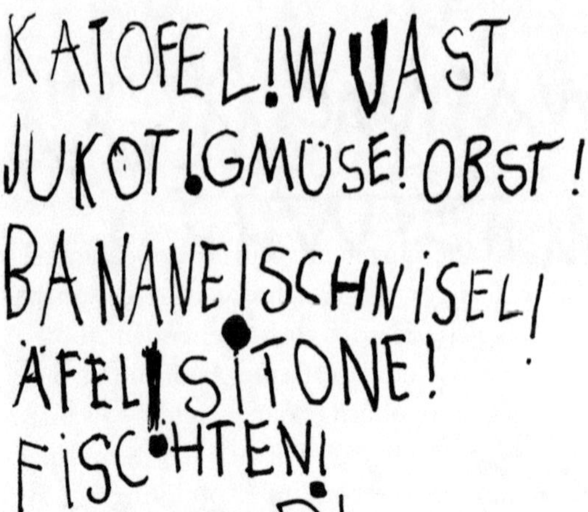

Abbildung 9: Hilfszeichen für die Wortlücke (hier: Ausrufezeichen als Trennzeichen)

Kurz anzusprechen ist auch die Schreibweise der Wörter: »GMÜSE« und »MAMELAD« (Abbildung 9). Mit hoher Wahrscheinlichkeit hat das Kind den e-Laut nicht aufgrund einer unvollständigen Lautanalyse »überhört« oder den Buchstaben beim Schreiben »vergessen«. Es hat ihn vielmehr den Konsonantenlauten [g] und [d] zugeordnet. Die Laute [g] und [d] sind ohne einen angehängten Vokalrest faktisch nicht aussprechbar (g^e, d^e). Bei der Verschriftung schlägt sich dies in »G(^{e})MÜSE« und »MAMELAD(^{e})« nieder. Eine unvollständige Lautanalyse dürfte dagegen bei dem in der Sprechsprache komplexen Wort »Fischstäbchen« vorliegen: Die (durch das Worttrennzeichen aus der darüber liegenden Zeile getrennte Zeichenfolge) »SCHT« steht wahrscheinlich für die Lautfolgen [ʃ] und [ʃt] (sch und st) in »Fischstäbchen« – es schließt sich dann aber nur noch die Endsilbe »en« an.

Das Schriftzeichen »S« wird hier – wie in vielen Spontanschriften – in einer Mehrfachfunktion genutzt: Es steht in diesem Einkaufszettel für das »stimmlose s« (OBST). Zusätzlich wird es aber auch anstelle des Zeichens »Z« verwendet (SCHNISEL, SITONE). Auch diese Lösung enthält einen richtigen Kern. Macht man sich bewusst, dass das »Z« nicht einen einfachen Laut repräsentiert, sondern die Lautverbindung des t-Lautes und des »stimmlosen s«-Lautes, dann wird durch die Verschriftung deutlich, dass das Kind den »s-Teil« der Lautverbindung [ts] in der Schrift akzentuiert.

2.2.2 Sprechsprache und Schriftsprache

Ein wesentlicher Unterschied zwischen der Sprechsprache und der Schriftsprache besteht in der Tatsache, dass Sprechsprache im Kern kontinuierlich ist und sich vielfach ohne Absetzungen zwischen den Wörtern vollzieht. Absetzungen, Lücken oder Pausen erfolgen in der Sprechsprache eher nach sprechökonomischen und/oder nach inhaltlichen Gesichtspunkten.

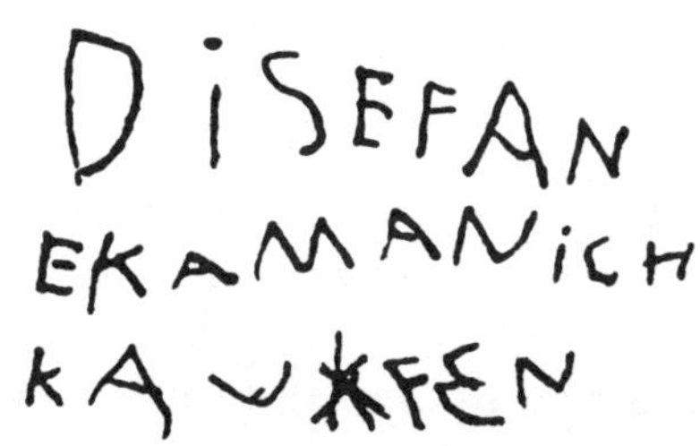

Abbildung 10: Darstellung des kontinuierlichen Redeflusses durch Schrift (Text: Diese Fahne kann man nicht kaufen.)

Schrift ist dagegen gegliedert: Bei Druckschriften stehen die einzelnen Zeichen unverbunden, also mit einer kleinen Lücke, nebeneinander. Größere Absetzungen sind erforderlich, um die einzelnen Wörter voneinander abzutrennen. Spontanschreiber realisieren die Wortlücke zunächst noch nicht. In Spontanschriften finden sich, wie die vorhergehenden Abbildungen verdeutlichen, daher zunächst eine gestreute Anordnung der Zeichen oder eine Ordnung in Zeilenbändern. Später treten – wahrscheinlich als Folge des Umgangs mit Büchern – Formen der Trennung des kontinuierlichen Redeflusses beim Schreiben auf (Abbildung 8 und 9). Eine Initialisierung dieses Prozesses könnte auch durch das Schreiben des eigenen Namens ausgelöst werden, weil dieser vermutlich als eigenständiger, von anderen Elementen zu unterscheidender Teil aufgefasst wird.

Betrachtet man die Zeichenfolge »KAMANICH« in Abbildung 10, die für die Wörter »KANN MAN NICHT« steht, so wird zusätzlich zweierlei deutlich:

- Da die gesprochene Sprache kontinuierlicher und stärker verbunden ist, wird bei Lautgleichheit am Übergang zwischen zwei Wörtern nur ein Laut gesprochen. Es ist ökonomischer, auf die doppelte Nennung des Lautes [n] zwischen den Wörtern »man« und »nicht« zu verzichten.
- Schriftsprache ist vollständig auf die Hochlautung bezogen, während die Sprechsprache sich an der Umgangslautung orientiert. An der Übergangsstelle zwischen den Wörtern »kann« und »man« findet ein Wechsel zwischen der zweiten und der ersten Artikulationsstelle statt (dental – labial), den das Kind vermeidet. In Anlehnung an die Umgangssprache nutzt das Kind die Verkürzung »KAMANICH« für »kann man nicht«. Es entsteht offensichtlich kein Informationsverlust.

Solange das Kind versucht, seine Aussage als Ganzes zu verschriften, folgt es vermutlich eher einem steuernden Gesamtimpuls. Schrift wird zu dieser Zeit wahrscheinlich noch nicht als selbstständiges und eigenen Regeln folgendes System verstanden, sondern möglicherweise eher als eine Art Abbild von Sprache. Unbewusst verwendet das Kind natürlich auch dabei schon Regeln. Dennoch scheint die Einführung von Trennzeichen durch Spontanschreiber (Abbildung 8 und 9) einen qualitativen Sprung in der Verwendung der Schriftsprache zu kennzeichnen, und zwar deshalb, weil erkennbar wird, dass sich beim Kind allmählich ein – wenn auch vorläufiger und unklarer – Wortbegriff etabliert. Die Verwendung von Trennzeichen (auch des Leerraums als Trennzeichen) kann als Hinweis darauf gedeutet werden, dass das Kind beginnt, sich der Schrift als eines eigenständigen Repräsentationssystems von Sprache zu bedienen. Dieser qualitativ wesentliche Entwicklungsschritt wird in den gängigen Phasen- oder Stufenmodellen zum Schriftspracherwerb bislang offensichtlich nicht gebührend beachtet.

Wortbegriff

Dass der Trennung der kontinuierlichen Rede in formale Einheiten der Schrift eine große Bedeutung zukommt – und dass damit tatsächlich eine wesentliche Differenz zwischen Sprache und Schrift hervorgehoben wird, kann man sich an historischen Beispielen ebenso verdeutlichen wie an aktuellen.

Historische Beispiele

Texte aus der Anfangszeit des Buchdrucks und der Verbreitung von Schriftsprache weisen oft ähnliche an der Sprechsprache orientierte Zusammenziehungen von Wörtern sowie die Nutzung von Trennzeichen zwischen Wörtern und/oder Redeteilen auf wie Spontanschriften, z.B.:

- »NU lessestu Herr deinen diener ...« (Verbindung von zwei Wörtern zu einer Redeeinheit.)
- »Du/ solt/ nicht/...« (Trennung der Wörter durch ein zusätzliches Trennzeichen; Ickelsamer um 1530, S. 25 [eigene Zählung]).

Aktuelle Beispiele

Es gibt eine Vielzahl von Situationen, in denen Bedeutung und Aussprache von Wörtern durch Wortlücken konstituiert werden, z.B.:

- Das Wort »weg« nach dem Wort »Rad« erhält eine andere Bedeutung und wird anders gesprochen, wenn eine Lücke davor steht. Vergleichen Sie selbst: »Radweg« und »Rad weg«.
- Es gibt zahlreiche Fälle, in denen der Sinn erst durch die Wortlücke zustande kommt: Ob wir etwas »zumachen« oder etwas »zu machen« haben, gehört dazu. Vergleichen Sie »Hunde anleinen« und »Hunde an Leinen« oder »Kinderfragen« und »Kinder fragen«! Wenn Sie weitere Beispiele suchen, dann experimentieren Sie in diesem Sinne auch einmal mit dem Wort »Urinstinkt«.

2.2.3 Laute und Buchstaben

Laute sind die kleinsten klanglichen Einheiten der Sprache. Die Darstellung von Sprache in einer alphabetischen Schrift basiert allgemein formuliert darauf, dass lautliche Abfolgen durch grafische Abfolgen dargestellt werden. Dabei erweist es sich unter dem Aspekt des Schriftspracherwerbs als ein Hauptproblem, dass es in unserer alphabetischen Schrift keine einfachen Zuordnungen zwischen den Lauten der Sprache und den Zeichen des Schriftsystems gibt. Die Beziehungen zwischen Lauten und Schriftzeichen sind vielmehr hoch komplex. Diese Komplexität soll in sechs Schritten erschlossen werden:

1. Schritt: Unterscheidbare Laute

Im Sprachfluss lässt sich eine Vielzahl von unterschiedlichen Lauten feststellen. Sie können nach Klangfarbe, Dauer, Intensität und Höhe oder einer Kombination dieser Merkmale differieren:

- Klangfarbe, z.B. a → o in Rasen → Rosen,
- Dauer, z.B. a: → a in Maße → Masse,
- Intensität, z.B. Betonung in **um**fahren → um**fah**ren
- Tonhöhe, z.B. a? → a! in Na? (Frage) → Na! (Ausruf).

Laute Die Anzahl der Laute lässt sich objektiv kaum bestimmen. Hier spielt letztlich auch das Wahrnehmungsvermögen des Hörers eine Rolle. Der Duden beschränkt sich für die Hochlautung auf 57 Laute. Hierin sind sowohl die Lautverbindungen »pf«, »ts«, »tsch« wie auch Laute für die in der deutschen Umgangssprache verwendeten Fremdwörter, z.B. Gin, Thriller, Show, Teint, Gourmand, Lady u.a., enthalten (s. Duden, Band 4, ^{4}1984, S. 21ff.). Zur Darstellung der Laute wird in der Regel das »Internationale Phonetische Alphabet« (IPA) verwendet. Für die phonetische Schreibung der deutschen Sprache sieht der Duden 44 IPA-Zeichen und 14 weitere Schreibkonventionen vor (s. Duden, Band 4, ^{6}1998, S. 26f., s. auch Duden, Band 1, ^{23}2004, S. 1113ff.).

Beispiel
Ich habe heute keine Zeit: ɪç ha:bə hɔʏtə kaɪnə tsaɪt

2. Schritt: Phoneme

Phoneme Nicht alle Laute, die wir beim Hören unterscheiden können, sind auch im sprachwissenschaftlichen Sinne bedeutungsunterscheidend. Die kleinsten bedeutungsunterscheidenden Einheiten der Sprache sind die Phoneme.

Beispiel
Phoneme werden durch Minimalpaarbildung ermittelt, z.B. »mein« – »dein«: Die Laute [m] und [d] sind Phoneme, weil der Bedeutungsunterschied auf ihnen beruht. Gleiches gilt für [n] und [t] in »meins« und »meint« oder für die Vokallaute [y] und [ɛ:] in »mühen« und »mähen«.

Phoneme sind abstrakte Einheiten – aussprechen kann man immer nur die Laute einer Sprache (Phone). Zur Unterscheidung werden Phoneme in Schrägstriche gesetzt, z.B. /a/ und Phone (Laute) in eckige Klammern [a]. Die Anzahl der Phoneme der deutschen Sprache hängt vom betrachteten Sprachkorpus ab. Es leuchtet ein, dass sich der Bestand verändert, wenn man Wörter wie »Journal«, »Gin« oder »Tschernobyl« einbezieht. Für die Didaktik des Schriftspracherwerbs ist dies allerdings weniger bedeutsam. Unter didaktischen Gesichtspunkten empfiehlt es sich vielmehr, wichtige Lautverbindungen/Phonemverbindungen zu berücksichtigen, z.B. »au« [aʊ], »ei« [aɪ], »äu/eu« [ɔʏ] (s. Tabelle 2).

3. Schritt: Buchstabenzeichen und Buchstabengruppen

Schriftzeichen

Für die Verschriftung gesprochener Sprache steht im Rahmen unserer Buchstabenschrift nur eine begrenzte Anzahl von Zeichen zur Verfügung. Unter Vernachlässigung der Groß- und Kleinschreibung, aber unter Einschluss der Umlaute »ä, ö, ü« und des Sonderzeichens »ß«, umfasst unser Schriftzeichenrepertoire dreißig Zeichen.

Daraus folgt, dass es für die Darstellung von Sprache durch Schrift zwingend notwendig ist, zwei- oder dreigliedrige Buchstabengruppen zu bilden, wie das bei »ch« , »ng« oder »sch« der Fall ist. Es kann also gar keine unmittelbare 1:1-Zuordnung zwischen den Sprechlauten und den Buchstabenzeichen der Schrift geben. Vielmehr werden einzelne Zeichen in unterschiedlichen Kombinationen mehrfach genutzt. Betrachten Sie die Verwendung des Zeichens »h« in den Wörtern »ich«, »habe«, »Schuh« und »schluchzen«. Er tritt hörbar als Hauchlaut auf, ist aber auch Teil von »ch«, »sch« und tritt als Zeichen der Vokalverlängerung »uh« auf. Ein »h« im Schriftbild kann also auf ganz unterschiedliche Laute verweisen. In diesem Fall auf [h], [ç]/ch_1, [x]/ch_2, [ʃ] und [uː]. Der Schriftspracherwerb wäre einfacher, wenn wenigstens für jeden bedeutungsunterscheidenden Laut ein einheitliches, unverwechselbares Zeichen zur Verfügung stände – wie dies bei Lautschriften, z.B. beim International Phonetic Alphabet (IPA), der Fall ist.

4. Schritt: Zuordnungen

Die Komplexität der Beziehungen ergibt sich bereits bei der Laut-Buchstaben-Zuordnung. So können zugeordnet werden:

- ein einfacher Laut, das [m] und ein einfaches Zeichen – der Buchstabe »m«,
- ein einfacher Laut, das [ʃ] und eine Zeichenverbindung – die Buchstabenfolge »sch«.

Aufgrund von Tradition und Konvention gilt aber auch die Umkehrung. Es können zugeordnet werden:

- eine Lautverbindung, z.B. [ʦ] und ein einfaches Zeichen, »z«,
- eine Lautverbindung, z.B. [ʃt] und eine Zeichenverbindung, »st«.

Strukturschema 2: Komplexität der Beziehungen zwischen den Zeichen von Sprache und Schrift

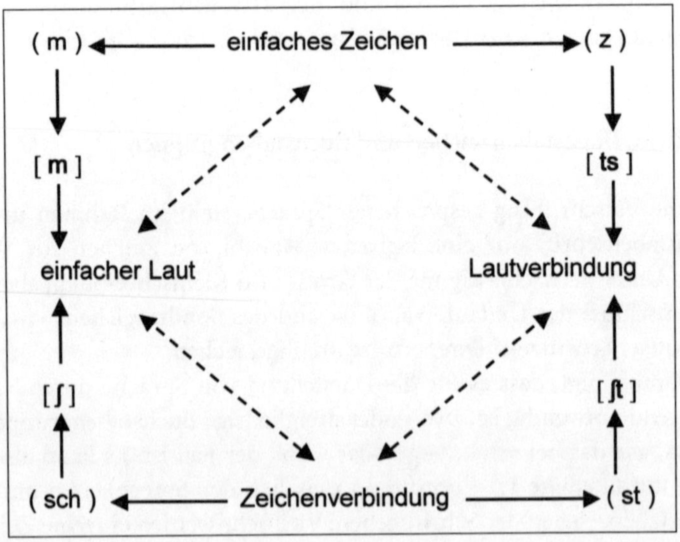

Den Phonemen als den kleinsten bedeutungsunterscheidenden Merkmalen der Sprache korrespondieren in der Schrift die Grapheme: So wie die Laute [m] und [d] in den Sprechwörtern »mein« und »dein« Bedeutungsunterschiede konstituieren, so konstituieren in den Schriftwörtern die Buchstaben »m« und »d« einen Bedeutungsunterschied.

5. Schritt: Phonem-Graphem-Korrespondenzen

Grapheme

Alphabetische Schriften basieren auf der Zuordnung von Phonemen und Graphemen. Damit wird die Erarbeitung der Phonem-Graphem-Korrespondenzen (PGK-Regeln) zum Kernstück des Schriftspracherwerbs – diese Beziehungen sind hoch komplex und alles andere als einfach.

Für das Phonem /s/, das »stimmlose s«[1], gibt es beispielsweise nicht nur eine Verschriftungsmöglichkeit, sondern mehrere, und zwar »s, ß,

1 Das Lautzeichen [s] ist die Darstellungsform für das »stimmlose s«. Dagegen wird das »stimmhafte s« mit dem Lautzeichen [z] dargestellt. Die Tabelle bezieht sich auf s-Laute in In- und Auslautstellung. Probleme und Besonderheiten der Anlautstellung sowie der Groß-/Kleinschreibung bleiben unberücksichtigt.

ss, z«. (Dabei muss man sich klar machen, dass das Buchstabenzeichen »z« für die Lautverbindung [t͡s] steht (vgl. Strukturschema 2).

Tabelle 1: Graphemische und phonemische Mehrdeutigkeiten

Phonem	**Zeichen**	**Beispielwort**	**Laute (Phone)**
/s/	s	Hast	[hast]
	ss	hasst	[hast]
	ß	Fuß	[fu:s]
	z	Geiz	[gaɪts]
	tz	Katze	[kat͡sə]
Zeichen	**Phonem**	**Beispielwort**	**Laute (Phone)**
s	/s/	Nest	[nɛst]
	/z/	Nase	[na:zə]

Der obere Teil der Tabelle geht vom Phonem aus. Er verdeutlicht, durch welche Buchstaben das Phonem /s/ in der Schrift repräsentiert werden kann. Er zeigt, dass es fünf graphemische Repräsentationen des Phonems /s/ gibt. Wir können aber auch vom Schriftzeichen ausgehen. So ist der untere Teil der Tabelle 1 aufgebaut: Aus ihm wird ersichtlich, dass die unterschiedlichen Phoneme /s/ und /z/ mit Hilfe des gleichen Zeichens, des Buchstabens »s«, dargestellt werden können.

Ambiquität

Sicherlich fallen Ihnen spontan weitere Beispiele ein, aus denen deutlich wird, dass die Beziehungen zwischen der gesprochenen Sprache und der geschriebenen Sprache nicht eindeutig sind. Einerseits kann die Schriftsprache Unterschiede enthalten, die in der gesprochenen Sprache keine Entsprechung finden, z.B. bei den lautlich gleichen Wörtern »Wagen« und »Waagen«, andererseits kann die gesprochene Sprache Differenzen aufweisen, die in der Schriftsprache unberücksichtigt bleiben, z.B. [hunt], [hunde] – »Hund« und »Hunde«. In der Didaktik des Schriftspracherwerbs wird dies als Mehrdeutigkeit oder als »Ambiguität« bezeichnet. Bierwisch hat zur Verdeutlichung des Problems folgende Definitionen eingeführt:

> »Eine phonetische Repräsentation ist *graphemisch ambig* (mehrdeutig) genau dann, wenn für sie mindestens zwei graphemische Entsprechungen möglich sind ... Eine graphemische Repräsentation ist *phonetisch ambig* genau dann, wenn ihr mindestens zwei phonetische Repräsentationen entsprechen.« (Bierwisch 1976, S. 75; Hervorheb. im Orig.)

Umgangssprachlich formuliert bedeutet dies:

- Einerseits können *identische Laute* durch unterschiedliche Buchstaben dargestellt werden (die grafische Seite ist also mehrdeutig), z.B. wird der f-Laut [f] in den geschriebenen Wörtern »Vater« und »Fahne« unterschiedlich dargestellt.
- Andererseits können *identische Buchstabenzeichen* für unterschiedliche Laute verwendet werden (die lautliche Seite ist also mehrdeutig), so wird z.B. der Buchstabe »V« in den Wörtern »Vater« und »Vase« unterschiedlich, und zwar als [f] und [v] versprachlicht.

Strukturschema 3: Phonemische und graphemische Mehrdeutigkeiten

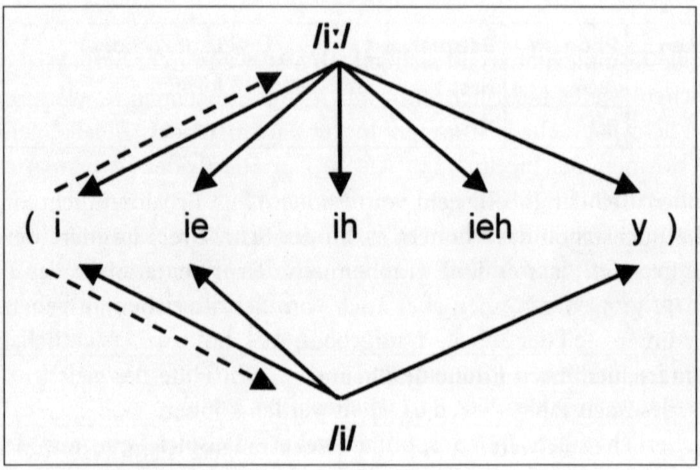

Im Bereich der Vokallaute und Vokalzeichen tritt diese wechselseitige Mehrdeutigkeit besonders augenfällig hervor:

- Das Phonem /iː/ (»langes i«) ist graphemisch mehrdeutig, weil es durch folgende Buchstaben und Buchstabengruppen bezeichnet werden kann: »i« (Stil), »ie« (nie), »ih« (ihr), »ieh« (Vieh), »y« (Baby).
- Auch das Phonem /i/ (»kurzes i«) ist graphemisch mehrdeutig, weil es durch die Buchstaben »i« (still) – und mit regionalen Einschränkungen auch mit »ie« (vierzig) oder »y« (Zylinder) repräsentiert werden kann. In der Abbildung bleibt unberücksichtigt, dass der Buchstabe »y« auch als ü-Laut [y] verwendet werden kann, z.B. im Wort »Typ« [typ].
- Neben der graphemischen Mehrdeutigkeit der Phoneme /iː/ und /i/ besteht auch eine phonetische Mehrdeutigkeit des Buchstabenzeichens »i«: Es kann dem Leser sowohl ein »kurzes i« als auch ein »langes i« signalisieren: /i/, /iː/.

Beispiel
Graphemische und phonetische Mehrdeutigkeiten finden sich häufig bereits innerhalb eines einzigen Wortes. So werden im Straßennamen »Mehlbeerweg« für ein identisches Phonem, /e:/ (langes-e), drei Möglichkeiten für die Verschriftung verwendet: »eh« – »ee« – »e«. Das Phonem ist graphemisch mehrdeutig. Vergleichen Sie dagegen das Schriftwort »Besen«. Hier wird ein identisches Schriftzeichen, das »e«, für zwei unterschiedliche e-Laute verwendet, und zwar für /e:/ – /ə/. Das Schriftzeichen ist phonetisch mehrdeutig.

6. Schritt: Rechtschreibkonventionen

Konventionen

Die volle Komplexität ergibt sich jedoch erst, wenn man berücksichtigt, in welchem Maße die bisher nur implizit angesprochenen Konventionen unsere Schriftsprache bestimmen. In der nachfolgenden Tabelle bleiben Sonderformen aus Eigennamen wie [o:] in Soest oder [ø:] in Goethe etc. unberücksichtigt. Dagegen werden bei den Buchstaben die Großbuchstaben, Großbuchstabenverbindungen und die Konsonantenverdopplungen aufgenommen, weil sie zu den Konventionen unserer Schriftsprache zählen.

Tabelle 2: Laute, Phoneme und Grapheme
(In Anlehnung an: Duden 2004, Bd. 1 und Naumann 2004a)

Laut, Lautverbindung	Beispielwort	Buchstabenzeichen, Buchstabenverbindung
[a:]	Abend, Schwan	a, aa, ah, A, Ah, Aa
[a]	ab, kalt, Alter	a, A
[b]	bis, Ball, Nebel, Ebbe	b, bb, B
[d]	dein, Dach, buddeln	d, dd, D
[e:]	edel, Lehm, Efeu	e, ee, eh, E, Eh
[ɛ]	enorm, fett, Eltern	e, ä, E, Ä
[ɛ:]	äsen, Ära, Sekretär	ä, äh, Ä, Äh
[ə]	sagte, gering, Ballade	e
[f]	fang, Film, schlafen	f, ff, v, F, V
[g]	geben, Bagger, Gas	g, gg, G
[h]	halt, Haus	h, H
[i:]	die, Dieb, ihn, Krise	i, ie, ih, ieh, I, Ih
[ɪ], [i]	in, List	i, I

Tabelle 2: Laute, Phoneme und Grapheme
(In Anlehnung an: Duden 2004, Bd. 1 und Naumann 2004 a)

Laut, Lautverbindung	**Beispielwort**	**Buchstabenzeichen, Buchstabenverbindung**
[j]	ja, Boje, Jagd	j, J
[k]	kann, Sack, Camping, Chor, Chlor, Christ, Sarg	k, ck, c, ch(+l) ch(+r), K, C, Ch, Ch(+l), Ch(+r), g (im Auslaut)
[l]	lesen, Schale, Lauf	l, ll, L
[m]	man, Lampe, Mund	m, mm, M
[n]	nun, Nase	n, nn, N
[ŋ]	eng, Gänge	ng, n (vor k)
[o:]	oben, vor, Ofen	o, oo, oh, O, Oh
[ɔ], [o]	ob, folgen	o, O
[ø:]	öde, schön	ö, Ö
[œ], [ø]	öfter, wölben	ö, öh, Ö, Öh
[p]	packen, Raupe, Post	p, pp, P, b (im Auslaut)
[r], [ʀ], [ʁ]	rauben, Rampe, hören, Zitrone	r, rr, R
[s]	es, Skandal, essen, Fuß, Witz	s, ss, ß, z, tz
[z]	so, Sage	s, S
[ʃ]	schon, Schaufel	sch, Sch, s/S(+p), s/S(+t)
[t]	tat, Tür	t, tt, th, T, Th, z , Z, dt, d-Auslaut
[u:]	tut, Ufer	u, uh, U, Uh
[ʊ], [u]	unten, Hund, Ulme	u, U
[y:]	üben, süß	ü, üh, Ü, Üh
[ʏ]	Müll	ü, Ü
[v]	wo, Wagen	w, v, W, V, u (nach q)
[ç], [x]	ich, ach, Chinese, König	ch, Ch, g für [ç] im Auslaut
[aɪ]	ein, Mai, verzeih	ei, ai, Ei, eih
[aʊ]	aus	au, Au
[ɔʏ]	euch, Häuser	eu, äu, Eu, Äu
[ks]	Lux, Fuchs, Keks, Klecks	x, X, chs, ks, cks
[kv]	quer	qu, Qu
[t͡s]	zu, Schatz	z, Z, tz

2.3 Prinzipien der Schrift

Die Buchstaben der Schrift verweisen nicht direkt auf die Laute, sondern auf die Phoneme, von denen wir dann auf die Phone (Laute) der Sprache schließen. Das kann man z.B. an den Lauten ch_1 und ch_2 in den Wörtern »ich« und »ach« leicht nachvollziehen: Bei den beiden ch-Lauten handelt es sich erkennbar um zwei unterschiedliche, aber nicht bedeutungsunterscheidende Laute. Würden die Buchstabenzeichen der Schrift direkt auf Laute verweisen, dann müssten unterschiedliche Laute durch unterschiedliche Zeichen repräsentiert werden. Das ist in jeder Lautschrift der Fall: So werden die Wörter »ich« und »ach«, z.B. der IPA als [ɪç] und [ax] mit unterschiedlichen ch-Zeichen verschriftet. In unserer Buchstabenschrift gibt es diese Unterscheidung nicht. Unsere Schrift ist also keine Lautschrift: Wäre sie es, dann müssten lautgleiche Wörter durch identische Schriftbilder und lautlich unterscheidbare Wörter durch differente Schriftbilder wiedergegeben werden. Dass dies nicht der Fall ist, lehrt uns der Blick in ein Wörterbuch der Grundschule. Vergleichen Sie die Schreibweise der Wörter »Mann« und »man« beziehungsweise »Tenor« und »Tenor«. Im ersten Fall werden gleich lautende Wörter unterschiedlich verschriftet, im zweiten Fall werden unterschiedlich lautende Wörter gleich verschriftet.

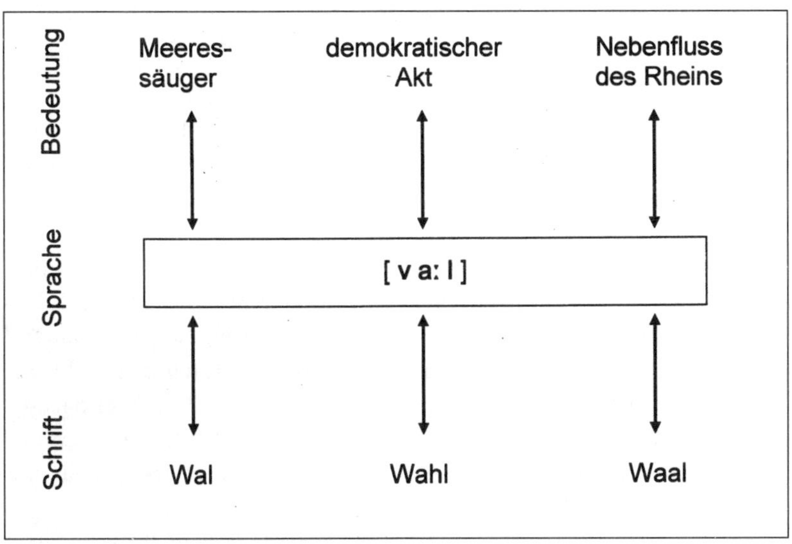

Strukturschema 4: Laut- und Konventionsorientierung unserer Schrift

Dennoch basiert unsere Schrift auf einer relativ zuverlässigen Orientierung an den Phonemen, dem phonematischen Prinzip. Das lässt sich am Beispiel des obigen Strukturschemas verdeutlichen. Die Phoneme /v/, /a:/ und /l/ können den drei Schreibweisen des gesprochenen Wortes klar zugeordnet werden. Die Verschriftung des gesprochenen Wortes [vaːl] ist also keinesfalls beliebig, sondern findet in einem klar definierten Umfeld und nach eindeutigen Regeln statt:

1. Das Phonem /v/ kann durch die Buchstaben »w – v – W – V – u« (nach q) verschriftet werden. Diese Zeichen bilden gemeinsam das Graphem <w>.
2. Das Phonem /aː/ kann durch die Buchstaben »a – ah – aa – A – Ah – Aa« dargestellt werden. Sie bilden gemeinsam das Graphem <a>.
3. Das Phonem /l/ kann durch die Buchstaben »l – ll – L« dargestellt werden, die gemeinsam das Graphem <l> bilden.

Laut- und Konventionsorientierung

Genau in diesem Rahmen vollzieht sich die Umsetzung von /vaːl/ zu »Wal«, »Wahl« oder »Waal«. Das phonographische Prinzip (Scheerer-Neumann, 1995, S. 5), das man umgangssprachlich »Lautorientierung« nennt, ist das wichtigste Prinzip unserer Schrift. Allerdings reicht dieses Prinzip allein für die Verschriftung von Sprache nicht aus. Das phonographische Prinzip wird von allgemeinen Prinzipien und detaillierten Regeln begleitet oder überlagert, aber niemals ganz außer Kraft gesetzt. (Eine ausführliche Darstellung der Regeln, nach denen unsere Sprache in das System der Rechtschreibung umgesetzt wird, findet sich bei Naumann 1989.)

Welche allgemeinen – sich teilweise widersprechenden – Prinzipien wurden im Laufe der Entwicklung bei der Umsetzung von Sprache in Schrift wirksam? Dies sind u.a. (vgl. Duden 1984, Bd. 4, S. 76ff.):

- *Das Prinzip der Schemakonstanz* (morphologisches Prinzip oder morphematisches[1] Prinzip): Die Schreibweise des Wortstammes bleibt unverändert, auch wenn sich die Aussprache, z.B. auf Grund der Auslautverhärtung, verändert: Wir schreiben »Tag« , obwohl das gesprochene Wort [taːk] lautet. Ebenso schreiben wir »Land« und »Schub«, obwohl wir die Wörter als [lant] und [ʃuːp] aussprechen.
- *Das Prinzip der Schemadifferenzierung* (Homonymieprinzip): Das Homonymieprinzip folgt dem Bestreben, Wörter, die gleich lautend sind, aber für unterschiedliche Inhalte stehen, durch unterschiedliche Schreibweisen voneinander abzuheben. Dieses Prinzip erklärt die unterschiedlichen Verschriftungen von »Wal«, »Wahl« und »Waal« im obigen Beispiel. Das Prinzip der Schemadifferenzierung stellt also ein gegenteiliges Prinzip zum Prinzip der Schemakonstanz dar.
- *Das etymologische Prinzip:* Mit dem etymologischen Prinzip sollen Wortverwandtschaften sichtbar bleiben. Wörter wie »Kamm« und »kämmen«, »Naht« und »nähen«, »Name« und »nämlich« oder »Nummer« und »nummerieren« sind etymologisch zusammengehö-

1 Scheerer-Neumann 1995, S. 6.

rig. Diese Zusammengehörigkeit wird durch die Schreibweise auch dann ausgedrückt, wenn – wie bei dem Wort »sechsundsechzig« – die Lautung nicht identisch ist (in diesem Fall: [ks] in [zɛks] und [ç] und [zɛç|t͡sɪk]).

- *Das ästhetische Prinzip:* Auch ästhetische Prinzipien haben für die Entwicklung der Schriftsprache eine Rolle gespielt: Wir schreiben zwar »Saal«, aber nicht »Sääle«. Auch die Vermeidung der Konsonantenverdopplung vor »st« ist zu nennen. So schreiben wir zwar »schwellen« und »geschwollen« mit Doppel-l, – aber es gibt keine l-Verdopplung bei dem Wort »Geschwulst«. Ebenso dürfte die Tatsache, dass es weder bei »i« noch bei »u« eine Verdopplung gibt, ästhetisch hergeleitet sein. Dabei sollte man sich auch das Entstehungsumfeld klarmachen. Das Verbot einer Verdopplung des »i« zu »ii« oder »u« zu »uu« kann man sicherlich auch im Zusammenhang mit der deutschen Schrift, die ja im Wesentlichen aus Auf- und Abbewegungen gebildet wurde, sehen. Betrachtet man das Wort »nie« in der deutschen Schrift mit Doppel-i (hier also absichtlich falsch geschrieben: »nii«), dann versteht man die Zweckmäßigkeit dieses Prinzips in seinem historischen Kontext.

Ferner gibt es *Regeln und Ausnahmeregeln* (und Ausnahmen von Ausnahmeregeln). Sie alle bestimmen die Verschriftung von Sprache.

Beispiel[1]
Regel: Nichtsubstantive werden kleingeschrieben (»die italienische Sprache«).
Ausnahme: Geografische Bezeichnungen werden großgeschrieben, wenn es sich um Eigennamen handelt (»die Italienische Republik«).
Ausnahme von der Ausnahme: Geografische Bezeichnungen werden kleingeschrieben, wenn es sich um feste Verbindungen, aber keine Eigennamen handelt (»ein italienischer Salat«).
Ausnahme von der Ausnahme von der Ausnahme: Geografische Bezeichnungen, die kleingeschrieben werden müssten, werden großgeschrieben, wenn sie am Satzanfang stehen (»Italienische Nächte haben einen eigenen Reiz.«).

Die oben genannten vier Prinzipien widersprechen einander teilweise, bzw. schränken ihre Anwendung wechselseitig ein. Gleichwohl wirken sie zusammen ordnend und regelnd. Allerdings sind die Ordnung und die Regeln zumindest am Beginn des Schrifterwerbsprozesses – für viele

1 Die Begriffe »Regel« und »Ausnahme« werden hier umgangssprachlich verwendet.

von uns aber auch dauerhaft – kaum erkennbar. Spätestens an dieser Stelle dürfte klar sein, dass die laienhafte Anweisung »schraip wi du schprichst« nicht zum Erfolg oder allenfalls zu Teilerfolgen führen kann, weil unsere Buchstabenschrift eben nicht nur lautorientiert, sondern auch konventions- und regelorientiert ist.

Exkurs: Phoneme und Grapheme

Phoneme

Phoneme können Bedeutungen unterscheiden. Das tun Laute nicht immer. Sie wissen sicherlich, dass der r-Laut regional sehr unterschiedlich artikuliert wird. Vielleicht können Sie daran Franken, Friesen und Westfalen unterscheiden – oder denken Sie an den »weichen ch-Laut« (wie in den Wörtern »ich«, »rechnen«) und an den »harten ch-Laut« (wie in den Wörtern »machen« oder »gemacht«). Das sind sprechmotorisch und auditiv deutlich unterscheidbare Laute. Dennoch tragen sie nichts zur Bedeutungsunterscheidung bei. Stellen Sie sich vor, jemand verwendet beim Sprechen durchgehend das harte »ch« [x].

Beispiel
»Ich hab heute beim Rechnen nicht mitgemacht.«
[ɪx hap hɔʏtə baɪm rɛxnən nɪxt mɪtgəmaxt.]

Obwohl sich die Lautung erheblich verändert, bleibt die Bedeutung der Aussage erhalten. Das Schriftzeichen »ch« kann also auf zwei unterschiedliche Laute hinweisen, aus denen der Hörer/Leser ein gemeinsames Phonem abstrahiert. Dieses Phonem – nicht die Lautung von ch_1 und ch_2 – ist bedeutungsunterscheidend: Das wird klar, wenn Sie die Wörter »rau*ch*en«/[raʊxən] – »rau*sch*en«/[raʊʃən] beziehungsweise »Kir*ch*e«/[kɪrçə] – »Kir*sch*e«/[kɪrʃə] miteinander vergleichen. Komplizierend kommt hinzu, dass die Buchstabenkombination »ch« sowohl in der Verschriftung von [x]/[ç] wie auch in der Verschriftung des /ʃ/ auftritt.

Grapheme

Der Unterschied zwischen Buchstaben und Graphemen erläutert sich auf die gleiche Weise. Grapheme sind auf der Schriftebene die Gegenspieler zu den Phonemen. Beispiel: Das Wort [ra:t] enthält das Phonem /a:/ (»langes a«). Dieses Phonem kann auf der Buchstabenebene ganz unterschiedlich ausgestaltet werden, z.B. als »a – aa – ah« oder am Wortanfang als »A – Aa – Ah«. Alle Buchstaben und Buchstabenkombinationen, die das Phonem /a:/ darstellen können, bilden zusammen das Graphem <a>.

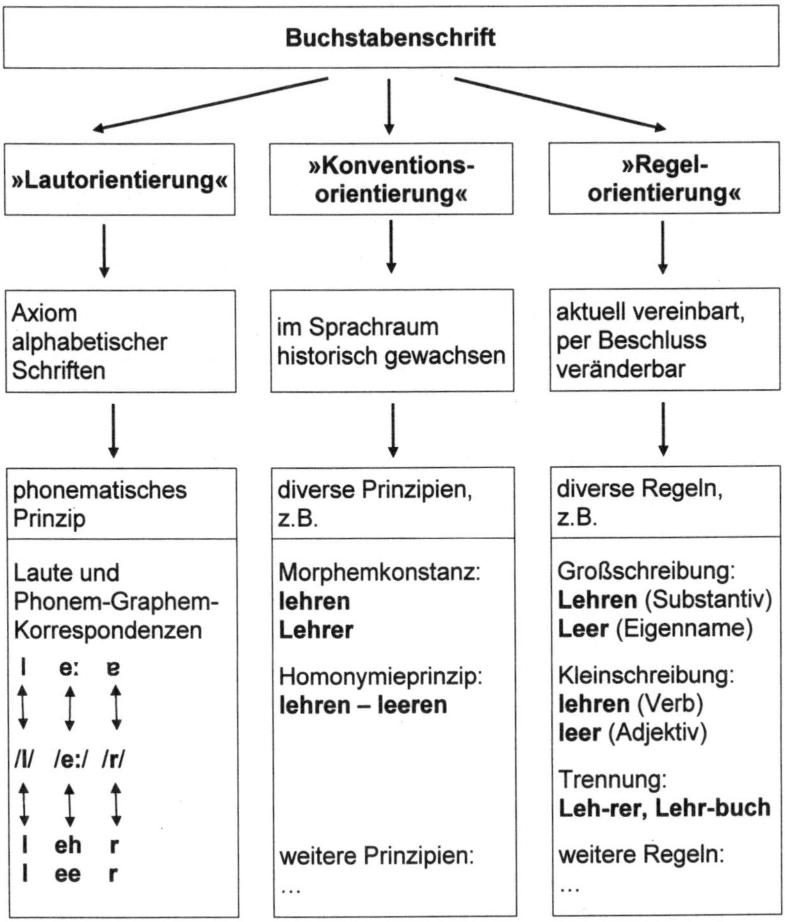

Strukturschema 5: Laut-, Konventions- und Regelorientierung unserer Schrift am Beispiel von <leer>, <lehr> und <Leer> (Eigenname: Stadt in Ostfriesland)

2.4 Folgerungen

Die bisher dargestellten Differenzen zwischen Sprache und Schrift belegen, dass unsere Schrift keine Lautschrift ist. Es gibt keine einfachen und unmittelbaren Beziehungen zwischen Schrift und Sprache. Daher stellt sich beim Lesen nur eine vorläufige Lautungsvermutung ein. (Diese Aussage bezieht sich auf das Anfängerlesen. Danach gelten andere Annahmen: Schon das Lesetempo, mit dem ein kompetenter Leser einen Text erschließt, weist darauf hin, dass er auf Einheiten höherer Ordnung und nur in Ausnahmen auf die Buchstabenebene zurückgreift.) Scheerer-Neumann spricht in diesem Zusammenhang von der »Wortvorform«. Unter Bezugnahme auf Jansen (1992) schreibt sie hierzu: »Leseanfänger, die schon die in einem Wort vorkommenden Graphem-Phonem-Korrespondenzen kennen, aber noch Schwierigkeiten mit deren Synthese haben, können bei einem geringen Lesewortschatz das richtige Wort durch *lautassoziative Prozesse* finden; ein Kind sucht z.B. in den durch die Fibel aktivierten Eintragungen im inneren Lexikon nach einem Wort, das der Lautfolge r – o – t am nächsten kommt.« (Scheerer-Neumann 1995, S. 15; Hervorh. im Orig.)

In der Didaktik des Schriftspracherwerbs sind in der Vergangenheit unterschiedliche Begriffe für dieses Phänomen verwendet worden. So sprach Bosch (1937, ³1961) von der »Wort-Vorgestalt«, Kern (⁶1967) vom »Pseudowortklangbild«, Goodman (1976) vom »auralen Input« (vgl. Topsch 1981, S. 34). Immer geht es darum, dass die Graphem-Phonem-Zuordnung beim Anfängerlesen in einem ersten Schritt nur zu einer vorläufigen, labilen Wort-Lautvermutung führt, die erst durch ein Bedeutungserlebnis in eine endgültige Form überführt werden kann. Bosch sprach in seinem bereits 1937 in der 1. Auflage erschienenen Werk in diesem Zusammenhang davon, dass ein »schöpferischer Sprung« erfolgen müsse:

> »Solange vom Schriftwort aus das lebendige Sprachwort nicht unmittelbar gedächtnismäßig reproduziert werden kann, gibt es keinen kontinuierlichen Übergang von der vorläufigen, gestaltlabilen Lautfolge [...] zur lebendigen Sprachwort-Gestalt, vielmehr geht es nicht ohne den schöpferischen Sprung von der Vorgestalt über das Bedeutungserlebnis in die lebendige Sprachgestalt.« (Bosch 1937, S. 79; Hervorh. im Orig.)

Hinter der Formulierung vom »schöpferischen Sprung« steht die Einsicht, dass Lesen immer einen suchenden, probierenden Charakter hat. Die Buchstaben geben nur »andeutende Hinweise auf das gesuchte Sprachwort [...]. Sie dienen der Steuerung des Artikulationsstromes.« (Bosch, ebd.)

Anfängerlesen

Das Leseergebnis ist mithin längst nicht so stabil und eindeutig, wie es uns als kompetenten Lesern erscheint. Es ist immer durch die Unsicherheit einer vorauseilenden Bedeutungsannahme gekennzeichnet, die sich beim weiteren Lesen als zutreffend herausstellt oder die als unzutreffend korrigiert werden muss. Das gilt nicht nur (aber in besonderem Maße) für das Anfängerlesen. Als geübte Leserin oder Leser werden Sie diese Bedeutungsunsicherheit beim Lesen kaum noch verspüren. Aber das heißt nur, dass es – aufgrund Ihrer hohen Lesekompetenz – in den meisten Fällen zu einer Übereinstimmung von vorauseilender Bedeutungsannahme und nachfolgender Bedeutungsbestätigung kommt. Daher denken Sie, Sie »entnehmen« aus den Zeichen der Schrift unmittelbar einen Sinn, wo Sie in Wirklichkeit nur Sinnvermutungen entwickeln, die sich fortlaufend bestätigen. Versuchen Sie, die nachfolgenden

Schlagzeilen zu lesen, und beobachten Sie den Zusammenhang von Bedeutungsvermutungen und »schöpferischem Sprung«.

Beispiel

Abbildung 11: Beispiele für Texte, die unterschiedliche Sinnvermutungen zulassen

Gründung brachte Erfolg

Streikende – was nun?

Der Tenor ist optimistisch

Weg vom Alltag in die Sonne

Alle rasten

Flucht am Montag!

Schöner August

Rentier war unzufrieden

Die Textpassagen in der Abbildung sind bewusst so gewählt, dass Doppeldeutigkeiten entstehen: War eine »Gründung« erfolgreich oder war es grüner Dung (Unterpflügen von Grünpflanzen)? Handelte es sich um das »Streikende« oder um die Streikenden? Ist ein Sänger oder ist eine Grundstimmung optimistisch? Gibt es einen »Weg« in die Sonne oder wollen die Leute einfach nur weg? Soll am Montag geflucht oder geflohen werden? Ist der »August« ein schöner Monat oder ein schöner Clown? Handelte es sich um ein »Rentier« oder um eine Person, die von den Erträgen ihres Vermögens lebt? Und schließlich: Wurde gerast oder gerastet?

Auch wenn es sich hier um ausgesuchte Beispiele handelt, wird deutlich, dass die Phonem-Graphem-Korrespondenzen nur relativ instabile Hinweise auf die Sprachwörter geben können. Solange die Lautfolge im Sprachwissen des Lesers noch keine Entsprechung gefunden hat, bleibt sie sprachlich und inhaltlich labil. Erst durch die Zuordnung zu einem im Sprachwissen vorhandenen Muster, können eine bestimmte Bedeutungsvermutung und ein spezifisches Aussprachemuster realisiert werden. Das Problem, das sich hier andeutet, ist nicht etwa das Problem von Sonderfällen – es ist das Grundproblem des sinngestaltenden Lesens. Es begegnet uns in gleicher Weise, wenn wir den Satz »Peter hat den Stein geworfen« lesen wollen. Die Bedeutung der Aussage hängt eng mit der Situation, auf die sie sich bezieht, zusammen – und erst die Kenntnis des Kontextes erlaubt es, den Satz sinngestaltend zu lesen.

Beipiele
- *Peter* hat den Stein geworfen (Hinweis auf die Person);
- Peter *hat* den Stein geworfen (Bekräftigung des Sachverhaltes);
- Peter hat *den* Stein geworfen (Hinweis auf die Auswahl);
- Peter hat den *Stein* geworfen (Hinweis auf das Wurfobjekt);
- Peter hat den Stein *geworfen* (Hinweis auf die Tätigkeit).

In den bisherigen Beispielen läuft das Bedeutungserlebnis der Umsetzung in Sprechsprache jeweils voraus: Erst wenn wir wissen, was es bedeutet, können wir das Wort korrekt aussprechen (Streikende – Streikende). Aber es gibt zweifelsfrei auch Lesesituationen, bei denen die umgekehrte Reihenfolge anzunehmen ist. Beobachten Sie, wie Sie sich an die Aussprache des folgenden Wortes herantasten und inwieweit sich die Bedeutung (oder Teilbedeutungen) erst aus dem Sprachwort ergeben:

- Dimethylaminophenyldimethylpyrozolon

Vielleicht lesen Sie zuerst Dim/ eth/ ylam/ in/ ophen... usw. Vielleicht »klingelt« Ihr internes Lexikon aber auch schon, wenn Sie [...methyl...], [...a-min-o...] oder [phe-nyl] aussprechen. Der Begriff »schöpferischer Sprung« signalisiert, dass es sich letztlich um einen spontanen, situativen Prozess handelt, bei dem der Verlauf meist nicht unmittelbar beobachtet, sondern nachträglich allenfalls rekonstruiert werden kann.

Hinweissysteme

Die in der Abbildung genannten Beispiele machen deutlich, dass Lesen nicht allein durch Impulse, die der Lesende von der lautlich-grafischen Ebene empfängt, gesteuert wird. Bei der Kontrolle des Bedeutungserlebnisses, beim Überprüfen der Hypothese, die sich als Ergebnis des Leseaktes einstellt, stehen dem Leser verschiedene Hinweissysteme zur Verfügung. Der Leser findet die notwendigen Hinweise zur Kontrolle seines Lese-Ergebnisses

- teils auf der lautlich-grafischen Ebene (er aktiviert die bereits vorhandenen Kenntnisse über die Beziehungen zwischen den Elementen der Schrift und den Elementen der Sprache),
- teils auf der syntaktischen Ebene (er nutzt die – wenn auch noch unbewussten Kenntnisse – über die grammatikalischen Strukturen der Sprache),
- teils auf der semantischen Ebene (er kontrolliert das Ergebnis anhand eines inneren Lexikons und anhand der inhaltlichen Vorauserwartungen),
- teils auf der pragmatischen Ebene (er bezieht die Lesesituation, den Leseort, die Textart, die Aufbereitung des Textes etc. ein).

Die Bezugnahme auf unterschiedliche Hinweissysteme erklärt, dass wir oft auch dann zu einem richtigen Lese- und Bedeutungserlebnis finden, wenn die lautlich-grafische Ebene falsche oder unzutreffende Hinweise enthält: »Auch diesen Satz können Sie wharschienlcih porblemols lesen.« Das Bedeutungserlebnis kann rückwirkend falsche oder fehlende Einzelimpulse ergänzen oder Irrtümer korrigieren, sodass u.U. weder dem Leser selbst noch einem Zuhörer die Lückenhaftigkeit oder die Fehlinterpretationen einzelner Impulse deutlich werden. Dennoch bleibt das lautlich-grafische System von ausschlaggebender Bedeutung.

Abbildung 12 fasst die Sinnfindung beim Anfängerlesen schematisiert zusammen. Die Erläuterungen folgen der Unterscheidung zwischen »Rekodieren« (Vollzug der erschließenden Teilakte) und »Dekodieren« (die eigentliche Sinnfindung) (Goodmans 1976, S. 141).

Ablaufschema

① Der Leser empfängt einen visuellen Gesamteindruck, der »Lesbares« und »Nichtlesbares« umfasst.
② Ein wichtiger Schritt in Richtung auf die Sinnfindung besteht darin, das »Lesbare« im engeren Sinne (im Beispiel das Wort: Zeitung) von anderen grafischen Elementen wie Logos, Piktogramme, Muster, Ornamente, Begrenzungslinien, Abbildungen etc. zu unterscheiden.
③ Im weiteren Vollzug müssen die einzelnen Elemente (Buchstaben) des Schriftwortes voneinander abgehoben werden. Das Kind muss die einzelnen Buchstaben des Wortes kennen, wieder erkennen und voneinander unterscheiden.
④ Da Buchstabenzeichen und Grapheme nicht identisch sind, geht es im vierten Schritt darum, Buchstaben und Buchstabenverbindungen als Graphe zu erfassen, die bestimmten Klassen angehören (Grapheme). Das Kind muss erkennen, dass die Buchstaben in den Buchstabenfolgen »e« und »i« sowie »n« und »g« nicht als die Einzelzeichen behandelt werden dürfen.
⑤ Der Übergang von der Schriftebene in die Sprachebene erfolgt durch die Bereitstellung der entsprechenden Phonem-Graphem-Korrespondenzen. Dabei kann das Kind noch nicht mit dem kompletten Regelrepertoire arbeiten, wendet aber unbewusst eine Reihe von Regeln an, z.B. muss »ei« der Phonemverbindung /aɪ/ zugeordnet werden.
⑥ Die Phonemfolge führt zu einer mehr oder weniger labilen Wortvorgestalt, die als die vorläufige Lautfolge [ʦaɪtuŋ] rekodiert wird.
Bis zu dieser Stelle hat das Kind alle lautlich-grafischen Informationen erarbeitet und hat dennoch noch nicht »sinnfassend« gelesen.
⑦ Es muss nun mittels seines Sprachwissens prüfen, welches Sprachwort der (oder den) gebildeten Vorgestalt(en) entspricht. Dieser Vorgang findet im vorläufigen Bedeutungserlebnis seinen Abschluss: Es mündet in das Dekodieren der Zeichenfolge ein. Dabei entsteht z.B. die

Abbildung 12: Schematische Darstellung der Sinnfindung beim Anfängerlesen (vgl. Topsch [3]1988, S. 22ff.)

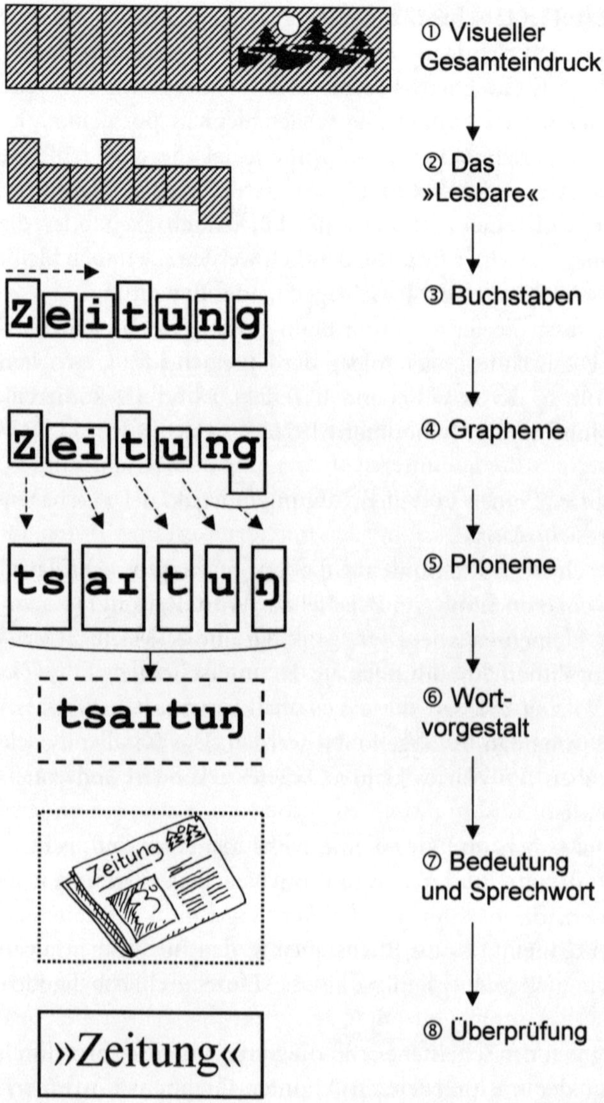

Hypothese, das erlesene Wort bedeute »Zeitung«. Andere mögliche Hypothesen, z.B. »Leitung« werden zurückgestellt. Eng mit dem Bedeutungserlebnis ist der »schöpferische Sprung« in die Sprechsprache verbunden.

⑧ Für die Überprüfung dieses vorläufigen Ergebnisses stehen verschiedene Hinweissysteme zur Verfügung. Die Dekodierung ist erst abgeschlossen, wenn sich die Hypothese, das Wort bedeute »Zeitung«, bestätigt.

3. Methodenkonzeptionen

3.1 Erstleseunterricht im Rückblick

Die Geschichte des Schriftspracherwerbs ist weitgehend als Geschichte des Erstleseunterrichts festgehalten worden. Das Schreibenlernen hat, obwohl es vielfach parallel verlief, weniger Beachtung gefunden.

»Wenn ich an mein erstes Schuljahr und an meine Fibel zurückdenke, dann kann ich mich noch heute wundern, dass ich Lesen gelernt habe.«

Die Geschichte des Erstleseunterrichts beginnt im 16. Jahrhundert. Sicherlich gab es auch vorher schon Bemühungen um das Lesenlernen, doch setzte erst nach der Erfindung der Buchdruckerkunst durch Johann Gutenberg (1394–1468) und nach der Übersetzung des Neuen Testaments durch Martin Luther (1483–1546) ein breiteres Interesse an der Volksbildung ein. Bis auf den heutigen Tag gilt, dass dem Schriftspracherwerb eine entscheidende Rolle in der intellektuellen Entwicklung eines Kindes zukommt. Deshalb ist es nicht verwunderlich, dass es in der Entwicklungsgeschichte des Erstunterrichts so auffallend viele Versuche gab, den methodischen Weg des Lesen- und Schreibenlernens theoretisch zu erhellen und praktisch zu verbessern. Kaum ein anderer schulischer Lernbereich kann eine so weit reichende Tradition und solche Vielfalt von Lösungs- und Verbesserungsversuchen aufweisen (vgl. Göbelbecker 1933, S. 10).

Die Herausarbeitung und Ausdifferenzierung verschiedener Lernwege und Unterrichtsmethoden zeigt aber, dass eine einheitliche Theorie des Schriftspracherwerbs nicht zustande gekommen ist. Schon die Frage nach dem »Leichten«, von dem das Lernen seinen Ausgang nehmen soll, wird in den verschiedenen Methoden ganz unterschiedlich beantwortet: Zum einen kann das Leichte aus dem zu erlernenden Zeichensystem abgeleitet werden, zum anderen kann es aber auch im Blick auf das lernende Kind definiert werden. In diesen Positionen spiegeln sich bereits die Grundannahmen der beiden extremen Methodenkonzeptionen wider, und zwar

- das synthetische Verfahren,
- das ganzheitliche Verfahren.

Entsprechend dieser traditionellen Methodenpositionen können am Anfang des Schriftspracherwerbs stärker die Elemente oder die Bedeutung von Schrift in den Blick gerückt werden. Daneben hat es zu allen Zeiten vermittelnde Methodenpositionen gegeben:

- das analytisch-synthetisch orientierte Verfahren,
- das methodenintegrierende Verfahren.

Strukturschema 6: Methodenüberblick

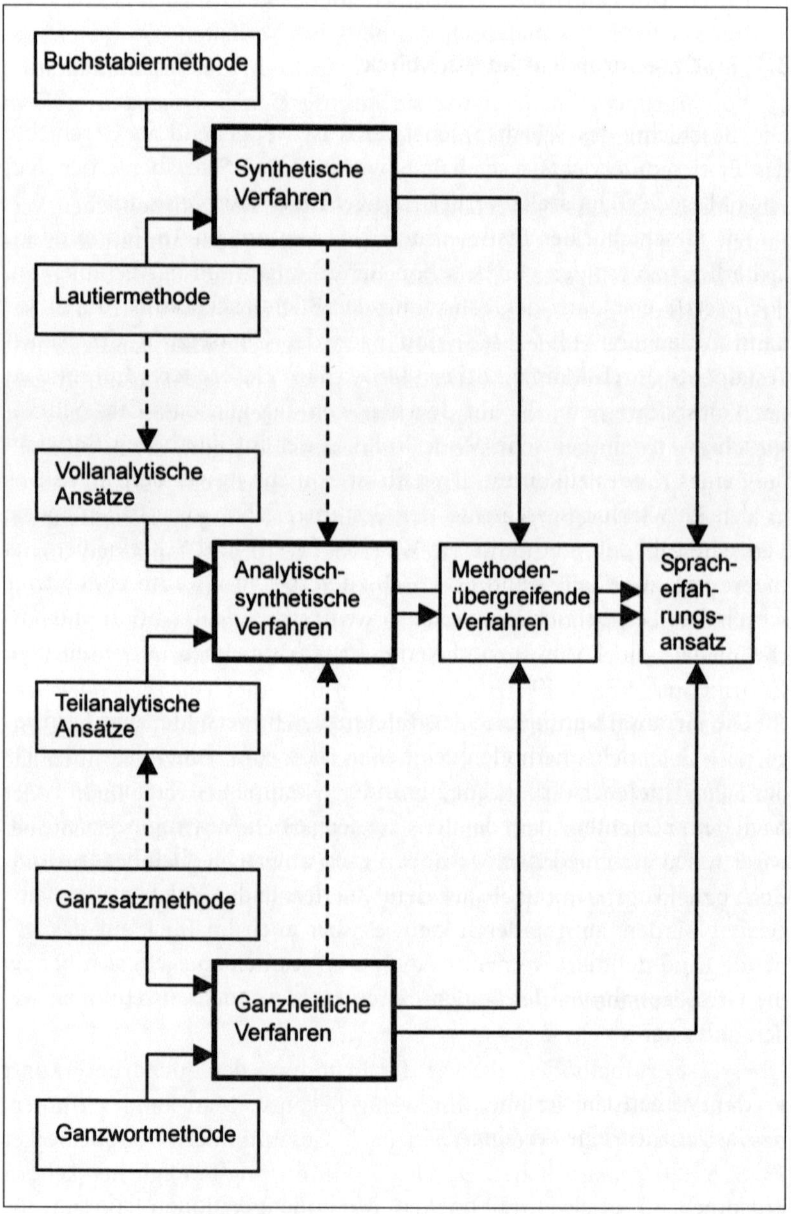

Zusammenfassend hält Kern für die einzelnen Methodenpositionen fest:

> »Dort, wo ich vom Einzellaut durch Zusammensetzen zum Gesamtwort zu kommen suche, werde ich von *synthetischer Methode* sprechen ... Dort aber wo ich hauptsächlich das Ganzwort in seine Teile zerlege und sogleich wieder mit der Synthese beginne, wo ich also die Hilfe des antizipierten Wortklangbildes in Anspruch nehme, liegt offensichtlich ein analytisch-synthetisches Verhalten vor ... Steht dagegen lange Zeit das Erfassen des Wortganzen, der Gestaltqualität im Vordergrund ... nennen wir sie künftig *Ganzheitsmethode.*« (Kern 1931, S. 108; Hervorheb. im Orig.)

Analytisch-synthetische Verfahren gehen – wie die ganzheitlichen Verfahren – von ganzen Wörtern aus, analysieren aber unmittelbar anschließend die einzelnen Elemente von Sprache und Schrift und fügen sie im Akt der Synthese schließlich wieder zusammen. Dieser als »Sowohl-als-auch-Methode« (Kern 1932, 10f.) geschmähte Ansatz wurde von »Ganzheitlern« und »Synthetikern« lange Zeit heftig bekämpft. Erst nachdem sichtbar wurde, dass es keine durchschlagenden Vorteile für die eine oder andere extreme Methodenposition gibt, setzte eine allgemeine Versachlichung der Diskussion ein. In ihrem Verlauf vollzog sich die Wiederbelebung des zwischenzeitlich als »unpsychologisch, unökonomisch, unkindgemäß« (Kern [6]1967, S. 106) diffamierten analytisch-synthetischen Verfahrens. Aufgrund der bewussten Verbindung verschiedener methodischer Ansätze wurde es zunehmend als methodenintegrierendes Verfahren verstanden. Allmählich setzte sich die Auffassung durch, dass es letztlich nicht um die Frage Ganzheit *oder* Synthese geht, sondern darum, in welchem Verhältnis analytisch und synthetisch orientierte Lernschritte zueinander stehen. Derzeit können alle aktuellen Methodenpositionen zum Schriftspracherwerb mehr oder weniger problemlos dem analytisch-synthetischen Ansatz zugeordnet werden. Dennoch erscheint es sinnvoll, die einzelnen Methodenpositionen zunächst getrennt überblicksartig darzustellen.

3.1.1 Buchstabiermethode

Orientierung am ABC

Über Leselernmethoden, die vor der Erfindung der Buchdruckerkunst verwendet wurden, ist nur sehr wenig bekannt. Man kann vermuten, dass es sich um ein »Lesenlernen nach Gesamtbildern« (Göbelbecker 1933, S. 29) gehandelt hat. Durch die Einführung beweglicher Lettern gewannen die Buchstaben des Alphabets an Gewicht und Bedeutung. Lesen wurde analog zum Vorgang des Zusammenfügens eines Druckstockes als Aneinanderreihen von Buchstaben, die mit dem Buchstabennamen bezeichnet wurden, verstanden. Das methodische Vorgehen war denkbar einfach. Es vollzog sich in drei zeitlich aufeinander aufbauenden Stufen (nach Göbelbecker 1933, S. 31ff.).

Beispiel

1. Zunächst wurde das Alphabet durch Vor- und Nachsprechen auswendig gelernt: A – B(ee) – C(ee) – D(ee) usw.
2. Übungen zum Silbenlesen auf der Grundlage einer Fibel oder einer Silbentafel in der Klasse schlossen sich an, und zwar in folgender Weise:

Silbentafel:	ab
Schüler buchstabierte:	»a bee«
Lehrer sprach vor:	»ab«
Schüler wiederholte:	»a bee – ab«.

3. Das Lesen ganzer Wörter erfolgte in der gleichen Weise: Der Schüler buchstabierte die einzelnen Silben (gegebenenfalls wurden die Silben vom Lehrer noch einmal vorgesprochen) und sprach dann das Wort geschlossen aus, als wäre es unmittelbar gelesen worden, z.B.:

Fibeltext:	Vater ...
Schüler buchstabierte:	»Vau-aa – Va / tee-ee-err – ter«
Schüler las:	»Va-ter« ...

Die Buchstabiermethode konnte sich über mehrere Jahrhunderte hinweg – trotz der vielfältigen Kritik, die gegen sie vorgetragen wurde – als verbindlicher Weg des Lesenlernens halten. Sie wurde 1872 in Preußen amtlich verboten.

3.1.2 Lautiermethode

Orientierung an der Sprache

Schon im 16. Jahrhundert kam Kritik an der Buchstabiermethode auf. Ihr wurde die Lautiermethode entgegengestellt, bei der nicht mehr die Buchstabennamen, sondern lediglich die den Buchstabenzeichen zugeordneten Laute ausgesprochen wurden. Dieser methodische Vorschlag wurde bereits um 1527 von Valentin Ickelsamer in seinem Werk »Die rechte weis auffs kürtzist lesen zu lernen« vorgestellt (1. Druck vermutlich 1527; 3. Druck 1534). Der von ihm vorgetragene Ansatz beruht auf der Ableitung der Laute aus der gesprochenen Sprache, sodass beim lautierenden Zusammenlesen von Schriftzeichen zu Silben oder Wörtern nur die Laute selbst, nicht aber die Buchstabennamen berücksichtigt werden sollten. Deutlich führt er diese Idee in seiner Schrift »Ein Teütsche Grammatica. Darauß einer von jm selbs mag lesen lernen« aus (1. Druck unklar; 2. oder 3. Druck 1537).

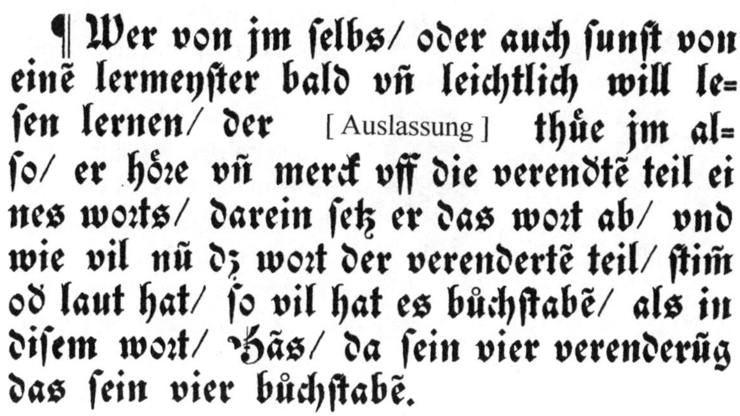

¶ Wer von jm selbs/ oder auch sunst von
einẽ lermeyster bald vñ leichtlich will le=
sen lernen/ der [Auslassung] thůe jm al=
so/ er hőre vñ merck vff die verendtẽ teil ei
nes worts/ darein setz er das wort ab/ vnd
wie vil nũ dz wort der verendertẽ teil/ stim̃
od laut hat/ so vil hat es bůchstabẽ/ als in
disem wort/ Hãs/ da sein vier verenderũg
das sein vier bůchstabẽ.

Abbildung 13: Grundlegung der Lautiermethode (aus: Ickelsamer, Teütsche Grammatica um 1534)

Ickelsamer schreibt:

> »Wer von jm [ihm; W. T.] selbs, oder auch sunst von einem lermeyster bald unn leichtlich will lesen lernen, der (...) thue jm also/ er hoere unn merck uff die verend'[er]ten teil eines worts/ darein setz er das wort ab/ und wie vil nun das wort der verenderten teil/ stimm od'[er] laut hat/ so vil hat es buchstaben/ als in disem wort/ Hans/ da sein vier verenderung das sein vier buchstaben.«

Ickelsamers Lautiermethode, das ist dem Beispiel zu entnehmen, ging vom genauen Abhören der gesprochenen Wörter aus. Wer Wörter richtig abhörte, der konnte sie aufschreiben, und wer die Wörter selbst aufschreiben konnte, der konnte auch lesen. Die Lautiermethode Ickelsamers ist in der Geschichte des Schriftspracherwerbs von allergrößter Bedeutung. Ihre konsequente Bezugnahme auf die gesprochene Sprache findet sich in allen aktuellen Ansätzen mehr oder weniger deutlich wieder. In seiner Zeit konnte sich Ickelsamer mit seiner Idee allerdings nicht durchsetzen.

3.1.3 Anlautmethode

Ein anderer Lesedidaktiker des 16. Jahrhunderts, Peter Jordan, folgte Ickelsamers methodischem Ansatz weitgehend und setzte sich wie dieser kritisch mit der Buchstabiermethode auseinander. Während Ickelsamer aber die vollständige Analyse des gesprochenen Wortes favorisierte,

Abbildung 14: Anlautmethode (aus Jordan, Leyenschul 1533)

führte Jordan die Lautgewinnung durch die Beachtung des Anlautes ein. Jordan begründete damit einen Weg, der bis auf den heutigen Tag immer wieder in unterschiedlichen Varianten begangen wird – das so genannte Anlautverfahren. Beim Anlautverfahren verläuft die Lautgewinnung kurz und zielgerichtet. Die Aufmerksamkeit des Schülers wird auf einige wenige Wörter gelenkt, die zwei Bedingungen erfüllen müssen: Sie müssen den zu erlernenden Laut im Anlaut haben, und sie müssen abbildbar sein. Die Beschränkung auf das Abbildbare war für die Fibeln der Folgezeit von geradezu prägender Kraft.

3.1.4 Naturlautmethode

Abbildung 15: Naturlautmethode (aus: Comenius; Orbis pictus, 1658)

Um auf die Laute der Sprache aufmerksam zu machen, hatte bereits Ickelsamer auf die Verwendung von Naturlauten beim Schriftspracherwerb verwiesen. Damit waren »natürliche« Laute, z.B.: das Wehen des Windes oder Tierstimmen aller Art, gemeint. Richtig zum Einsatz kam diese Form der Lautgewinnung jedoch erst bei Johann Amos Comenius (1596–1680). Er führte in seinem wohl bekanntesten Unterrichtswerk »Orbis pictus« konsequent ein Verfahren ein, das später als Naturlautmethode bezeichnet wurde. Comenius stellte dem »Orbis pictus« ein »lebendiges Alphabet« voran, dessen Ziel es war, den Kindern den Einstieg in die Schriftsprache zu erleichtern.

- Die Leseanfänger sollten die Abbildung eines Tieres betrachten,
- die Stimme des Tieres nachahmen und
- auf diese Weise den entsprechenden Laut aussprechen.

- Das neben dem Tierbild stehende Buchstabenzeichen verdeutlicht dem Kind, welcher Buchstabe dem Laut zugeordnet werden soll.

Seit geraumer Zeit steht die Schriftspracherwerbsdidaktik diesem Verfahrensschritt eher kritisch gegenüber, weil die Lautproduktion von Tieren oft auf ganz spezifische Art zustande kommen und mit der menschlichen Artikulation oft nur sehr indirekt verglichen werden kann. Dennoch lässt sich die Einführung von Lauten mit Hilfe des Naturlautverfahrens bis auf den heutigen Tag in Fibeln nachweisen.

3.2 Die klassischen Methodenkonzepte

3.2.1 Das synthetische Verfahren

Stufen des Verfahrens

Das lautsynthetische Verfahren (auch synthetische Methode oder einzelheitliches Verfahren) geht von Einzellauten/Einzelbuchstaben aus. Erst wenn Einzelbuchstaben/Einzellaute in ausreichender Zahl eingeführt worden sind, werden Silben und/oder Wörter erarbeitet, die sich schließlich zu Sätzen und Texten zusammenfügen. Im Allgemeinen lassen sich drei aufeinander aufbauende Verfahrensschritte unterscheiden, und zwar die

- Stufe der Lautgewinnung,
- Stufe der Lautverschmelzung,
- Stufe des zusammenfassenden Lesens.

Stufe der Lautgewinnung

»Ich weiß es heute immer noch:
Das E war ein Esel,
N – die Nase,
M – der Mond,
R – die Rose ...«

Laute und Lautfolgen der verbundenen Sprache sind dem Kind vertraut. Dagegen steht ihm der isolierte, von Inhalt und Bedeutung entbundene Laut nicht ohne weiteres zur Verfügung. Im Laufe der Geschichte des Erstleseunterrichts wurden verschiedene Verfahren zur Lautgewinnung entwickelt, die in allen ihren Spielarten auch heute noch angewendet werden. Dabei wird Bezug genommen auf:

- Anlaute, z.B. [m] – »Maus«
- Empfindungslaute, z.B. [m] – »wie lecker«,
- Naturlaute, z.B. [m] – Brummen eines Bären,
- unmittelbare Lautvorgabe, z.B. [m] – Direkteinführung.

Besondere Bedeutung hat bis auf den heutigen Tag die Orientierung an den Anlauten. Sie begegnet uns in vielen Fibeln ebenso wie in fibelun-

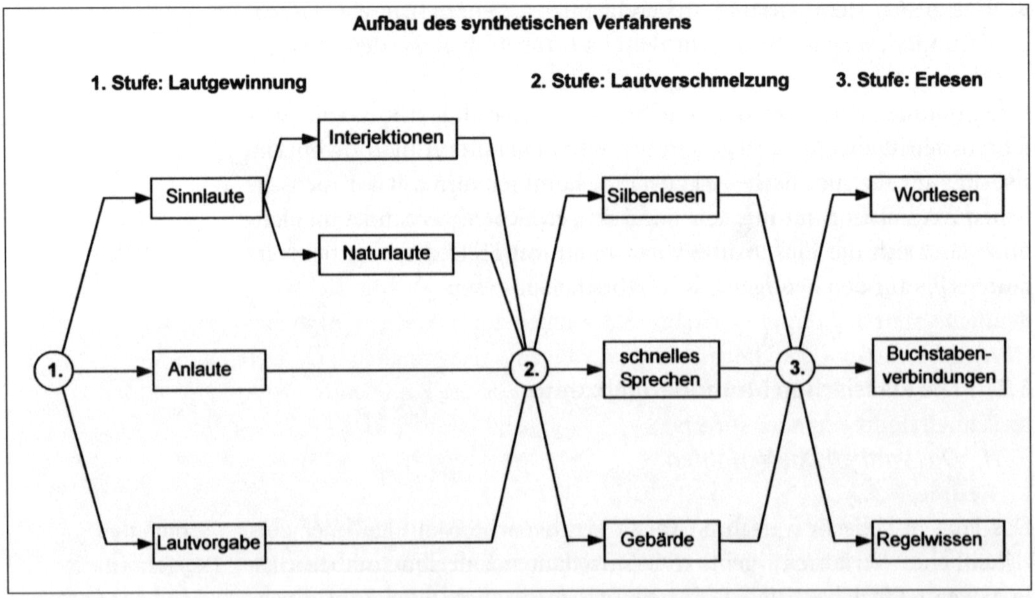

Strukturschema 7: Aufbau des synthetischen Verfahrens

abhängigen Verfahren. Dagegen sind die Empfindungslaute, z.B. [aː] als Ausruf des Erstaunens, und die Naturlaute, z.B. [f] als Blasen des Windes, die bis in die Nachkriegszeit zum Standardrepertoire synthetischer Fibeln zählten, heute kaum noch vertreten. Beide Ansätze versuchten, dem isolierten Laut einen Sinn beizufügen, daher verwendete man als Oberbegriff auch die Bezeichnung »Sinnlautverfahren«. In den Sechziger-/Siebzigerjahren des letzten Jahrhunderts trat die direkte Lautvorgabe (»Das ist ein ›mmm‹.«) an die Stelle der Lautgewinnung mit Hilfe von Interjektionen und Naturlauten.

Stufe der Lautverschmelzung

Ein Problem des synthetischen Verfahrens bestand in der »Verschmelzung« oder im »Zusammenschleifen« von Buchstaben/Lauten zu Silben und Wörtern. Daraus erklärt sich, dass gerade für diese Stufe methodische Hilfen besonders notwendig waren. Im Rahmen von Fibeln konnten solche Hilfen – aufgrund der Beschränkungen dieses Mediums – nur sehr indirekt gegeben werden. Im Wesentlichen realisierte sich die Lautverschmelzung methodisch in der Aufforderung zum schnellen Hintereinandersprechen der einzelnen Laute. Im Fibeldruck wurde dies häufig durch die schrittweise Verringerung einer Lücke zwischen zwei Buchstaben oder durch andere grafische Mittel zum Ausdruck gebracht. Dabei handelte es sich jeweils um Versuche, die bloße Lautaddition zu überwinden. Gelegentlich wurden zur Unterstützung der Lautverschmelzung auch Finger-, Hand oder Körpergebärden (»phonomimische Gebärden«) eingesetzt (vgl. Dummer 1978, S. 442–444; Topsch ^{3}1988, S. 136–156).

Ein wesentliches Problem der Lautverschmelzung liegt darin, dass die Vokallaute, wenn sie am Anfang stehen oder wenn man sie einzeln spricht, jeweils mit einem harten Vokaleinsatz, dem »Glottisschlag« (Aufsprengen der Stimmritzen) beginnen. Achten Sie auf die Artikulation des a-Lautes in den Wörtern »alt« und »kalt«. Der a-Laut bei »alt« beginnt mit einem »Knack- oder Krächzlaut«, den Sie im Kehlkopf deutliche spüren können.[1] Im Internationalen Phonetischen Alphabet (IPA) gibt es für den Glottisschlag ein eigenes Lautzeichen [ʔ]. Der Glottisschlag bleibt auch dann erhalten, wenn wir die Laute eines Wortes schnell hintereinander sprechen.

Beispiel
Versuchen Sie es mit dem Wort »da«! Wenn Sie die Laute einzeln aussprechen, können Sie den Glottisschlag vor dem a-Laut deutlich hören und spüren [d^{e} ʔaː]. Aber auch dann, wenn Sie die Laute sehr schnell hintereinander sprechen – bleibt es bei [d^{e} ʔaː], weil sich der harte Vokaleinsatz [ʔ] vor das [aː] schiebt. Solange die Laute [d] und [aː] als Einzelimpulse ausgesprochen werden, wird nicht das Wort »da« daraus. Erst ein Gesamtimpuls führt zum Sprachwort »da«.

Stufe des Lesens

Lautsynthetische Verfahren waren relativ stark auf den Erwerb der Einzelelemente ausgerichtet. Sie leugneten aber nicht, dass sich das geläufige Lesen weniger an einzelnen Buchstaben als vielmehr an Einheiten höherer Ordnung orientiert. Deshalb zielten auch sie – zumindest mit der dritten Stufe – auf solche Strukturen ab. Zwar wurde das flüssige Lesen im Wesentlichen durch Übung erreicht. Vereinzelt kamen auf der Stufe des Zusammenlesens aber auch methodische Maßnahmen hinzu, durch die über das additive Erlesen von Buchstaben zu Silben hinausgeführt werden sollte.

»Der Schüler, der sich im genauen Unterscheiden einzelner Buchstaben geübt hat, ... muss nun lernen, das Wort in seiner ganzen Gestalt *überschauend* aufzufassen ... Jetzt sollen die Kinder sich das Wort IM

1 Falls Sie den Glottisschlag noch nicht richtig nachvollziehen können, dann experimentieren Sie mit den Wörtern »Stau-becken« und Staub-ecken«. Achten Sie auf das »Knacken« vor dem e-Laut.

> nicht zusammenschleifend erlesen, sondern erst überlegen, wie das Wort heißt, um es dann ganz auszusprechen.« (Freie und Hansestadt Hamburg Richtlinien o.J. [ca 1970], S. 37)

Zu den Maßnahmen zählten neben Übungen zur Gesamtauffassung häufig vorkommender Wörter auch die Herausarbeitung häufiger Buchstabenverbindungen, z.B. »st«, »sp«, »pf«, »-en« sowie die Beachtung von Regelwissen.

3.2.2 Das ganzheitliche Verfahren

»Die Wörter hatten jeweils ein Bild dabei und waren somit leicht zu behalten. Bei den Sätzen haperte es jedoch: Man musste sie auswendig lernen. Hatte man den Satz aber vergessen, konnte man ihn auch nicht mehr ›lesen‹ ...«

Ganzheitliche Verfahren gehen im Unterschied zu einzelheitlichen Verfahren nicht von isolierten Elementen (Buchstaben/Lauten), sondern von Sprachganzen aus, die erst nach einer mehr oder weniger langen Phase des »ganzheitlichen Lesens« analysiert werden.

Wie bei der lautsynthetischen Methode lassen sich für das ganzheitliche Verfahren Vorläufer weit in der Geschichte des Erstleseunterrichtes zurückverfolgen. Erste sehr deutliche Hinweise auf diesen Weg des Lesenlernens finden sich bereits bei Friedrich Gedike (1754–1803). In einer Veröffentlichung aus dem Jahre 1779 führte er aus:

> »Anfänglich werd' ich ihm, während er [der Schüler; W. T.] mit mir ins Buch hineinsieht, alles, Wort vor Wort vorsagen, und er selbst soll also zuerst weiter nichts zu thun haben, als mir nachzulesen, ganz kleine einen vollen Sinn gebende Abschnitte nehmlich. Denn selbst einzle Wörter soll er mir nicht lesen, damit die Methode auf keine Weise synthetisch sei ... das wird mein schon herangewachsener Lehrling sehr bald selbst merken, daß jedes Wortzeichen aus mehrern einzelnen Zeichen zusammengesetzt ist, die alle Augenblicke, nur in einer andern Stellung und Verbindung vorkommen. Und so wird er nach und nach die Bedeutung der einzelnen einfachen Zeichen durch mein Vorsprechen und sein Nachsprechen lernen, ohne daß ich ihm ihre Namen sage. Unvermerkt drükt sich ihm durch Analogiegefühl das ganze Alphabet ein.« (Gedike 1779, S. 120f.)

Erst in den Dreißigerjahren des letzten Jahrhunderts wurde der Ganzheitsgedanke wieder verstärkt aufgegriffen. Durchsetzen konnte er sich vor allem in den Fünfziger-, Sechziger- und Siebzigerjahren, also nur für einen relativ begrenzten Zeitraum. Je nachdem, ob die Einführung in die Schriftsprache auf der Grundlage von Wörtern, Sätzen (oder Texten) erfolgte, sprach man vom Ganzwort- oder vom Ganzsatzverfahren. Diese beiden Ansätze unterscheiden sich allerdings nur in der Eingangsphase des Leselehrganges. In den übrigen Stufen sind sie prinzipiell gleich. Für das ganzheitliche Lesenlernen lassen sich drei große Phasen, die sich gegenseitig überlagern, unterscheiden:

Phasen des Verfahrens

- Phase des naivganzheitlichen Lesens,
- Phase der Durchgliederung,
- Phase des selbstständigen Erlesens.

Neben dieser groben Einteilung gab es weitere Phasenmodelle. So hatte Ilse Lichtenstein-Rother ein Acht-Phasen-Modell entwickelt, das wegen seiner inhaltlichen Differenziertheit und Nachvollziehbarkeit ergänzend betrachtet werden sollte. Hier wird das unterrichtliche Vorgehen der »Ganzheitler« unmittelbar sichtbar.

Tabelle 3: Aufbau des ganzheitlichen Verfahrens in acht Phasen

Stufe	Zielvorstellung
I	Funktionsgerechter Umgang mit der Schrift [Verständnis des Symbolcharakters von Schrift]
II	Auffassen von Wörtern; Satzsynthese [Gliederung des Satzes und Abheben bekannter Wortgestalten]
III	Auffassen der Schriftzeichen (Buchstaben) [Auffassen und Unterscheiden von Buchstaben durch Gleichheitsabstraktion]
IV	Auffassen von Lauten [Zuordnung von Lauten zu Buchstaben]
V	Auffassen der Lautfolge mit Hilfe der Buchstaben [Buchstaben als Zeichen für Lautgruppen, das Wort als Lautfolge in Übereinstimmung mit der Buchstabenfolge (Funktion der Buchstaben)]
VI	Funktionsgerechter Gebrauch der Buchstaben (Wortsynthese) [Erlesen unbekannter Wörter in Texten mit vorwiegend bekannten Wortbildern]
VII	Sinnentnahme mit Hilfe der Buchstaben [Erlesen einfacher Texte, aber noch den knappen Inhalt, den ›Sinnrahmen‹ vorweggebend]
VIII	Selbständiges Lesen altersgemäßer Texte [Erlesen von Texten unbekannten Inhalts]

(Aus: Lichtenstein-Rother ^{7}1969, Anhang; Ergänzungen in eckigen Klammern aus Rother 1955, 123f.)

Phase des »naivganzheitlichen« Lesens

Da den Kindern beim ganzheitlichen Verfahren zunächst ein Rückgriff auf die lautliche und grafische Binnenstruktur von Wörtern noch nicht möglich ist, geht es in der ersten Phase darum, einen Grundwortschatz »ganzheitlich« zu erarbeiten. Durch eine unmittelbare Sinnbeilegung (Sinnvorweggabe durch die Lehrerin/den Lehrer) werden Schrift, Sprache und Bedeutung einander vorerst global zugeordnet. In dieser Phase muss dem Kind »gesagt werden«, wie die Wörter »heißen«, damit es sie sich »merken« kann: In vielen ganzheitlichen Fibeln war diese Phase durch Aufzählungstexte und häufige Wortwiederholungen gekennzeichnet. Da die Merkfähigkeit der Kinder besonders herausgefordert wurde, wurden als Merkhilfen eingesetzt:

Tabelle 4: Methodische Hilfen der ersten Phase des ganzheitlichen Verfahrens

Merkhilfe	Maßnahme
Farbe	Einzelne Wörter, z.B. Namen, wurden farbig hervorgehoben.
Lokalisation	Zur Erinnerung wurde auf den Textzusammenhang zurückgegriffen, in dem das Wort zum ersten Mal auftrat.
Illustration	Die Illustration war möglichst so angelegt, dass sich aus ihr Hinweise auf die Inhalte des Textes und auf den Sinnzusammenhang ergaben.
Wortauswahl	Es wurden möglichst merkmalsreiche Wortgestalten ausgewählt (Ober- und/oder Unterlängen im Schriftbild).

Phase der Durchgliederung

»Wir mussten immer verschiedene Buchstaben in der Fibel einkreisen, *sodass man am Schluss kaum noch etwas erkennen konnte ...«*

Die Phase der Durchgliederung diente dem Erfassen der Buchstabenzeichen und ihrer lautlichen Entsprechungen. Durch den naivganzheitlichen Umgang mit Sprache und Schrift kommt das Kind allmählich dazu, Gleichheiten in der Schrift zu erkennen und diese auch in der Sprache aufzusuchen.

> »So wird der (sic) ›E‹ beim ›Emil‹ und ›Erich‹ als das Gleiche erkannt, als ein und derselbe Buchstabe. Er löst sich heraus, er wird selbständiger. Mit der Zeit wird aber auch deutlich, daß beide Wörter auch lautlich gleich beginnen, und daß dieser gleiche Beginn durch den Buchstaben ›E‹ angegeben wird. Der Buchstabe ruft, so könnte man sagen, den Laut zu sich.« (Kern [6]1967, S. 83)

Dies geschah nicht nur spontan, sondern zunehmend auch durch eine bewusste Lenkung der Wahrnehmung auf die grafische und lautliche Struktur geschriebener und gesprochener Wörter, z.B. durch Wortaufbau, Wortabbau, »Verzaubern« von Wörtern durch Buchstabentausch (z.B. Hund zu Hand), Aufsuchen von »Unterganzen« (»und« in Hund), gedehntes Lesen, Einkreisen von Einzelbuchstaben usw. Ziel dieser Phase war es, die Kinder zur Einsicht in Laut-Buchstaben-Beziehungen zu befähigen und ihnen damit den Übergang zum selbstständigen Erlesen zu ermöglichen.

Phase des selbstständigen Erlesens

Die Phase des selbstständigen Erlesens war erreicht, wenn das Lesen nicht mehr auf Sinnbeilegung, sondern auf der Anwendung der erworbenen Laut-/Buchstabenkenntnisse beruhte. In der dritten Phase ging es also darum, die in der Phase der Durchgliederung (2. Phase) erworbenen materialen Kenntnisse operativ zu nutzen und unmittelbar wirksam werden zu lassen. Für die methodische Arbeit war zu berücksichtigen, dass sich die Phasen nicht klar voneinander abheben lassen, sondern sich wechselseitig überlagern. Selbstständiges Erlesen konnte auf der Wortebene bereits einsetzen, wenn eine gewisse Anzahl von Buchstaben-Lautverbindungen verfügbar war, während gleichzeitig die Arbeit der Durchgliederung bekannter Wörter fortgesetzt und die Einführung neuer Wörter noch überwiegend per Sinnbeilegung erfolgte. Dieses selbstständige Erlesen einzelner Wörter hatte Ilse Lichtenstein-Rother (1917–1991) als sechste Stufe gekennzeichnet (1955, S. 124; s. Tabelle 3).

> »Ich habe wohl häufig Wörter auswendig gelernt und fand das immer blöd, wenn wir die Wörter dann mal rückwärts lesen sollten. Das ging nämlich nicht mehr so schnell wie andersherum ...«

Die methodischen Maßnahmen der dritten Phase waren im Wesentlichen auf die Bereitstellung von zutreffenden inhaltlichen Erwartungen beim lesenden Kind ausgerichtet. Man unterschied zwischen Hilfen zur »engen« und zur »weiten Antizipation« (Kern/Kern [12]1964, S. 52ff.).

Die Maßnahmen der engen Antizipation richteten sich stark auf das Erlesen einzelner Wörter. Durch die Verwendung wiederkehrender Satzbaumuster (»Kurt ist lieb. Lisa ist lieb. Maria ist lieb. Otto ist lieb.«) und durch die Einbettung eines Textes in einen Sinnrahmen (»Auf dem Wochenmarkt«) sollte die Antizipation gesteuert werden.

Die weite Antizipation sollte durch die Verwendung von Überschriften, Illustrationen und die Nutzung des Kontextes Hilfen für das Erlesen von Texten bieten. Für das selbstständige Erlesen wurden aber nicht nur Hinweise von der syntaktischen und semantischen Ebene genutzt. Auch die grafische und die typografische Gestaltung wurden bewusst eingesetzt. Gestaltungsmerkmale, die heute Lesereihen für Erstleser kennzeichnen, z.B. Verwendung einer vertrauten, relativ großen Drucktype, Flattersatz, die Aufgliederung der Zeilen in Sinnschritte und nicht zuletzt eine Vielzahl eingebundener Textillustrationen, lassen sich auf die dritte Phase der ganzheitlichen Lehrgänge zurückführen.

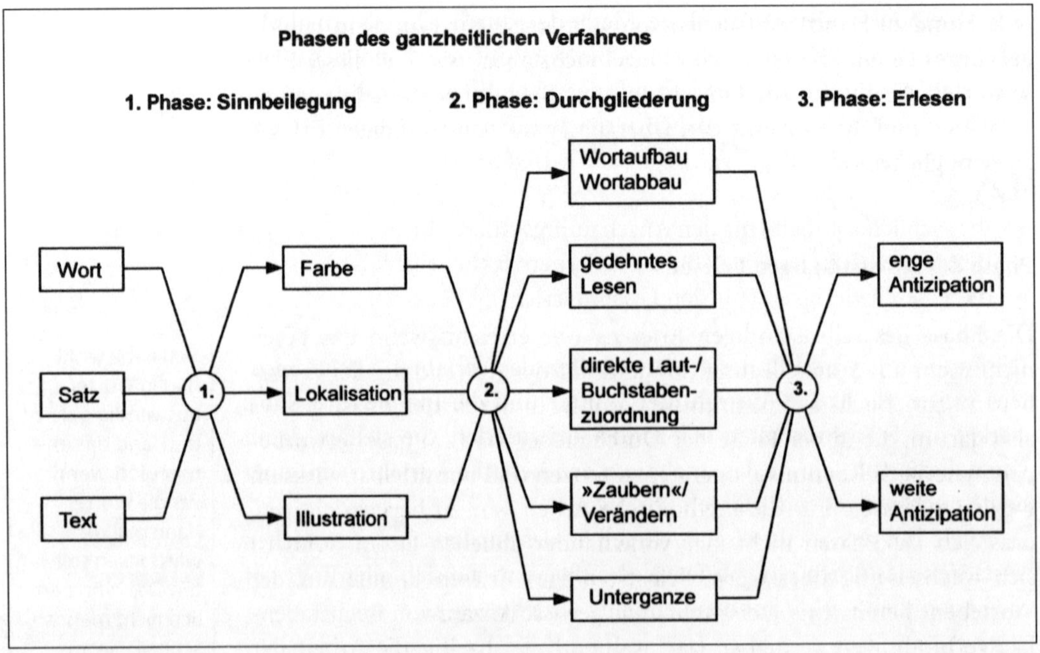

Strukturschema 8: Aufbau des ganzheitlichen Verfahrens

3.2.3 *Das analytisch-synthetische Verfahren*

Analytisch-synthetische Verfahren gehen von ganzen sprachlichen Einheiten (Wörtern oder Sätzen) aus, analysieren die Laute und Buchstaben und verbinden diese schließlich in der Synthese wieder. Schon der Ansatz, den Valentin Ickelsamer am Anfang des 16. Jahrhunderts vorgestellt hatte, trug erkennbare Merkmale eines analytisch-synthetischen Vorgehens. In »Eine Teütsche Grammatica« (um 1530) beschrieb er vor allem die Notwendigkeit, von der gesprochenen Sprache auszugehen und die Buchstaben (Laute) aus

> »wörtern unn rede/ unn nit der wörter auß dem /a/ be/ ce/ wie wir yetz thun/ zu lernen ... Das er aber die theyl d' wort fein/ rein unn eygentlich künd absündern/ unn von ein ander teylen/ so nemb er ein yedes wort/ deß buchstaben er wissen will/ selbs in seinen mund.« (Ickelsamer, S. 23/24 [eigene Zählung]).

Hier wird offensichtlich eine von der gesprochenen Sprache ausgehende Analyse der Sprechsprache als Einstieg in die Schriftsprache gewählt. Die Orientierung an der Sprache (nicht an der Schrift) ist ein Vorgehen, das auch in aktuellen Konzeptionen favorisiert wird.

Einen ersten großen Durchbruch erlebten analytisch-synthetische Verfahren in der Mitte des 19. Jahrhunderts. Im Zuge der Ausbreitung des Herbartianismus setzten sie sich unter der Bezeichnung »Normalwort-Methode« oder »Normalsatz-Methode« durch. Die »Normalwörter« oder »Normalsätze« wurden so ausgewählt, dass möglichst alle Buchstaben und Buchstabenverbindungen in ihnen enthalten waren. Für die Auswahl von »Normalwörtern« wurden im Allgemeinen drei Kriterien zugrunde gelegt (vgl. Schlimbach 1898, S. 3):

- ihr sachlicher Inhalt (für den Anschauungsunterricht),
- ihre Schreibschwierigkeit (für das Erlernen des Schriftbilds),
- die Leseschwierigkeit (für den Leseunterricht).

Die Autoren Lay und Enderlin entwickelten das Verfahren (1911) insofern weiter, als sie die Auswahl der Wörter und die Inhalte ihrer Fibel stärker am Sprachverhalten der Kinder orientierten. Sie stellten damit vor nahezu 100 Jahren das analytisch-synthetische Verfahren in einer heute noch weitgehend gültigen Form vor.

Stufen des Verfahrens

Auch für das methodische Vorgehen des analytisch-synthetischen Verfahrens lässt sich eine Stufenfolge aufweisen, die sich allerdings auf die Lerneinheit – *nicht* auf den Lehrgang bezieht:

Tabelle 5: Stufenfolge des analytisch-synthetischen Verfahrens

Stufe	Zielstellung
Vorstufe	Gliederung der Redeeinheit in einzelne Wörter
Stufe der Analyse	Gliederung der Wörter in einzelne Laute
Stufe der Zuordnung	Verbindung von Lauten und Schriftzeichen
Stufe der Synthese	Aufbau von Wörtern mit Hilfe von Schriftzeichen

An dem nachfolgenden Textauszug von Max Enderlin lassen sich die Vorstufe und die weiteren Stufen des analytisch-synthetischen Verfahrens aufzeigen. Zugleich wird die Vorgehensweise des analytisch-synthetischen Schreib-Lese-Unterrichts beispielhaft sichtbar. Bemerkenswert ist bei Lay und Enderlin nicht nur die Bezugnahme auf die Sprechsprache der Kinder – im Gegensatz zu den nach didaktischen Gesichtspunkten ausgewählten »Normalwörtern« –, sondern auch die Einbettung des Lesen- und Schreibenlernens in eine Anwendungssituation.

Vorstufe

Schreibanlass

Als Ausgangssituation wurde eine Situation gewählt, in der die Funktion unserer Schriftsprache für die Kinder nachvollziehbar werden sollte: Das Schreiben eines Einladungsbriefes. Zunächst wurde ein Schreibanlass (Geburtstagsfeier) mit den Kindern erörtert. Dann wurde eine passende

Formulierung ausgewählt (im nachfolgenden Beispiel der Satz: »ich lade dich ein«). Weiter heißt es:

Gliederung in Wörter

»Natürlich handelt es sich jetzt zunächst darum, daß allen Kindern zum Bewußtsein kommt, daß wir jetzt *schreiben* wollen, und daß wir: Ich lade dich ein – schreiben wollen. Wir lassen deshalb die Kinder dieses Sätzchen mehrmals langsam und deutlich sprechen und darauf achten, daß ihnen zunächst die Vierteilung und die Reihenfolge der Laute zum Bewußtsein kommt. Sie sollen selbst herausfinden, was man zuerst spricht und was dann und was dann. Dann stellen wir fest, wo wir das Sätzchen hinschreiben wollen. [...] Wir lassen deshalb von den Kindern vorschlagen, wo wir *ich* und wo wir *lade* und *dich* und *ein* hinschreiben wollen, und bezeichnen dann die Orte durch Bogen oder Striche.

‿ ‿ ‿ ‿ ... «

Stufe der Analyse

»Dann stellen wir durch Fragen fest, ob die Kinder nun genau wissen, wo *ich* hinkommt und wo *lade* und wo *dich* und *ein*. Hernach fangen wir an, die einzelnen Wörtchen genau zu prüfen, indem wir die Kinder auffordern, auf die Mundstellung und auf die Laute zu achten. Wir passen auf, was man bei *ich* zuerst spricht und was dann.

Gliederung in Laute

Natürlich erkennen nicht alle Kinder auf das erstemal die einzelnen Laute, und manche können sie auch noch nicht auseinanderhalten. Trotzdem schreiben wir jetzt das Wörtchen *ich* hin, weil wir es für wichtig halten, den Kindern mit dem akustischen Wortbild auch zugleich das optische zu bieten. Und siehe da! Sofort wird jetzt die Trennung von *i* und *ch* vollzogen. Auf dieselbe Weise verfahren wir mit *lade* und *dich* und *ein*, sodaß nach Verlauf einer Viertelstunde das ganze Sätzchen an der Schultafel steht ...

Wenn wir nun noch festgestellt haben, ob die Kinder nun wissen, wo *ich* und wo *lade* und wo *dich* und *ein* steht, und wenn sie das auch außerhalb der Reihenfolge angeben und ebenso auf die Fragen antworten können: Was steht da, was da und was da, dann ist die erste Lektion beendet. ...«

Stufe der Zuordnung

[Am nächsten Tag erfolgt eine Wiederholung.] »›Gestern habe *ich* das Sätzchen geschrieben, heute sollte *ihr* es schreiben ... Das ist auch gar nicht so schwer, man muss es nur richtig anschauen.‹ Das tun wir denn auch und geben, indem wir es ganz langsam lesen, darauf acht, was man zuerst hört und was dann und was dann; darauf lassen wir den *i* und den *ch* [sic] zeigen, dann ebenso die Buchstaben von *lade, dich, ein.* ...«

Laut-/Zeichenzuordnung

Stufe der Synthese

»Nun machen wir uns an das Schreiben. ... [*i* und *ch* werden getrennt erarbeitet und so an die Tafel geschrieben, dass das Wort *ich* entsteht; W. T.] In der selben Weise wird dann von den Kindern das *lade*, das *dich* und das *ein* analytisch zerlegt und synthetisch aufgebaut. Die ganze Arbeit erfordert das erstemal vielleicht eine Stunde. Aber nach deren Ablauf sind die Laute den Kindern auch schon ziemlich bekannt. Die meisten vermögen die Laute im Wortzusammenhang aufzufinden.« (Enderlin 1929, S. 52f.; Hervorheb. im Orig. gesperrt)

Schreiben

Abschließend heißt es: »Einer Fibel bedarf es bei diesem ... einfachem Verfahren zunächst nicht. Denn die Kinder lernen so auch ohne Fibel lesen, sie lernen *Lesen durch Schreiben.* (Enderlin 1929, S. 56; Hervorh. W. T.)

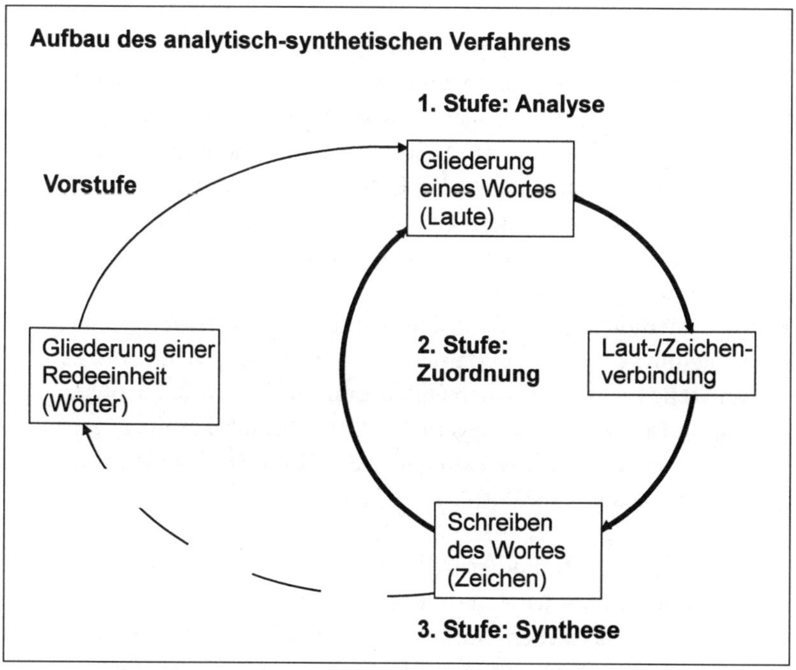

Strukturschema 9: Aufbau des analytisch-synthetischen Verfahrens

Resümee

Alle Schritte dieses Verfahrens sind von der Absicht getragen, eine Bedeutung aufzuschreiben. Festzuhalten ist auch, dass nicht das Lesen, sondern das Schreiben den Ausgangspunkt bildet. Um ein Wort oder einen Satz aufschreiben zu können, bedarf es einer gliedernden Analyse der Redeeinheit insgesamt und einer Analyse der einzelnen Wörter. Dabei wird die Lautproduktion (Beachtung der Mundstellungen) bewusst einbezogen. In einer aufeinander bezogenen auditiven und visuellen Analyse konstituiert sich die Laut-Zeichen-Zuordnung. Mit der Wortsynthese und durch das Aufschreiben der gesamten analysierten Aussage schließt der analytisch-synthetische Erarbeitungszirkel ab.

Methodenstreit

Das analytisch-synthetische Verfahren, das eine vermittelnde Position einnahm, ist während des Methodenstreits nicht unkritisiert geblieben. »Synthetiker« und »Ganzheitler«, die sich ansonsten in einer prinzipiell unüberbrückbaren Methodengegnerschaft gegenüberstanden, waren sich offensichtlich in einem Punkt einig, und zwar in der entschiedenen Ablehnung dieser »Zwittermethode« (Kern 1931, S. 10). Sie hielten das analytisch-synthetische Verfahren für ungeeignet und scheuten sich nicht, dies in starke Worte zu fassen:

- »Will man auf dem Felde der Lesemethodik wirkliche Fortschritte erzielen, so ist ein solcher Mischversuch verfehlt.« Weil die Methode mit der Sinnvorwegnahme der einzelnen Wörter arbeitet, »behindert sie beim Anfänger die isolierte Darstellung der Elemente, also gerade das, was sie ›Analyse‹ nennt. Sie stört damit die notwendige individuelle Verbegrifflichung und Speicherung der Elemente ... und damit wieder die spätere Sekundäranalyse des ›Wortaufbaus‹. ... Wahres und Falsches vermischt (kann) wieder nur Falsches ergeben.« (Schmitt 1966, S. 93)
- »Die Methode läuft ... auf eine vollständig abstrakte, mechanische Aneignung des Baumaterials der Sprache hinaus. Man kann das Verfahren betrachten, wie man will, überall steckt es voller Schwierigkeiten, und man muß unweigerlich zu dem Schluß kommen: schwieriger als auf diese Weise kann man das Kind wohl nicht zum Lesen führen.« (Kern [6]1967, S. 106)

Inzwischen ist der Methodenstreit, der die Schriftspracherwerbsdidaktik in der Mitte des 20. Jahrhunderts stark beschäftigte, Historie. Alle erwähnenswerten aktuellen Ansätze, ganz gleich, ob es sich um Fibeln oder fibelunabhängige Verfahren handelt, lassen sich letztlich auf das analytisch-synthetische Verfahren zurückführen.

3.3 Aktuelle Alternativen

Als die wichtigsten Veränderungen, die sich in den letzten Jahrzehnten in der Schrifterwerbsdidaktik vollzogen haben, sind die stärkere Orientierung an der gesprochenen Sprache und die Verbindung des Lesen- und Schreibenlernens zu einem integrierten Schriftspracherwerbsprozess anzusprechen. Während in den Sechziger- und Siebzigerjahren Lesenlernen und Schreibenlernen in getrennten Lehrgängen angestrebt wurden, setzte sich ab Mitte der Achtzigerjahre eine Integration der beiden Lehrgänge durch. Ausgelöst, zumindest aber wesentlich mitbestimmt durch die Tatsache, dass die Druckschrift als Anfangsschrift für das Lesen- und Schreibenlernen in den Richtlinien zunächst akzeptiert, später gefördert oder gefordert wurde, konnte sich eine enge Verzahnung – der in den Richtlinien oft noch getrennt dargestellten Lernbereiche – etablieren. Alle neueren Unterrichtswerke und alle neueren fibelunabhängigen Ansätze zum Schriftspracherwerb nehmen für sich in Anspruch, die Vorteile, die sich aus der Integration von Lesen- und Schreibenlernen ergeben, zu nutzen. In der Schulpraxis hat sich das Schreibdrucken nach und nach durchgesetzt.

3.3.1 Der Spracherfahrungsansatz

Der Spracherfahrungsansatz stellt eine Verbindung unterschiedlicher methodischer Ansätze dar. Sein Anliegen ist es, Kindern individuelle Zugänge zur Schriftsprache zu eröffnen. Dies erfordert einen expliziten Verzicht auf starre Methodenpositionen und die Bereitstellung vielfältiger motivierender Lernmaterialien und Lernanlässe. Beispiele, Anregungen und Einzelmaßnahmen des Spracherfahrungsansatzes lassen sich in ihrer Mehrzahl dem analytisch-synthetischen Verfahren zuordnen (vgl. z.B. Brügelmann 1986a). Da sie sich aber nicht darauf beschränken, kann der Spracherfahrungsansatz als »methodenübergreifender Ansatz« verstanden werden. Von Erstlesewerken, die ebenfalls mit dem Anspruch antreten, methodenübergreifend vorzugehen, unterscheidet sich der Spracherfahrungsansatz vor allem durch den Verzicht auf einen festgeschriebenen Lehrgang.

Der Spracherfahrungsansatz hat unstrittig die Diskussion über den Schriftspracherwerb befruchtet. Im Vordergrund steht dabei der Perspektivenwechsel vom »Schriftspracherwerb durch Instruktion« zum »Schriftspracherwerb durch Schriftsprachgebrauch« (Kochan 1990, S. 233). Der Spracherfahrungsansatz hat mehrere Quellen:

- Schriftsprachentwicklung wird in Analogie zur Entwicklung der gesprochenen Sprache als Veränderung und Ausdifferenzierung des Schriftwissens durch den Gebrauch in Anwendungssituationen verstanden.
- Forschungen zur Schriftentwicklung und Schriftproduktion von Vorschulkindern führten zu veränderten Modellvorstellungen über den Schriftspracherwerb (vgl. Frith 1986; Günther 1986a, S. 354–382).
- Die Diskussion um erfahrungsoffenes, selbst gesteuertes und entdeckendes Lernen führte zu einem Wandel in der Schrifterwerbsdidaktik. Unter diesem Gesichtspunkt wird auch vom »Sprach- und Erlebnisansatz« gesprochen (Kretschmann 1998, S. 306–321).

»Den Fibelunterricht habe ich größtenteils als entsetzlich langweilig in Erinnerung: Grauenhaft, wenn ein Wort 10-mal von verschiedenen Kindern vorgelesen wurde und der Elfte wieder einen Fehler machte ...«

Die Unterschiedlichkeit der Quellen und die uneinheitliche Schwerpunktbildung lassen den Spracherfahrungsansatz als Begriff unscharf erscheinen: Allgemein-pädagogische Gedanken zur Qualitätssteigerung des Unterrichts (z.B. der offene Unterricht, eine stärkere Handlungsorientierung, ein vermehrter Erlebnisbezug) werden hierunter ebenso subsumiert wie eine forschungsorientierte Theoriediskussion (Modellvorstellungen zur Rechtschreibentwicklung) und unterrichtspragmatische Vorstellungen (Lesen durch Schreiben, Schrifterwerb mit Hilfe von Eigentexten, Klassendruckerei, Computereinsatz für freie Texte etc.).

Es kommt hinzu, dass auch die Umstände einer »veränderten Kindheit« in allen Bereichen der Grundschulpädagogik zu Veränderungen traditioneller Vermittlungsformen drängen: Wenn Frontalunterricht zum Kampf »einer gegen alle« wird, wenn Unterricht mit wechselnden Unterhaltungsmedien konkurrieren muss, wenn die soziale Lage vieler Kinder zur Verschiebung des Aufgabengefüges der Grundschule führt, wenn die Schere der vorschulischen Förderung sich weiter geöffnet hat, dann kann der Schriftspracherwerb schwerlich so weitermachen wie bisher. Insofern hat der Spracherfahrungsansatz bereits bestehende Diskussionsansätze für den Bereich des Schriftspracherwerbs (Orientierung an der Sprechsprache, Methodenintegration, Verwendung von Druckschrift, Integration von Lesen und Schreiben) zusammengeführt, kanalisiert und konkretisiert.

Die Mehrschichtigkeit des Begriffes »Spracherfahrungsansatz« bedeutet keinen Mangel: Seine Randunschärfe signalisiert vielmehr, dass es nicht um die Einengung auf eine methodische oder fachdidaktische Position, sondern um Grundfragen der Förderung in einer Initialsituation geht. Die Positionen des Spracherfahrungsansatzes bilden inzwischen eine weitgehend anerkannte Grundlage für didaktisches Handeln im Schulanfang (vgl. zu den nachfolgenden Punkten: Brügelmann 1983, S. 158–182):

- Der Spracherfahrungsansatz stellt Parallelen zwischen Sprachentwicklung und Schriftspracherwerb her. Er respektiert aber, dass sich Sprachentwicklung und Schriftspracherwerb in wichtigen Punkten unterscheiden. »Das eigene Bedürfnis, sich zu verständigen, ist nur in wenigen Fällen auf die Verfügbarkeit der Schrift angewiesen.« [...] Das Kind kann »für das Erlernen der Schrift nicht in gleichem Maße auf ein reichhaltiges und ständig zugängliches Angebot zurückgreifen; dem eigenen Ausprobieren sind zudem schon ›technisch‹ engere Grenzen gesetzt. Der Schriftspracherwerb ist also in höherem Maße auf eine organisierte Förderung angewiesen.« (S. 161)
- Allerdings rechtfertigt dies die überkommenen Formen der Schriftsprachvermittlung nicht. Vielmehr ist zu fragen, ob es nicht ausreicht, »eine Vielfalt an Material und konkrete Anlässe zum Lesen und Schreiben bereitzustellen« (S. 164) [...] und »das selbsttätige, spielerische Lernen des kleinen Kindes in die Schule hinein zu verlängern« (S. 168).
- Der Gestaltung von Lernsituationen kommt im Spracherfahrungsansatz eine doppelte Bedeutung zu: Lernsituationen müssen für die Kinder »emotional wichtig und [...] kognitiv verständlich« sein (S. 169).
- »Lesen und Schreiben sind [...] nicht zwei Seiten ein-und-derselben Medaille, aber sie stehen in einem eigenen Funktionsverbund, in dem sich Teilfunktionen wechselseitig stützen können.« (S. 184)
- »Der Spracherfahrungsansatz wird oft mißverstanden als Verzicht auf eine systematische Förderung des Lesen- und Schreibenlernens. [...] Die Systematik muß jedoch individuell gefunden werden. [...] Systematische Förderung heißt also Aktivierung der Erfahrungen und Fähigkeiten des einzelnen Kindes, so daß es seinen individuellen Zugang zur Schrift finden und in wachsendem Maße bewußt mitplanen kann.« (S. 174)
- »Die Systematik schlägt sich nicht in Form elementarisierter Programm-Schritte nieder, sondern in Form von methodischen Prinzipien, die durch eine Sammlung methodischer Muster beispielhaft erläutert werden.« (S. 175)

Die Prinzipien des Spracherfahrungsansatzes sind inzwischen – zumindest sinngemäß – in die meisten Kommentarbände zu Lese-Schreib-Lernwerken eingegangen. (Wobei zwischen dem Bekenntnis zu diesen Prinzipien und ihrer Realisierung in vielen Fällen weite Spielräume bleiben dürften.) Unbestreitbar ergeben sich aber spürbare Differenzen hinsichtlich des letzten Punktes. Hier wird die Kritik des Spracherfahrungsansatzes an »der Fibel«, dem traditionellen Leitmedium des Schulanfangs, spürbar.

Der Begriff »Spracherfahrungsansatz« taucht zunehmend auch im sonderpädagogischen Bereich und im Bereich der Erwachsenenbildung auf. In einer umfangreichen Auswertung der amerikanischen Literatur konnte Jürgen Walter jedoch aufzeigen, dass sich kein spezifischer Vorteil des Spracherfahrungsansatzes (»language experience approach – LEA«) für die Gruppe der Benachteiligten nachweisen lässt (Walter 1996a, S. 136–143).

3.3.2 Lesen durch Schreiben

Im Zuge der Diskussion um den Spracherfahrungsansatz hat sich als Sonderform auch das Verfahren »Lesen durch Schreiben« etabliert. Sein besonderes Kennzeichen ist eine Anlauttabelle, mit deren Hilfe die Kinder gesprochene Wörter schrittweise in Schrift umsetzen. Damit »steht dem Schüler als zentrales Hilfsmittel eine Buchstabentabelle zur Verfügung, [...] mit dieser Hilfe kann er prinzipiell alles schreiben, was er will. Es wird also von Anfang an mit dem gesamten Laut- und Buchstabenbestand gearbeitet, so dass der verwendbare Wortschatz keinerlei Einschränkungen unterliegt.« (Reichen ³1988, Heft 1, S. 8)

Wie beim Anlautverfahren erfolgt die Zuordnung eines Lautes zu einem Schriftzeichen durch den Vergleich mit einem bildlich dargestellten Referenzwort. Dies bedeutet zum einen die Beschränkung auf das Abbildbare, – zum anderen ist die grundsätzlich offene Versprachlichung von Bildern als Problem zu nennen. Die Begrenzung auf das Abbildbare führt dazu, dass die Frage, ob ein Realitätsausschnitt eindeutig dargestellt werden kann, im Vordergrund steht. Darüber hinaus gilt für die Anlauttabelle, dass die Abbildungen zunächst eindeutig versprachlicht werden müssen: Es muss klar sein, dass es sich um ein »Schiff« und nicht um einen »Dampfer«, um einen »Vogel« und nicht um einen »Spatzen« handelt usw. Das bedeutet, dass die Kinder in einem ersten Schritt die Begriffe für die Bilder »lernen« müssen und dass sie die Anlauttabelle nur dann sinnvoll nutzen können, wenn sie sich ausschließlich an die vereinbarten Begriffe halten. Dies ist allerdings kein Mangel der Anlauttabelle, sondern vielmehr eine Problematik, die für das Anlautverfahren insgesamt und für alle methodischen Maßnahmen, die darauf beruhen, gilt. Im Gegenzug dazu muss man allerdings auch anerkennen, dass die Kinder durch die Verwendung einer Anlauttabelle ein Arbeitsmittel an die Hand bekommen, das es ihnen weit mehr als in traditionellen Lehrgängen erlaubt, Interessen zu formulieren und Lernvorgänge selbst zu steuern. Ob man dies als Freisetzung oder eher als Überforderung der Kinder bewertet, hängt wohl auch von den Umständen, unter denen der Unterricht stattfindet, ab.

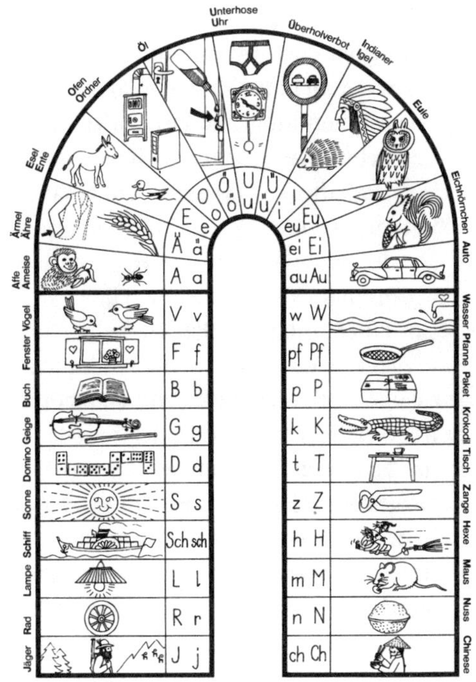

Abbildung 16: Anlauttabelle aus Reichen: Lesen durch Schreiben ^{3}1988 Heft 1, 17. © Sabe Verlag, Zürich, für Deutschland: Otto Heinevetter Lehrmittelverlag, Hamburg

Der Autor selbst warnt mehrfach davor, die Schwierigkeiten, die im Umgang mit der Anlauttabelle auftreten können, zu unterschätzen: »Weil das Auflautieren für das Kind eine außerordentlich hohe Einstiegshürde darstellt, ist die Arbeit mit dem Lehrgang im 1. Quartal erschwert«. (Reichen ^{3}1988, Heft 1, S. 10)

Obwohl die Anlauttabelle als das Herzstück des Ansatzes »Lesen durch Schreiben« bezeichnet werden kann, ist sie in sich nicht unbedingt schlüssig. Dabei geht es weniger um die Bildinhalte (auch diese wären zu diskutieren) als vielmehr um die Lautauswahl. Möglicher Kritik beugt der Autor mit der Bemerkung vor, die Tabelle sei »bewusst unvollständig gehalten und linguistisch ›naiv‹« (Reichen ^{3}1988 Heft 3, S. 29).

Eine didaktische Reduktion erscheint zunächst durchaus logisch. Es bleibt aber zu diskutieren, ob die Anlauttabelle zu »Lesen durch Schreiben« eine sachlich angemessene didaktische Reduktion darstellt:

Anlauttabelle

- Wenig nachvollziehbar ist z.B. die Tatsache, dass die Anlaut-Tabelle die Zeichen »V v« (Abbildung: Vögel) enthält. Da es einen V-Laut nicht gibt, ist er beim besten Willen nicht abhörbar. Die Verwendung der Zeichen »V, v« ist eine reine Konvention: Da sie nicht abhörbar ist, müssen die Kinder das Wissen über diese Konvention auf anderem Wege erwerben. Das Abhörangebot »V v« der Anlauttabelle von »Lesen durch Schreiben« kann dagegen bei vielen F-Wörtern zu einer falschen Verschriftung führen, die vermeidbar wäre. Warum sollte das Kind das gesprochene Wort Fahne nicht mit »V« wie »Vögel« oder das Wort Vater nicht mit »F« wie »Fenster« verschriften? Zumal es – je nachdem, von welcher Stelle es die Abfrage der Anlauttabelle startet – früher bei »Fenster« und »F« als bei »Vogel« und »V« ankommen kann. (Zur Klarstellung: Hier geht es nicht um die Frage nach der Toleranz gegenüber Spontanschreibungen von Kindern, sondern um die Frage nach der Zweckmäßigkeit dieser Anlauttabelle.)

- Zu bemängeln ist auch, dass in der Anlauttabelle nur das »stimmhafte s« (Abbildung: Sonne) vorkommt, obwohl das »stimmlose s« in der deutschen Sprache mehr als doppelt so oft vertreten ist wie das »stimmhafte s«. Das heißt, die Chance eines Kindes, das beim »Auflautieren« eines Wortes nach einem »stimmlosen s« sucht, ist mehr als doppelt so hoch wie die Chance, nach der Abbildung für ein »stimmhaftes s« zu suchen. Überhaupt stellt sich die Frage, wie man mit einer Anlauttabelle, die kein »stimmloses s« enthält, Wörter wie »Kasse«, »Bus« oder »reißen« lautlich strukturieren soll. Die Anlauttabelle stößt hier offensichtlich an eine Systemgrenze.
- Kritisch ist auch, dass in der Tabelle Kurz- und Langlaut des »ä« vorhanden sind. Dagegen werden von »ö« und »ü« nur die Langlaute vorgestellt. »Eu, eu« sind vorhanden, nicht aber »Äu, äu«. Der »ng-Laut« [ŋ] fehlt, da er keinen Anlaut bildet – die Lautverbindung »st« [ʃt] fehlt, während die Lautverbindung »Pf, pf« [pf] aufgenommen wurde usw.

In der didaktischen Diskussion hat vor allem Günther Thomé »Mängel in den *sprachwissenschaftlichen Grundlagen* und zwar in bezug auf die *Einheiten der lautlichen Ebene*« der Anlauttabelle konstatiert. Er zeigt deren Schwächen auf und entwickelt eine eigene Lauttabelle für die Hand der Lehrerinnen und Lehrer, die auf dem Phoneminventar der deutschen Sprache basiert (Thomé 1996, S. 15; Hervorh. im Orig.; vgl. auch Thomé 1995).

Der Ansatz »Lesen durch Schreiben« hat in den letzten Jahren eine spürbare Verbreitung und ein positives Echo gefunden. Betrachtet man das methodische Konzept dieses Ansatzes, so kann er klar dem analytisch-synthetischen Vorgehen zugeordnet werden.

Konsequent analytisch-synthetische Konzepte realisieren sich immer durch die Verbindung der Analyse gesprochener Sprache (zur Gewinnung der lautlichen Elemente) und der aufbauenden Synthese durch das Schreiben. Vereinfacht formuliert: Im analytisch-synthetischen Verfahren geht es immer um die Verbindung von Sprechen, Schreiben und Lesen. Hans Vestner, dem hinsichtlich des Schreibdruckens und der direkten Hinführung zur Struktur der Buchstabenschrift zweifellos eine bislang nicht ausreichend gewürdigte Vorreiterfunktion zukommt, hatte dies bereits 1973 durch den Titel seines Lehrgangs »Sprechen – Schreiben – Lesen« zum Ausdruck gebracht (Vestner 1973). Da »Lesen durch Schreiben« analytisch-synthetisch vorgeht, liegt es in der Natur der Sache, dass die Stufenfolge des analytisch-synthetischen Ansatzes von Lay und Enderlin und die Vorgehensweise, wie sie Reichen für »Lesen durch

Schreiben« beschreibt, vieles gemeinsam haben. Es ist daher kein Zufall, dass Enderlin bereits vom »Lesen durch Schreiben« sprach (vgl. 3.2.3):

- Beide gehen vom Wunsch, Sprache schriftlich festzuhalten, aus: Enderlin vom Satz – Reichen vom Wort.
- Sie unterziehen die Sprechsprache einer Analyse: Enderlin durch Beachtung der Lautung und der Mundstellungen – Reichen rein auditiv.
- Sie nehmen eine Zuordnung zwischen Lauten und Buchstaben vor: Enderlin durch die Analyse des Sprachwortes *und* des Schriftwortes – Reichen nur durch die Analyse des Sprachwortes mit Hilfe der Anlauttabelle.
- Sie bauen das Schriftwort synthetisch (Zeichen für Zeichen) durch das Schreiben auf.

Diese Auflistung zeigt Gleichheiten und Differenzen des klassischen analytisch-synthetischen Verfahrens und »Lesen durch Schreiben« auf: Diese Unterschiede sind allerdings eher gradueller als kategorialer Art. Eine wichtige Differenz ist dennoch festzuhalten. Im klassischen analytisch-synthetischen Verfahren (Lay/Enderlin) vollzieht sich die Analyse in drei Formen:

- *Sprechmotorisch:* Die Kinder sprechen das Wort und achten auf die Mundstellungen und deren Abfolge.
- *Auditiv:* Die Kinder hören das Wort ab und achten auf die Laute und deren Abfolge.
- *Visuell:* Die Kinder betrachten das Schriftwort und achten auf die Zeichen und deren Abfolge.

Bei »Lesen durch Schreiben« (Reichen) verläuft die Analyse abstrakter. Sie erfolgt im Wesentlichen auditiv. Zu beachten ist vor allem, dass nicht nur das zu schreibende Wort (z.B. »Hut«) lautlich analysiert wird. Zusätzlich müssen weitere durch Abbildungen repräsentierte Wörter auditiv analysiert werden, bis die Referenzwörter für jeden einzelnen Laut des zu schreibenden Wortes (bei »Hut« also »Hexe«, »Uhr« und »Tisch«) in der Anlauttabelle gefunden wurden.

Dabei hat es das Kind mit zwei unterschiedlichen Strategien der auditiven Analyse zu tun, und zwar mit der Vollanalyse und mit der Teilanalyse. Wenn das Kind »Hut« schreiben will, dann muss es dieses Wort einer Vollanalyse unterziehen. Die Vollanalyse von »Hut« kommt aber nur als Ergebnis einer Vielzahl von Teilanalysen zustande. Vollanalysiert wird das Wort, das geschrieben werden soll. Teilanalysiert werden die Referenzwörter der Anlauttabelle, die gesprochen und auf ihren Anlaut abgehört werden müssen. Das Kind muss sich also einer Doppelstrategie bedienen, die im Verfahren selbst als Widerspruch angelegt ist.

Vollanalyse

- Einerseits schreibt der Autor: »Damit die Kinder den entscheidenden Schritt zur vollständigen Laut-Zerlegung eines Wortes machen können, ist es wichtig, *Lautierungsübungen von Anfang an auf die ganze Lautabfolge auszurichten und nicht nur den Anlaut oder Endlaut herauszuhören.*« (Reichen ³1988, Heft 1, S. 22; Hervorheb. im Orig.)

Teilanalyse

- Andererseits setzt der Umgang mit der Anlauttabelle eindeutig eine Ausrichtung auf die Teilanalyse voraus: Folgt das Kind der Anweisung, »an einem Ende der Tabelle mit der Suche zu beginnen und dann ohne Ueberspringen Feld für Feld durchzugehen«, dann muss es für die drei Zeichen des Wortes »Hut« siebzig Anlautanalysen durchführen.[1] Der Autor selbst kommentiert dies mit folgenden Worten: »Dieses Vorgehen ist zwar – besonders am Anfang – beschwerlich und erfordert Ausdauer, aber es führt sicher zum Ziel. Der relativ große Zeitaufwand stört die Schüler allgemein nicht, sofern sie Erfolg haben.« (Reichen ³1988, Heft 3, S. 28)

Mit anderen Worten: Um *einmal* die Vollanalyse (»ganze Lautabfolge«) zu erreichen, macht das Kind beim Wort »Hut« siebzig Teilanalysen (Analyse diverser Anlaute). Für das Schreiben des Wortes »Hamster« vollzieht es nach diesen Modalitäten mehr als hundert Prüfschritte. Eine solche »buchhälterische« Aufrechnung der Verfahrensschritte mag kleinlich erscheinen, aber sie ist notwendig: Schließlich muss sich jeder methodische Schritt auf seine Konsequenzen befragen lassen. Solange das Kind die Phonem-Graphem-Beziehungen nicht gedächtnismäßig produzieren kann, ist der Umgang mit der Anlauttabelle in der vom Autor beschriebenen Weise vorgesehen. Die Strategie der direkten Hinführung zur Struktur der Buchstabenschrift, wie sie Lay und Enderlin bereits in der Kaiserzeit praktizierten und Vestner (1973) erneut mit seinem Lehrgang empfahl, erscheint nicht nur ökonomischer, sondern auch widerspruchsfreier.

Dabei bin ich hier von Wörtern »Hut« und »Hamster« ausgegangen, die jeder »Heile-Welt-Fibel« zur Ehre gereichen würden. Von Wörtern wie »Dinosaurier«, »Schlagerwettbewerb«, »Rosenmontagsumzug« oder »Pommes mit Ketchup« war hier nicht die Rede – obwohl doch gerade in der freien, interessengeleiteten Wortwahl durch die Kinder der Charme des Verfahrens liegt. Es dürfte also nicht von ungefähr kommen, dass der Autor auf vielen Seiten der Kommentarhefte die Schwierigkeiten des »Auflautierens« anspricht (vgl. z.B. Heft 1, S. 5, 10, 16, 18, 22, 23

1 Beim Vorgehen im Uhrzeigersinn haben die entsprechenden Zeichen folgende Plätze auf der Anlauttabelle: H – 28, U – 16, T – 26.

u.a.). Bezogen auf »schwächere Schüler«, stellt er fest, dass diese »das ganze erste Schuljahr benötigen, bis sie auch lautlich anspruchsvollere Wörter richtig auflautieren«. (Zur Erläuterung: Richtiges Auflautieren meint das Schreiben einer nachvollziehbaren Lautfolge, nicht das orthographisch richtige Schreiben.) An anderer Stelle räumt der Autor ein: »Vereinfachungsmöglichkeiten gibt es leider fast keine.« (Reichen [3]1988, Heft 1, S. 6 und S. 47) In diesem Zusammenhang schränkt er auch mehrfach die ansonsten stark betonte freie Wortwahl für das Schreiben ein. Wenn der Lehrer den schwachen Schülern »zunächst nur ›einfache‹ Wörter zum Schreiben aufgibt« (a.a.O., S. 25), dann unterscheidet sich dies kaum vom Vorgehen klassischer Lehrgänge.

Ohnehin sollte nicht übersehen werden, dass das Verfahren die Selbststeuerung der Kinder einschränkt, weil es – anders als der Spracherfahrungsansatz insgesamt – nur einen einzigen methodischen Zugriff zulässt. Wenn die Beobachtung richtig ist, dass wir unter den Vorschulkindern sowohl frühe Leser finden, die nicht schreiben können, als auch spontane Schreiber, die nicht lesen können (Brügelmann 1983, S. 184), dann zeigt dies einmal mehr, dass es für die Schule eine Universalmethode, die sich den Kindern wie eine Mütze über den Kopf stülpen ließe, nicht geben kann.

Empirische Untersuchungen lassen keine speziellen Vorteile von »Lesen durch Schreiben« erkennen. Reichen selbst zitiert eine Vergleichsuntersuchung aus dem Jahre 1985 (74 Kinder). Die Ergebnisse zeigten einen Mittelwertsvorteil für »Lesen durch Schreiben«. Die Autoren der Untersuchung hielten daraufhin fest, dass »Lesen durch Schreiben« »keine negativen Einflüsse auf die spätere Rechtschreibung« hatte. Sie hoben ferner hervor, dass es im Vergleich zu den anderen Klassen leichte Vorteile für fremdsprachige Kinder gab (vgl. Reichen [3]1988, Heft 1, S. 59).

Vergleichsuntersuchung

Ein groß angelegter Vergleich der Rechtschreibleistungen zwischen Grundschulklassen (Ost) und Grundschulklassen (West), in den auch »Lesen-durch-Schreiben-Klassen« aus der Schweiz einbezogen wurden, wurde auf die bescheidene Fragestellung begrenzt, »ob ein Unterricht nach ›Lesen durch Schreiben‹ zwangsläufig zu Schwierigkeiten bei der Aneignung der Rechtschreibung führt« (vgl. Brügelmann/Hengartner/Reichen 1994, S. 136). Dies kann verneint werden. Die Autoren haben ihre Ergebnisse in Prozentwerten dargestellt (Tabelle 6).

- Das Ergebnis zeigt, dass das methodische Vorgehen der Stichprobe »Ost« in allen vier Schuljahren die besten Ergebnisse brachte.
- Das methodische Vorgehen der Stichprobe »West« (gemischter Fibelunterricht) war gegenüber der Stichprobe »Ost« in allen vier Schuljahren unterlegen.

- Das methodische Vorgehen der Stichprobe »West« (gemischter Fibelunterricht) war im Vergleich zum methodischen Vorgehen der Stichprobe »Schweiz« (Lesen durch Schreiben) im 2., 3. und 4. Schuljahr hoch signifikant erfolgreicher.
- Das methodische Vorgehen der Stichprobe »Schweiz« (Lesen durch Schreiben) war gegenüber der Stichprobe »Ost« in allen vier Schuljahren unterlegen.
- Das methodische Vorgehen der Stichprobe »Schweiz« (Lesen durch Schreiben) war im 1. Schuljahr gegenüber der Stichprobe »West« erfolgreicher und im 2., 3. und 4. Schuljahr unterlegen.

Tabelle 6: Prozentsatz richtiger Wörter in einem Vergleichsdiktat.
(Quelle: Brügelmann/Hengartner/Reichen 1994, S. 117, 137)
(s. = signifikant, s.s. = sehr signifikant)

Prozentsatz der richtigen Wörter im Diktat					
	Deutschland-Ost		Deutschland-West		Lesen durch Schreiben
1. Klasse	80,7% (N=208)	s.s. >	63,3% (N=651)	s.s. <	77,7% (N=1.115)
2. Klasse	85,4% (N=201)	s.s. >	78,4% (N=378)	s.s. >	70,1% (N=770)
3. Klasse	78,4% (N=244)	s.s. >	72,7% (N=336)	s.s. >	68,4% (N=617)
4. Klasse	87,9% (N=239)	s. >	84,3% (N=393)	s.s. >	82,3% (N=282)

Erläuterung

- Die Begriffe »signifikant« (s.) und »sehr signifikant« (s.s.) bedeuten, dass die Unterschiede nicht mehr durch Zufall erklärt werden können.[1]
- »N« gibt die Anzahl der an der Untersuchung beteiligten Kinder in den einzelnen Kohorten an.
- Als Testmaterial wurden Diktate verwendet. Dazu heißt es: »Zahl und Schwierigkeit der Wörter nehmen von Klasse 1 über 2 nach 3/4 zu.« (Brügelmann u.a. 1994, S. 137)

1 Die Signifikanzprüfung erfolgte nach Angabe der Autoren mit dem Mann-Withney-U – Wilcoxon-Rank-Sum-W-Test sowie dem t-Test. In der Tabelle 5 sind die Signifikanzen des parameterfreien Mann-Withney-U-Tests dargestellt (s. = max. 1,0% Fehlerniveau; s.s. = max. 0,1% Fehlerniveau).

- Fehler der Groß-Klein-Schreibung wurden für die Klasse 1 bei der Zählung nicht einbezogen – insofern ist »richtig« hier nicht mit »orthographisch korrekt« gleichzusetzen.
- Die Kinder der Stichprobe »Schweiz« waren durchschnittlich 3–4 Monate älter als die Kinder der Stichproben »Ost« und »West«. Da Zusammenhänge zwischen Alter und Rechtschreibleistung zu vermuten sind, könnte dies »die vergleichsweise rasche Rechtschreibentwicklung [der schweizer Kinder im 1. Schj.; W. T.] begünstigt haben« (Brügelmann/Hengartner/Reichen 1994, S. 140).

Wolfgang Einsiedler hat die Ergebnisse der Untersuchung wie folgt zusammengefasst: »Der Vergleich im 1. Schuljahr ist eher problematisch, da in den Tabellen Rechtschreiben als »lauttreue Verschriftung« und ohne Berücksichtigung der Groß-/Kleinschreibung verglichen wurde (dabei Vorteile der Reichen-Methode [gegenüber der Stichprobe »West«/ Nachteile gegenüber der Stichprobe »Ost«; W. T.]). Ab dem 2. Schuljahr wurden die orthographisch korrekten Schreibungen verglichen. Dabei zeigten sich im Diktat im 2., 3. und 4. Schuljahr signifikante Nachteile der Reichen-Methode.« (Einsiedler 1997, S. 12)

Eine differenziertere Darstellung der Ergebnisse und eine kritische Erörterung verschiedener Annahmen der Untersuchung hat Peschel (2004) vorgelegt.

3.4 Folgerungen

Alle neueren Werke zum Schriftspracherwerb verbinden Lesen- und Schreibenlernen. Dies hat zwei Voraussetzungen:

> »Mein erster Buchstabe war das ›E‹ von ›EDEKA‹. Meine ersten Zahlen waren die Ziffern auf den Geschwindigkeitsbegrenzungsschildern ...«

- Die Schrifterwerbskonzeptionen basieren auf den Modellvorstellungen der analytisch-synthetischen Methode. Durch sie werden die vollständige Analyse des Sprachwortes beim Erlesen und die vollständige Synthese des Schriftwortes beim Schreiben sichergestellt.
- Die Druckschrift hat sich als einheitliche »Anfangsschrift« für das Lesen- und Schreibenlernen (Schreibdrucken) durchgesetzt.

Zu diesem Ergebnis hat die anhaltende Diskussion um den Spracherfahrungsansatz wesentlich beigetragen. Parallel dazu verbreitete sich (zunächst bei einer Minderheit, dann – vom Erfolg beflügelt – auch auf breiterer Basis) das Bewusstsein, dass offenere Formen des Unterrichts und selbstverantwortetes Lernen weniger vom Alter der Kinder, als vom Grad der pädagogischen Aufgeklärtheit und Risikobereitschaft der Lehrerinnen und Lehrer begrenzt werden.

Die Vorteile des Spracherfahrungsansatzes liegen weniger im methodischen Vorgehen als vielmehr in der konsequenten Nutzung von Selbststeuerungsprozessen. Damit verbunden ist ein Grad an Individualisierung, Interessenleitung und Selbstmotivation, wie er in klassischen Fibeln nur schwerlich aufzufinden sein dürfte. Die breite Akzeptanz, die der Spracherfahrungsansatz und die Akzeptanz, die alternative Vorgehensweisen wie »Lesen durch Schreiben« (sowie die Freinet- oder die Montessori-Pädagogik, Konzepte des »Offenen Unterrichts«, »Lernen mit allen Sinnen» u.a.) erfahren haben, sind aber auch an den traditionellen Unterrichtswerken nicht spurlos vorbeigegangen. Durch die Integration von Lesen und Schreiben zu einem einheitlichen Lernbereich befindet sich z.B. die Frage der Schriftproduktion – einschließlich des selbstständigen Spontanschreibens – heute auf einem völlig anderen Diskussionsstand als zu der Zeit, in der sich der Spracherfahrungsansatz etablierte. Die neueren Unterrichtswerke sind dieser Diskussion nicht nur hinsichtlich der Verbindung von Lesen- und Schreibenlernen gefolgt. Sie bemühen sich auch, Selbstständigkeit und Selbsttätigkeit sowie die Verbindung von Lernen und Spielen im Rahmen ihrer Möglichkeiten einzubeziehen. Da sich umgekehrt auch das Anregungs- und Übungsrepertoire des Spracherfahrungsansatzes zum großen Teil zuvor bereits in einer reformorientierten didaktischen Literatur und in zahlreichen Unterrichtsmaterialien befand, kann man zweifelsfrei von Prozessen der wechselseitigen Anregung ausgehen. Die neueren Unterrichtswerke sind schließlich nicht außerhalb der fachdidaktischen Diskussion entstanden. Zudem sind wichtige Diskussionsanstöße zur Reform der Schrifterwerbsdidaktik auch von Autorinnen und Autoren wie Mechthild Dehn, Wolfgang Menzel, Renate Valtin, Gudrun Spitta ausgegangen, die gleichzeitig Unterrichtswerke zum Schriftsprachenerwerb gestaltet oder mitgestaltet haben.

Integration von Lesen und Schreiben

Mit dieser Aussage soll kein Konsens konstruiert werden, wo keiner besteht: Unbestreitbar bleibt die Tatsache, dass Werke zum Schriftspracherwerb – die Begriffe »Fibeln« oder »Erstlesewerke« reichen zur Kennzeichnung der Materialien seit Jahren definitiv nicht mehr aus – überwiegend Lehrgangscharakter haben und daher im Kern eine Abfolge von Lernschritten vorgeben, während der Spracherfahrungsansatz Materialien, Lernanlässe, Impulse und Situationen zur Verfügung stellen und einen Lehrgangscharakter bewusst vermeiden will. Es wäre unredlich zu bestreiten, dass es »einen grundsätzlichen Unterschied (macht), ob die kleinen Schritte des systematischen Programms zum flexiblen Methodeninventar der Lehrerin gehören, oder ob sie sich in Büchern für Schüler materialisieren« (Brügelmann 1983, S. 166). Auf der anderen Seite wäre es ebenso unredlich zu verschweigen, dass der Spracherfahrungsansatz zunächst nur ein Rahmenkonzept liefert, dessen inhaltliche, methodische und organisatorische Ausgestaltung in der Praxis erfolgen muss. Er ist eine Art guter Vorsatz, dessen Realisierung unter dem Druck des Faktischen sehr unterschiedlich ausfallen kann.

Inzwischen ist der Begriff »Spracherfahrungsansatz« zu einem Sammelbegriff für »Schriftspracherwerb ohne Fibel« geworden – auch dann, wenn der konkrete Unterricht starke Vorstrukturierungen und eine Lehrgangsorientierung aufweist, die sich von Unterrichtswerken allenfalls noch graduell unterscheiden (vgl. Müller-Wagner 1997, S. 121–127). Das ist aus meiner Sicht ebenso wenig zu kritisieren wie die Entscheidung, ein Unterrichtswerk zu verwenden. Letztlich müssen Lehrerinnen und Lehrer – umgangssprachlich formuliert – vor Ort mit »ihren« Kindern klarkommen. Das schließt die in pädagogischer Verantwortung gefällte Entscheidung für einen strukturierten Lehrgang ebenso ein wie die Entscheidung zur offenen Angebotsgestaltung.

Die fortbestehenden Differenzen zwischen dem Spracherfahrungsansatz und traditionellen Lehrgangskonzepten beziehen sich bei genauerem Hinsehen weniger auf einzelne Verfahrensschritte als vielmehr auf schulpädagogische Konzeptionen und auf die Vorstellung darüber, was man Schulanfängern hinsichtlich ihrer Selbststeuerung zumuten darf (kann, soll) oder zugestehen muss. Immerhin hat sich in den letzten rund zwanzig Jahren aber in einigen Fragen ein Konsens eingestellt, der die Vorstellungen zum Schriftspracherwerb inhaltlich einander angenähert hat. Ich nenne hierfür fünf gemeinsame Positionen:

- *Erste Gemeinsamkeit:* Der Methodenstreit, der die Diskussion der Sechzigerjahre bestimmte, ist abgearbeitet. Es gibt heute keine Ansätze mehr, die den Extrempositionen der Synthese oder der Ganzheit zuzuordnen wären. Alle neueren Positionen sind mehr oder weniger deutlich analytisch-synthetisch ausgerichtet.
- *Zweite Gemeinsamkeit:* Lesenlernen findet ausschließlich in der Druckschrift statt. Heute gibt es keine Diskussionen mehr darüber, ob die Druckschrift die geeignetere Schrift für das Lesenlernen ist. Dies war noch bis Mitte der Siebzigerjahre ganz anders. Damals dominierten eindeutig die Schreibschriftfibeln.
- *Dritte Gemeinsamkeit:* Mit dieser stillschweigenden methodischen Neuorientierung vollzog sich zugleich eine Hinwendung zur Lautorientierung und zur gesprochenen Sprache. Seit Ende der Siebzigerjahre, als die so genannten methodenintegrierten Lehrgänge die ganzheitlichen Fibeln ablösten, werden die Laute der gesprochenen Sprache beim Schriftspracherwerb wieder stärker beachtet. Das zeigt sich an Aufgaben zum Abhören von Anlauten, Inlauten, Auslauten. Das zeigt sich – zumindest seit den Achtzigerjahren – auch in der bewussten Beachtung von Mundstellungen und in der Einbeziehung von entsprechenden Darstellungen in vielen Unterrichtswerken.

- *Vierte Gemeinsamkeit:* Druckschrift hat sich inzwischen als Anfangsschrift auch für das Schreibenlernen durchgesetzt. Nach und nach ist die Druckschrift als gemeinsame Anfangsschrift für das Lesen- und Schreibenlernen wieder anerkannt worden. Gleichzeitig haben unterschiedliche Modellvorstellungen zum Aufbau der Rechtschreibkompetenz zu einer veränderten Sichtweise von Fehlern beigetragen. Fehler werden zunehmend als Hinweise auf bestimmte Entwicklungsstadien verstanden.
- *Fünfte Gemeinsamkeit:* Schließlich etablierte sich in den Neunzigerjahren eine enge Verbindung von Lesen- und Schreibenlernen. In der Methodik des Schriftspracherwerbs hat sich also stillschweigend und unspektakulär eine Wende vollzogen: weg von den isolierten Lehrgängen – hin zu einem integrierten Vorgehen, das auf der Druckschrift basiert und beides umfasst – das Lesen- und das Schreibenlernen.

Diese Aufzählung von Gemeinsamkeiten soll keineswegs verbergen, dass die Vorstellungen über den Schriftspracherwerb nach wie vor erheblich voneinander abweichen. Sie sind trotz einer rund 500-jährigen Geschichte noch immer in vielen Bereichen vorwiegend von der Intuition ihrer Autoren oder von Alltagstheorien zum Schriftspracherwerb getragen. Den Lehrerinnen und Lehrern kommt daher bei der Umsetzung der Autorenabsichten in Unterricht nach wie vor eine entscheidende Bedeutung zu. Eine »sinnvolle« Umsetzung vollzieht sich im Rahmen eines offenen Unterrichts, in dem der Motivation, der Selbststeuerung und dem entdeckenden Lernen eine größere Bedeutung eingeräumt werden. Das bedeutet – unabhängig vom bevorzugten methodischen Konzept – auch das Aufbereiten von Materialien, die einfühlsame Hilfe und die Zurückhaltung zu Gunsten einer Akzeptanz für die suchend-entschlüsselnden Aktivitäten von Kindern.

4. Inhaltsfragen

Dass sich der Schriftspracherwerb nicht nur mit Phonem-Graphem-Korrespondenzen beschäftigt, sondern immer auch mit Inhalten, ist trivial. Wertfrei lassen sich allenfalls das Alphabet und einfache Silbenverbindungen üben. Sobald Illustrationen und Texte auftreten, fließen unweigerlich individuelle und/oder gesellschaftliche Wertvorstellungen mit ein. Allerdings wird die Frage nach der heimlichen Werte- und Normenvermittlung traditionell nur in Hinblick auf Schulbücher diskutiert. Die Tatsache, dass die gedruckten Materialien leichter einer Kontrolle unterzogen werden können, führt dazu, dass sich die Kritik auf sie konzentriert. Dabei ist die Gefahr der unbewussten Einflussnahme durch Inhalte und Gestaltungsmittel bei den vorgeplanten, vorausgestalteten Unterrichtswerken keinesfalls höher als bei den selbst gestalteten Materialien. Es wäre naiv anzunehmen, dass das Problem der impliziten Vermittlung von Norm- und Wertvorstellungen ausschließlich ein Problem der gedruckten Unterrichtswerke sei. Lehrerinnen und Lehrer, die mit offenen oder halboffenen Materialien arbeiten, sollten sorgsam prüfen, inwieweit sie *ihre* Wert- und Normvorstellungen unhinterfragt und ungeprüft als Messlatte für »Normalität« anlegen.

»An die erste Seite meiner Fibel kann ich mich gut erinnern. Die ersten Wörter, die wir gelernt haben, kenne ich noch auswendig. Eigentlich komisch ...«

4.1 Das Schulbuch im gesellschaftlichen Prozess

Unterricht und die ihn tragenden Materialien sind immer unter einem doppelten Blickwinkel zu betrachten:

- Sie sind einerseits fachwissenschaftlich/fachdidaktisch und methodisch/unterrichtsorganisatorisch begründet und
- andererseits als Produkt und Faktor gesellschaftlicher Prozesse von Wert- und Normvorstellungen geprägt.

Dies gilt in besonderem Maße für Materialien, die – wie Geschichtsbücher, Deutschbücher oder Bücher für den Politikunterricht – der »Gesinnungsbildung« besonders zugänglich sind. Insofern ist auch der Schriftspracherwerb unmittelbar tangiert. Es wäre naiv zu glauben, dass Unterrichtsmaterialien nur in Diktaturen einem weltanschaulichen Druck ausgesetzt wären und sich ansonsten unbeeinflusst entfalten könnten. Sicherlich sind die ideologischen Pressionen unter den Voraussetzungen eines totalitären Staates besonders stark. Aber auch vor dem Hintergrund eines demokratisch organisierten Staats- und Bildungswesens fließen permanent bewusst oder unbewusst Wert- und Normvorstellungen ein, die einen gesellschaftlichen Konsens darstellen oder für die ein gesellschaftlicher Konsens herbeigeführt werden muss. Allerdings sind Schulbücher nicht nur *Produkt* der gesellschaftlichen Normen. Sie sind zugleich auch ein stabilisierender *Faktor* dieser Verhältnisse. Ein Werk, das alle Zulassungshürden genommen hat, wirkt bis zu einem gewissen Grad für das System, unter dem es entstanden ist, legitimierend und stabilisierend.

Werte und Normen

Beispiel: »Muttertag/Frauentag«
Während es für viele Leselernwerke der alten BRD nahezu zum Standard gehörte, dass der »Muttertag« berücksichtigt wurde (z.B. durch ein Muttertagsgedicht im Rahmen einer jahreszeitlichen Gedichtsammlung), blieb der »Internationale Frauentag« unerwähnt. Für die Fibeln der ehemaligen DDR galt genau die umgekehrte Entscheidung: Der »Internationale Frauentag« war ein Fibelthema, der »Muttertag« nicht. Zumindest in der »alten Bundesrepublik«, in der es stets eine Vielzahl von unterschiedlichen Fibeln gab, müsste es eigentlich erstaunen, dass auch Autoren oder Verlage, die gewerkschaftlichen Traditionen nahe stehen, dieses Thema zu keiner Zeit aufgegriffen haben. Sicherlich gab es für das Einbeziehen oder Verwerfen der Themen »Muttertag« und »Frauentag« auch individuelle Begründungen. Wichtiger dürfte es aber gewesen sein, dass es unter den Bedingungen des geteilten Deutschlands offensichtlich unterschiedliche Wertvorstellungen gab. Man darf vermuten, dass in der »alten Bundesrepublik« das Thema »Frauentag« eine zu eindeutig sozialistisch/kommunistische Konnotation hatte, während für die Schulbücher der alten DDR das Thema »Muttertag« zu bourgeois war. Seit der »Muttertag« gesellschaftlich kritisch diskutiert wird und nicht mehr so nahtlos wie bisher in die Vorstellungen von Familie passt, ist dieses Thema – »natürlich« – aus den Unterrichtsmaterialien verschwunden.

Am Beispiel »Muttertag/Frauentag« kann aber auch verdeutlicht werden, wie Inhalte durch ihre bloße Präsenz in der Fibel auf die Ausformung bestimmter gesellschaftlicher Prozesse Einfluss nehmen:

- War das Thema »Muttertag«/»Frauentag« im Lese-Schreib-Lernwerk enthalten, verlor die Frage, welche geistigen und ideologischen Quellen dieser »Tag« eigentlich hat, unterrichtspragmatisch an Bedeutung. Die Tatsache, dass das Thema im Unterrichtswerk auftauchte,

schien es ausreichend abzusichern. Seine Behandlung bedurfte nicht unbedingt einer zusätzlichen Legitimation. Das Thema konnte behandelt werden, *weil* es in den Unterrichtsmaterialien vorgesehen war, und es wurde vermutlich so behandelt, *wie* es im Unterrichtswerk vorgesehen war.
- Sofern auf der entsprechenden Fibelseite neue Wörter oder neue Buchstaben/Laute eingeführt wurden, hätte sich das Weglassen dieser Seite methodisch/unterrichtsorganisatorisch ohnehin als schwierig erwiesen.
- Das Weglassen oder Ersetzen eines im Unterrichtsmaterial vorgesehenen Themas kann sich offenbar nur als ein bewusster, erst noch zu legitimierender Akt vollziehen. Vereinfacht formuliert: Wer ein vorgesehenes Thema behandelt, wird dies im Normalfall nicht eigens begründen. Wer ein Thema weglässt oder es ersetzt, muss dies zumindest vor sich selbst, ggf. aber auch vor den Kindern und deren Eltern erst noch rechtfertigen.

4.2 Die Fibel als Instrument der Sozialisation

4.2.1 Die Zimmermann-Fibel

Schulbuchanalysen gehen im Allgemeinen von drei Grundannahmen aus:

- Gesellschaftliche und politische Wert- und Normvorstellungen befinden sich in einem ständigen Wandel.
- Schulbücher sind – wie Unterricht und Schule insgesamt – politischen und gesellschaftlichen Veränderungen ausgesetzt.
- In Schulbüchern lassen sich zeitgeschichtliche Tendenzen nachweisen, die für Unterricht und Schule insgesamt wirksam sind oder wirksam waren.

Schulbuchanalyse

In welchem Maße Fibeln von gesellschaftlichen Wert- und Normvorstellungen beeinflusst werden, lässt sich anhand von Schulbuchanalysen – zumindest nachträglich – gut dokumentieren. Ich wähle dafür ein historisches Werk, das unter Beibehaltung des ursprünglichen didaktischen Entwurfes über einen längeren Zeitraum Bestand hatte und mehrfach überarbeitet wurde: Die »Hansa-Fibel« von Otto Zimmermann.[1]

1 Da im Laufe von mehr als vier Jahrzehnten eine Fülle von Überarbeitungen und Regional- und Lizenzausgaben mit vielen unterschiedlichen Titeln erschienen, bezeichne ich die Fibel im Folgenden nach ihrem Autor und spreche durchgehend von der »Zimmermann-Fibel«.

Exkurs

Die »Zimmermann-Fibel« war von ihrem Ansatz her ein Werk der Reformpädagogik, die unter dem Schlagwort »Vom Kinde aus!« der überkommenen Lern- und Paukschule den Kampf angesagt hatte. Die Reformpädagogik bündelte ganz unterschiedliche pädagogische Strömungen. Darunter auch die Kunsterziehungsbewegung, die in vielfältiger Weise auf die Schule – insbesondere aber auch auf die Schulbücher – Einfluss nahm. Entsprechend kindorientiert, motivierend und bunt war die »Zimmermann-Fibel« gestaltet. Sicherlich haben auch die künstlerisch hochwertigen Illustrationen von Eugen Osswald und Ernst Kutzer zur großen Verbreitung dieses Werkes beigetragen. Dass der Autor und der Verlag der Illustration einen außerordentlich hohen Rang einräumten, kann man daran ermessen, dass der Illustrationsstil bei der Vielzahl von Überarbeitungen und regionalen Anpassungen über Jahrzehnte hinweg beibehalten wurde. Eine Neuillustration (von Andreas Meier) wurde erst 1939, also nach fast dreißig Jahren, vorgenommen. Die letzte Ausgabe der »Zimmermann-Fibel« erschien 1941. Sie trug seit 1936 den Titel »Hand in Hand fürs Vaterland«. In der Nachkriegszeit wurde die »Zimmermann-Fibel« (1947) in einer vollständig entpolitisierten Fassung noch einmal zugelassen. Endgültig hatte sie erst ausgedient, als in den Fünfzigerjahren neue Fibeln entstanden.

Die nachfolgenden Darstellungen (sie wurden verschiedenen Auflagen und Ausgaben entnommen) beziehen sich auf die Einführung des

Abbildung 17: Die Einführung des »s-Lautes« in der Zimmermann-Fibel zwischen 1914 und 1947

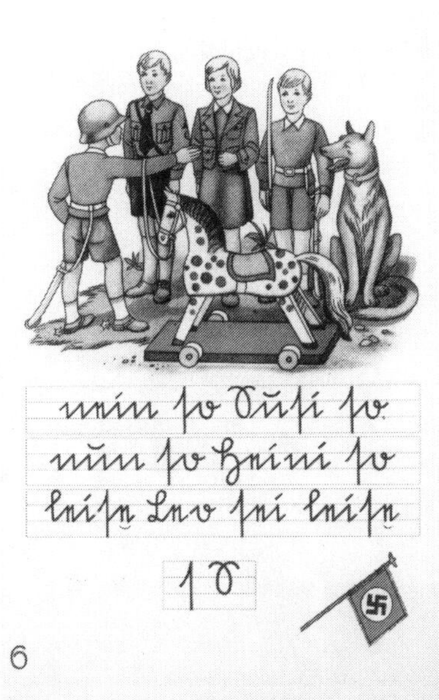

s-Lautes und des dazugehörigen Buchstabenzeichens. Schon die implizite Bezugnahme auf das Thema »Soldaten«, die von der ersten Ausgabe an die Einführung des »s« dominierte, ist eine Wertentscheidung, die nur gesellschaftlich erklärbar ist.

Im Hinblick auf den Kinderalltag hätte es eine Vielzahl anderer Themen oder Ausgangswörter gegeben, die eine Einführung des s-

Lautes, beziehungsweise des »stimmhaften s«, ermöglichten, z.B. Sonne, Sand, Seil, Suse, Seife, Sonntag etc. Dass sich der Autor 1914, in dem Jahr also, in dem der 1. Weltkrieg ausbrach, für die Einbettung des s-Lautes in den Kontext eines Soldaten- und Kriegsspiels entschied, ist sicherlich nicht zufällig. – Dass er damit Erfolg hatte, lässt den gesellschaftspolitischen Zusammenhang klar zu Tage treten.

Ausgabe von 1914

Die erste Ausgabe (1914) zeigt eine Gruppe von Kindern beim Soldatenspiel. Die Kinder werden in einer Bekleidung gezeigt, die einerseits den bürgerlichen Vorstellungen zugeordnet werden kann, andererseits der Uniformierung in der Kaiserzeit entspricht: Matrosenanzug, Pickelhaube mit Federbusch, Husarenmütze und Säbel, aber auch Gewehre sind erkennbar. Die Gesamtausstattung weist nicht auf untere, sondern eher auf gehobene Gesellschaftsschichten hin. Bemerkenswert – und nur wenig mit den Vorstellungen von den Geschlechterrollen kompatibel, die man für diese Zeit allgemein vermuten kann – ist die Tatsache, dass sich auch ein Mädchen in die Soldatenreihe einordnet und dass es sogar eins der Gewehre trägt.

Ausgabe von 1928

Die Ausgabe von 1928 lässt alle Merkmale des untergegangenen politischen Systems weg: Papierhelme und Holzsäbel sind an ihre Stelle getreten. Die Bewaffnung ist erheblich bescheidener geworden. Insgesamt scheinen die Kinder auch eher aus einer ärmeren, ländlich/dörflichen Umgebung zu kommen. Sie sind teilweise barfuß und in dürftigerer Kleidung als zuvor dargestellt. Das Emblem auf der Fahne ist entfallen.

Ausgabe von 1933

Anders ist der Bezug in der ersten der drei Überarbeitungen aus der Zeit des Nationalsozialismus (1933): Die »Soldaten« sind nach wie vor in ärmlicher Kleidung dargestellt – auch wenn das Mädchen Sandalen und weiße Socken trägt. Wohlgenährt, wohlgekleidet und scheinbar auch körperlich überlegen ist dagegen der Anführer dargestellt. Die Illustration enthält mit Schulterriemen, Kniestrümpfen und festem Schuhwerk bereits Andeutungen auf die Kluft der Staatsjugend jener Zeit.

Ausgabe von 1936

Noch deutlicher kommt die Einordnung der »spielenden« Kinder in die staatlich gelenkte Jugendbewegung in der Ausgabe von 1936 zum Ausdruck: Alle Kinder sind in braune Uniformen gekleidet. Sie sind durch Halstuch, Armbinde, Schuhe und Kniestrümpfe einander gleichgestellt. Ihr Anführer wird lediglich durch seine Feldtasche hervorgehoben. Die »Bewaffnung« ist vollständig entfallen. (Text: »so suse so, so emil heini so, leise leo sei leise«.)

Ausgabe von 1939/41

1939 wurde die Fibel inhaltlich und grafisch erneut überarbeitet. Die Darstellung der Kinder hat sich zwar verändert, das Grundmotiv ist aber unverkennbar gleich geblieben. Noch immer wird auf dieser Seite das »s« eingeführt. Bemerkenswert ist hier, dass Elemente der Uniform wieder zurückgenommen wurden: Weder der Anführer noch der zweite Junge in der Reihe tragen die Kluft der Staatsjugend. Allerdings werden die Kinder hier teilweise wieder bewaffnet dargestellt. Die Verwendung eines Stahlhelms kommt hinzu. Insgesamt ist die Szene heterogener geworden. Das Holzpferd und der eher bedrohliche Schäferhund bilden einen deutlichen Kontrast. Er zeugt von einer bewussten Mischung zwischen Kinderspiel und Kriegsrealität. Dass alle Kinder blond und blauäugig dargestellt sind, sei am Rande erwähnt. (Text: »nein so Susi so, nun so Heini so, leise Leo sei leise«.) 1941 erschien diese Ausgabe dann in der »Deutschen Normalschrift« (vgl. 5.3.1), der Vorläuferin der »Lateinischen Ausgangsschrift«.

Ausgabe von 1947

Da Schulbücher während der Zeit des Nationalsozialismus einer bislang nicht bekannten ideologischen Überformung ausgesetzt waren und neue Bücher aufgrund des gesellschaftlichen und ökonomischen Desasters nach dem Krieg zunächst nicht entwickelt, produziert und vertrieben werden konnten, griffen die Alliierten z.T. auf Schulbücher aus der Zeit der Weimarer Republik zurück. So kam nach dem 2. Weltkrieg auch eine Version der »Zimmermann-Fibel« von 1930 noch einmal für einige Jahre zum Einsatz. Sie erschien 1947 unter dem Titel »Kinderwelt«, und zwar »mit Genehmigung für den Gebrauch an Schulen durch Control Commission for Germany (B. E.)«.

4.2.2 Werte- und Normenwandel

Bei der Einbeziehung gesellschaftlicher Wert- und Normvorstellungen handelt es sich nicht ausschließlich um ein Problem von totalitären Systemen. Wert- und Normvorstellungen schlagen sich auch in offenen Gesellschaften in Schulbüchern nieder. Hier stellen sie aber eher so etwas wie einen stillschweigenden, teils unbewusst, teils bewusst tradierten gesellschaftlichen Konsens dar.

Texte des Schriftspracherwerbs stehen immer im Spannungsfeld unterschiedlicher Erwartungen: Einerseits sollen sie die Lebensrealität der Kinder aufnehmen und als Anlass für die Auseinandersetzung mit Sprache und Schrift dienen, andererseits sind sie mit den gesellschaftlichen Perspektiven konfrontiert, an denen sich Erziehung orientieren muss. Die Zielfragen, die daraus resultieren, lauten:

- In welchem Maße sollen die realen Lebensbedingungen der Kinder als Brücke für die Sinnfindung berücksichtigt werden?
- In welchem Maße sollen die Texte gesellschaftliche Zielvorstellungen repräsentieren?

Diese Zielfragen gelten nicht nur für Unterrichtswerke, sondern wenden sich an die Eigentexte gleichermaßen. Insgesamt gilt, dass die Texte des Schriftspracherwerbs nicht als bloßes Pensum aufgefasst werden dürfen. Texte, die für Kinder der Mühe des Lesens und Schreibens wert sein sollen, müssen es auch wert sein, dass man über sie nachdenkt und über sie spricht: Sie müssen die Erfahrung der Kinder *aufgreifen* und *bereichern*. Solche Texte sind nahezu unvermeidbar mit Wert- und Normvorstellungen geladen, und in fast allen Fällen lassen sich diese Strömungen und Wandlungen im Rückblick klarer erkennen.

Beispiel 1: Geschlechter-Stereotypien
Stereotype Darstellungen der Geschlechterrollen gehörten für lange Zeit in Schulbüchern nachgerade zum »guten Ton«. Es entsprach den gesellschaftlichen Erwartungen, dass Mädchen als Puppenmütter und auf hausnahe Aktivitäten beschränkt dargestellt wurden. Jungen wurden dagegen eher im Umgang mit technischen Spielzeugen, raumgreifenden, wetteifernden Spielen und auch in hausfernen Aktivitäten gezeigt. Inwieweit das Klischeehafte dieser Darstellung Realität abbildete und ob es den damaligen Illustratoren, Autoren und Nutzern bewusst war, kann dahingestellt bleiben.

Als Ende der Sechziger-, Anfang der Siebzigerjahre dieser Konsens in der Gesellschaft zerbrach und das Einschränkende der gängigen Stereotype

Abbildung 18: Rollenspezifische Darstellungen in Fibeln (Bildbeispiele aus: Bethlehem, Gerhard/Hans Jacobs 1964, S. 4/5 und 1975, S. 5)

nicht länger hingenommen wurde, passten auch Fibeln und Leselernwerke ihre Inhalte, teils moderat, teils überstürzt und überzeichnet an. So wirkt es heute befremdlich, wenn – bei unveränderter Gesamtgestaltung – schlicht Illustrationsteile ausgewechselt wurden, um dem »Zeitgeist« zu entsprechen. Die damals am Unterricht Beteiligten mögen es aber durchaus positiv gewertet haben.

Beispiel 2: Schule

Schule ist eine Institution, an die in besonderem Maße gesellschaftliche Erwartungen herangetragen werden. Daher lohnt es, einen Blick auf unterschiedliche Schuldarstellungen zu werfen. Dabei muss man in Rechnung stellen, dass das Darstellungsspektrum in Fibeln weit streut. Beim Vergleich von Extrempositionen wird dennoch unschwer deutlich, in welchem Maße gesellschaftliche Erwartungen in die Darstellung des Themas Schule eingehen. Illustrationen aus den Fünfziger- oder frühen Sechzigerjahren wären in den Siebzigerjahren »untragbar« gewesen – und umgekehrt.

Die veränderten gesellschaftlichen Vorstellungen von Kindsein und Schule werden im Vergleich von zwei Fibeldarstellungen (Abbildung 19) unmittelbar deutlich. Die »Bravheit« der einen und die »wilde Unbekümmertheit« der anderen Darstellung wird es bei Kindern zu jeder Zeit gegeben haben. Sie wurden aber eher verdrängt als offen thematisiert.

Beispiel 3: Länderausgaben

Veränderungen aufgrund gesellschaftlicher Wert- und Normvorstellungen lassen sich nicht nur über eine Zeitreihe aufweisen, sondern können – wie das folgende Beispiel zeigt – im Einzelfall auch in unterschiedlichen Länderausgaben von Fibeln auftreten. Schulbücher müssen für den Unterrichtsgebrauch zugelassen werden. Da die Kulturhoheit in der Bundesrepublik Deutschland bei den Ländern liegt, sind die einzelnen Kultusbehörden dafür zuständig. Länderausgaben eines Unterrichtswerkes kommen dann zustande, wenn die Zu-

Abbildung 19: Darstellung von Schule in Fibeln (Bildbeispiele aus: Kern o.J., S. 3, und Dellweg u.a. 1975, S. 13)

lassung in einem Bundesland an die Auflage geknüpft ist, bestimmte regional bedeutsame Inhalte (Brauchtum, Festtage) aufzunehmen oder inhaltliche Veränderungen vorzunehmen. Auf diese Weise entstehen also Ausgaben für einzelne Bundesländer, die im Kern mit der allgemeinen Ausgabe übereinstimmen, in Details aber Veränderungen erfahren.

Vergleicht man die nachfolgenden Texte (Bundesausgabe – links, Landesausgabe für Bayern – rechts), so zeigen sich kleine, aber nicht unerhebliche Veränderungen. Die Bundesausgabe (1986) stellt im Text über das Verreisen ein relativ selbstständiges, selbstsicheres Kind dar. Die Länderausgabe für Bayern (1987) schränkt dies erheblich ein. Es ist nicht allein die Tatsache, dass »Katja« in der Länderausgabe schlicht »noch etwas zu klein« ist. Es sind die kaum bemerkbaren Veränderungen und verdeckten Signale, die den Text in ein anderes Wertgefüge einordnen: Der Unterschied zwischen »Katja zeigte ihre Fahrkarte« und »Katja zeigte gleich ihre Fahrkarte« ist minimal – die Einfügung, dass sie »stolz« antwortet ebenfalls. Dennoch ist die modulierende Wirkung nicht unbedeutend: Aus einem selbstständigen, selbstsicheren Kind wird ein Kind in einer Ausnahmesituation, das in der Kontrolle seiner Mutter verbleibt.

Die Text-Differenzen sind gering. Erst die Gegenüberstellung macht die kaum merklichen Veränderungen – vor allem aber ihre Auswirkungen auf das vermittelte Wert- und Normgefüge – erkennbar. Gerade deshalb ist das Beispiel nützlich: Es kann die Produzenten von Eigentexten daran erinnern, dass sich der »heimliche Lehrplan« in

Nuancen realisiert und dass er nicht nur in vorgefertigten (Schulbuch-)Texten, sondern auch in ihren eigenen Textproduktionen wirksam wird. Eigenfibeln oder freie Schreib-Lese-Angebote stehen in der Gefahr, dass in unkontrollierter Form ständig Werte und Normen einfließen, die nicht hinlänglich reflektiert sind.

In dieser Hinsicht dürften die Gefährdungen der Eigentexte größer sein als die der Schulbücher: Immerhin werden Schulbücher von Arbeitsgruppen verfasst, von Lektoraten verantwortet, von Gutachtern bewertet und von Zulassungsgremien geprüft. Einem vergleichbaren Auswahl-, Prüf- und Verantwortungsprozess dürfte zumindest ein Teil der Eigentexte und offenen Materialien kaum standhalten.

Textvergleich (aus: Baurmann/Menzel 1986 und 1987)	
Bundesausgabe (1986, S. 86)	**Landesausgabe (1987, S. 87)**
Allein verreisen Einmal fuhr Katja allein zu ihrem Onkel. Ihre große Schwester brachte sie zum Zug. Sie suchten einen Wagen, Nichtraucher, 2. Klasse.	**Verreisen** Einmal wollte Katja allein zu ihrem Onkel fahren. Aber dafür war sie noch etwas zu klein. Deshalb fuhren Katja und ihre Mutter zusammen im Zug.
Katja hatte einen Platz am Fenster gefunden. Bald hörte sie eine Stimme aus dem Lautsprecher, dann Türenschlagen und einen lauten Pfiff. Der Zug fuhr ab.	Katja hatte einen Platz am Fenster gefunden. Sie hielt ihre Fahrkarte fest in der Hand. Bald hörte Katja eine Stimme aus dem Lautsprecher, dann Türenschlagen und einen lauten Pfiff. Der Zug fuhr ab.
Dann kam der Schaffner ins Abteil. Katja zeigte ihre Fahrkarte. Freundlich fragte der Schaffner: »Weißt du auch, wann du aussteigen mußt?«	Da kam der Schaffner ins Abteil. Katja zeigte gleich ihre Fahrkarte. Freundlich fragte der Schaffner: »Weißt du auch, wann du aussteigen mußt?«
»Ich glaube schon«, antwortete Katja. »Na, ich komme dann noch einmal vorbei«, sagte der Schaffner und ging weiter.	»Ich glaube schon«, antwortete Katja stolz, »meine Mutter ist ja auch dabei!« »Stimmt«, sagte Katjas Mutter, »wir beide üben nämlich das Verreisen!«

4.3 Schwerpunkte der Fibelkritik

»Als ich neulich meine alte Fibel durchblätterte, erinnerte ich mich eigentlich an nichts mehr: Sie war nur ein Buch unter vielen gewesen – offenbar nicht das interessanteste ...«

»Über keinen Unterrichtsweg der Grundschule ist seit 400 Jahren soviel geredet, diskutiert und geschrieben worden wie über den ersten Leseunterricht. Kein Schulbuch hat eine so fruchtbare Produktion aufzuweisen wie die Fibel.« (Göbelbecker1933, S.10) Vor allem in der Mitte des letzten Jahrhunderts standen die »Fibelfrage«, die »Fibelkritik« und damit verbunden der Bereich des Schriftspracherwerbs insgesamt in der grundschulpädagogischen Diskussion an einem herausgehobenen Platz.

Betrachtet man den Verlauf dieser Diskussion, so lassen sich für die letzten fünfzig Jahre idealtypisch drei unterschiedliche Schwerpunkte aufzeigen:

- *Die »Methodenfrage« als Fokus der Diskussion:* Nach dem politischen und wirtschaftlichen Zusammenbruch Deutschlands setzte die Auseinandersetzung um den Schriftspracherwerb an der Methodendiskussion an, die vor der Machtübernahme der Nazis, also vor 1933, geführte wurde: Artur Kern hatte seine provozierende Frage »Ist unsere Lesemethode richtig?« bereits 1931 mit »nein« beantwortet. Er war für die Ganzheitsmethode eingetreten und betrieb in den Nachkriegsjahren vehement ihre Reaktivierung. Auch andere Autoren wie Johannes Wittmann und Hans Brückl, die bereits Ende der Zwanzigerjahre und am Anfang der Dreißigerjahre für die Ganzheitsmethode eingetreten waren, legten nun Überarbeitungen und Neugestaltungen ihrer Werke vor. 1947 veröffentlichte auch Paul Dohrmann seine vielbeachtete Ganzheitsfibel. Mit ihr setzte sich die Ganzheitsmethode allmählich gegen die synthetische Methode durch: Dohrmanns ganzheitliche Fibelkinder »Willi« und »Dora« machten sich auf ihren langen Weg durch die schulischen Institutionen.

  Methodenkritik

  In Verbindung mit dem Erstarken der Ganzheitsmethode kam es zu einem etwa zwei Jahrzehnte dauernden Methodenstreit: »Ganzheitler« und »Synthetiker« standen sich unversöhnlich methodisch nahezu diametral gegenüber – geeint lediglich in ihrer Ablehnung der »Mischmethoden« (vgl. 3.2.3). Diese Zuspitzung auf die beiden Extrempole des Methodenrepertoires führte dazu, dass sich die Fibelkritik im Wesentlichen auf die Methoden des ersten Leseunterrichts konzentrierte. Kritisiert wurden jeweils die »anderen« Methoden. Bezüglich der Inhalte schien es eher einen unausgesprochenen Konsens zu geben. Das »Kindgemäße« dieser Zeit spiegelte sich offensichtlich in der Darstellung einer weitgehend ungebrochenen heilen Welt wider. Eine Diskussion um den »heimlichen Lehrplan« gab es noch nicht.

- *Die »Inhaltsfrage« als Fokus der Diskussion:* Inhaltlich stellten die Fibeln der ersten »Nachkriegsgeneration« den Kinderalltag in der Familie, in der Spielgruppe oder in der Schule dar. Probleme tauchten nicht auf. Selbst Kriegsfolgen (Ruinen, vaterlose Familien, körperversehrte Menschen, Heimatvertriebene), die den Kinderalltag in der Realität bestimmten, sind in den Nachkriegsfibeln nur in seltenen Einzelfällen und dann auch nur rudimentär vertreten. Politische Inhalte wurden vollständig ausgeklammert. Es dominierten die »heile Welt« und die naturnahe Umgebung.

> Unsere Fibel geht »von der kleinen Welt des Kindes in Elternhaus und Schule aus, stellte die gemeinsamen Erlebnisse in der ihm erfahrbaren Welt dar und führt unter Berücksichtigung des Jahresablaufes die Kinder in die kleine Stadt, die große Stadt, das Dorf und die Natur ein« (Handreichung zur Fibel der Fröhliche Wagen 1955).

Inhaltskritik

Auch wenn es der Realität nicht mehr entsprach, schritt doch noch manch rüstiger Sämann hinter Pferd und Pflug durch die Fibeln der Nachkriegszeit. Mitte der Sechzigerjahre gerieten diese Inhalte allmählich in die Kritik. Jetzt wurde der Blick vor allem auf das Auseinanderklaffen zwischen den »Fibelwelten« und den »Lebenswelten« gerichtet. Zunächst stand die inhaltliche Überalterung im Mittelpunkt: Der Sämann, die Wäscherumpel, der Holzofen und mit ihnen das gesamte überalterte Interieur und die mit der Realität nicht mehr zu vereinbarende »Heile-Welt-Kulisse« der Fibeln gerieten in die Kritik (Grömminger 1970). Dies führte in den Siebzigerjahren zu spürbaren inhaltlichen Veränderungen: Von nun an wurden (vorübergehend) verstärkt realistische, auch konfliktorientierte Themen in Fibeln und Erstlesewerke einbezogen. Aber auch die überlieferten Rollenfixierungen für Mädchen und Jungen, Frauen und Männer wurden kritisiert und korrigiert (s. Abbildung 18). Vor allem in den Achtziger- und Neunzigerjahren stand der Wunsch nach einer noch differenzierteren Behandlung der Rollenproblematik im Fokus.

Lehrgangskritik

- *Die »Lehrgangsfrage« als Fokus der Diskussion:* Die jüngste Welle der Kritik zielt weniger auf eine Verbesserung der »Fibel« ab, also auf eine Verbesserung der traditionellen Methodenkonzeptionen oder auf aktuellere Inhalte, sondern auf die Überwindung des herkömmlichen, fibel- und lehrgangsorientierten Frontalunterrichts: Basierend auf dem Spracherfahrungsansatz und den Stufenmodellen der Spracherwerbsforschung setzt sich die Annahme durch, dass »Lesen- und Schreibenlernen nicht so sehr von Lehrgangsinstruktionen bestimmt ist, sondern einem allgemeingültigen Entwicklungsmodell folgt, das aus Stufen mit qualitativ unterschiedlichen Verarbeitungsstrategien besteht« (Einsiedler 1997, S. 10). Gemeinsam mit den Reformansätzen zur Individualisierung, zur Öffnung des Unterrichts, zur Einbeziehung von Schülerinteressen und einer stärkeren Handlungsorientierung hat sich eine Kritik am »Fibeltrott« entwickelt, die auf einen Schriftspracherwerb ohne Bindung an ein Unterrichtswerk, vor allem aber ohne Bindung an eine vorab festgelegte Abfolge der Lernschritte abzielt.

5. Schrift und Schreiben

5.1 Aspekte des Schreibens – Aspekte der Schrift

Die Schriftsprache hat sich als zentrales Medium in den unterschiedlichen Kulturen über Jahrtausende hinweg entwickelt und etabliert. Wissensspeicherung, Wissensvermittlung sowie die Auseinandersetzung mit Informationen, Meinungen und Gefühlen – ursprünglich ausschließlich Gegenstand der gesprochenen Sprache – finden in erheblichem Umfang in der geschriebenen Sprache statt. Der kompetente Umgang mit Sprache und Schrift gehört daher zu den Schlüsselqualifikationen aller entwickelten Gesellschaften. Die Vermittlung dieser Schlüsselqualifikation ist einer der hervorragenden Aufgabenbereiche der Grundschule.[1] Schreiben ist die Umsetzung von Sprach- und Denkakten in Schriftzeichen: „Most writing by young children can be considered as encoded speech." (Sealey/Sealey/Millmore 1983, S. 3) Da der Umgang mit Schrift insgesamt als eine spezielle Kommunikationsform verstanden werden kann, wird auch das Schreibenlernen in der aktuellen Schriftsprachdidaktik deutlich unter dem Gesichtspunkt der Kommunikation diskutiert.

Lange Zeit galt, dass Lesen- und Schreibenlernen unterschiedliche Anforderungen an die Kinder stellen, unterschiedliche Gegenstandsbereiche umfassen und daher in unterschiedlichen Lehrgängen organisiert werden sollten. Gegen diese Auffassung hat sich in den letzten Jahrzehnten in der didaktischen Literatur und in der Schulpraxis schrittweise die Einsicht durchgesetzt, dass sich Lesen- und Schreibenlernen im Rahmen einer integrativen Konzeption des Schriftspracherwerbs wechselseitig unterstützen können. Dies findet vor dem Hintergrund des Wiedererstarkens analytisch-synthetischer Konzepte und insbesondere vor dem Hintergrund einer einheitlichen Anfangsschrift für das Lesen- und Schreibenlernen, der Druckschrift, statt (vgl. u.a. Menzel 1981; Brügelmann 1983; Dehn 1988; Menzel 1990; Heuss 1997; Meiers 1998, Schorch 2003).

Schulpraxis

Das formale Ziel des Erstschreibunterrichts hat sich über Jahrzehnte hinweg wenig geändert. Es liegt in der Entwicklung einer geläufigen, gut lesbaren Handschrift. Hinter dieser Globalaussage verbergen sich drei

1 Kapitel 5 basiert auf Topsch 2003b.

Aspekte der Schrift, und zwar die Lesbarkeit (kommunikativer Aspekt), die Geläufigkeit (ökonomischer Aspekt) und die Genauigkeit (orthographischer Aspekt).

- *Lesbarkeit/Kommunikation:* Die Forderung nach der Lesbarkeit der Schrift akzentuiert ganz offensichtlich deren kommunikativen Aspekt. Schrift hilft dem Schreiber, Inhalte für sich selbst festzuhalten, zu ordnen und zu verarbeiten. In weit größerem Maße dient sie aber dazu, Informationen über Gedanken, Vorstellungen, Empfindungen und Erlebnisse zu kommunizieren. Allgemeiner formuliert: Die Hauptfunktion der Schrift liegt im Informationstransfer. Daher weist die Forderung nach guter Lesbarkeit vor allem auf den kommunikativen Aspekt der Schrift hin.
  Lesbarkeit beruht auf Formkonventionen und setzt voraus, dass Buchstaben, Wörter und Wortabstände mit einer gewissen Gleichmäßigkeit geschrieben werden (Pasternicki 1987, S. 77). Ohne die Beachtung von Konventionen wäre Geschriebenes kaum kommunikativ verhandelbar (Menzel 1990, S. 68). Erst wenn »Sender« und »Empfänger« über einen gemeinsamen Zeichenvorrat verfügen, ist eine störungsfreie Kommunikation möglich. Die Forderung nach einer gut lesbaren Handschrift korrespondiert aber auch mit einem grafisch/ästhetischen Moment. Das kommt in Zielformulierungen unterschiedlicher Richtlinien durch die Verwendung von Begriffen wie »genau«, »formklar«, »normgerecht«, »normangemessen« deutlicher zum Ausdruck. Der Zusammenhang zwischen Formklarheit und Lesbarkeit ist evident. Vor diesem Hintergrund finden alle Ansätze, die den Schreibvorgang und das Schreibergebnis als kreativen Prozess verstehen, eine sachimmanente Begrenzung.

Kommunikation

- *Geläufigkeit/Schreibökonomie:* Der Begriff »Geläufigkeit« deutet auf den ökonomischen Aspekt der Schrift hin. Sie realisiert sich vor allem im Bewegungsprozess des Schreibens. Die Schreibbewegungen sollen flüssig und bewegungsrichtig verlaufen. Die Geläufigkeit der Schrift drückt sich aber nicht nur im Bewegungsprozess aus, sondern auch im Bewegungsprodukt, der Schrift. Unter unterrichtsorganisatorischen Gesichtspunkten bringen die Richtlinien-Begriffe »geläufig«, »flüssig« oder »zügig« auch eine Zeitperspektive in den Blick. Dahinter verbirgt sich offenbar die Forderung, dass der Fortgang des Unterrichts durch den eigentlichen Schreibvorgang möglichst wenig beeinträchtigt werden soll. Geläufigkeit kann daher auch als ein zeitökonomisches Moment verstanden werden. Dass dies tatsächlich gemeint ist, ergibt sich aus den einzelnen Zielen, Aufgaben und Erläuterungen in Richtlinien. Zum Schreibtempo heißt es beispielsweise: »Das Schreibtempo allmählich steigern[.] Dieses Lehrziel sollte

Ökonomie

durchgängig in allen Schuljahren angestrebt werden. Eine Beschleunigung ergibt sich aus der Häufigkeit und dem Umfang der angebotenen Übungen.« (Niedersachsen KM 1984, 29) Darüber hinaus sollen die Schreibbewegungen »bewegungsrichtig« verlaufen. Dies ist eine Forderung, die einen breiten Interpretationsspielraum zulässt. Da Handschriften sehr individuell sind, ist im Hinblick auf das einzelne Kind eine große Toleranz geboten: Was sich für ein Kind, das mit einer großen, relativ steilen und mit deutlichem Druck geschriebenen Schrift schreibt, als »bewegungsrichtig« erweist, muss nicht zwingend für ein anderes Kind gelten, das klein, kursiv und mit nur geringem Druck schreibt. Da das Schreiben einer verbundenen Schrift nicht buchstabenweise erfolgt, sollte die Schriftgestaltung eine Zusammenfassung mehrerer Zeichen zu einem Gesamtimpuls ermöglichen oder zumindest nicht erschweren.

- *Genauigkeit/Orthographie:* Die Zielformulierung »Genauigkeit« kann als Orientierung an einer Schriftvorlage verstanden werden. Dies allein reicht aber nicht aus. »Genauigkeit« bringt auch den orthographischen Aspekt in den Blick, weil Schreiben in den gängigen Anwendungssituationen nahezu untrennbar mit »richtig Schreiben« verknüpft ist. Forderungen einzelner Richtlinien, dass die Kinder »orthographisch sicher«, »grammatisch-orthographisch sicher« oder schlicht »richtig« schreiben sollen, weisen aus, dass es beim Schreiben in der Schule explizit immer auch um das Rechtschreiben geht. Eine solche Zielstellung muss selbstverständlich immer im Kontext basaler Phasen- und Stufenmodelle der Rechtschreibentwicklung gesehen werden (vgl. Thomae 2003, S. 370ff.). Solange sich ein Kind überwiegend in der Phase der »phonetisch orientierten Schreibung« befindet, wird es unbekannte Wörter nicht anders als ihrer Lautung entsprechend verschriften. Eine orthographisch korrekte Schreibweise wird man zunächst immer nur im Hinblick auf den im Unterricht eingeführten und gesicherten Grundwortbestand (»Lehrgangswörter«) erwarten können. Trotz der Betonung des Aspektes der Genauigkeit muss der orthographische Gesichtspunkt nicht notwendigerweise das Gewicht erhalten, das ihm in Vergangenheit und Gegenwart oft zugesprochen wurde und wird.

Orthographie

5.2 Ziele des Schreibenlernens

Die technische Entwicklung hat die Bedeutung des Handschreibens zwar verändert, das Handschreiben selbst jedoch nicht überflüssig gemacht. Schule und Unterricht sind in hohem Maße auf das Handschreiben angewiesen. Es wird als ein Unterrichtsprinzip verstanden, das alle – oder zumindest die meisten – Lernbereiche durchdringt und Möglichkeiten für aktives, selbstständiges und selbst gesteuertes Lernen eröffnet: »Selbständiges Erarbeiten und Entdecken von Sachverhalten ist ohne das Medium der Schrift, das Sachverhalte ... einer intellektuellen Betrachtung zugänglich macht, unmöglich.« Schrift und Schreiben dürfen daher nicht ausschließlich unter inhaltlich-materialen Gesichtspunkten, z.B. als Möglichkeit zur externen Informationsspeicherung, betrachtet werden, sondern müssen »als Problemlösungsmodus in den verschiedenen Fächern thematisiert werden« (Ossner 1995, S. 30).

Das Schreibenlernen ist kein isolierter motorischer Akt: Es ist von Anfang an in unterschiedliche Zielbereiche und Funktionsfelder eingebunden. Dabei geht es darum,

- kurze Texte von einer Vorlage abzuschreiben (visueller Impuls),
- einfache Wörter nach Gehör niederzuschreiben (auditiver Impuls),
- eigene Mitteilungen aufzuschreiben (gedanklicher Impuls).

Die drei Grundtätigkeiten schulischen Schreibens (Abschrift, Diktat/Niederschrift und Aufsatz) sind daher vom Schreiblehrgang nicht zu isolieren. Sie treten – eingebettet in kindorientierte Aufgabenstellungen – bereits im ersten Schuljahr auf. Die Forderung, dass dabei Motivation und Leistungsinteresse der Kinder im Vordergrund stehen müssen, ist kein Widerspruch.

Schreibenlernen beschränkt sich ausdrücklich nicht auf reproduktive Akte. Vielmehr hat die Textproduktion im Schriftspracherwerb einen Stellenwert erhalten, der die traditionelle Aufteilung in Erstschreibunterricht und weiterführenden Schreibunterricht fraglich werden lässt. Möglichst früh, »also bereits in der Phase des lautgetreuen Schreibens«, sollen die Kinder lernen, ihre Gedanken schriftlich auszudrücken. So wird beispielsweise schon für das erste Schuljahr die Einsicht angestrebt, »dass zum Verfassen von Sätzen und kleinen Texten das Vorbereiten, Schreiben und Überarbeiten gehört«. Zudem sollen die Kinder zunehmend lernen, »sich so auszudrücken, dass der Leser Inhalt und Absicht versteht und den Text gerne liest« (Lehrplan Bayern 2000, S. 81f.). Damit überwindet der Schriftspracherwerb die jahrhundertealte Dominanz des Lesenlernens vor dem Schreibenlernen: Im integrativen Schriftspracherwerb geht es nicht mehr vorrangig um die Frage, wie aus Schrift ein Sinn reaktualisiert werden kann (Sinnfindung), sondern auch darum, wie Sprache so festgehalten werden kann, dass ihre Inhalte zugänglich werden und bleiben (Sinnbindung).

5.3 Methodisches Vorgehen

5.3.1 Historische Perspektiven

In die gegenwärtige Diskussion über das Schreibenlernen in der Schule fließen unterschiedliche methodische Vorstellungen aus der Vergangenheit mit ein. Daher ist es sinnvoll, auch für das Schreibenlernen grundsätzliche Methodenpositionen zu skizzieren. Unter Bezugnahme auf Weinert/Simons/Essing (1966), Glöckel (1967), Neuhaus-Siemon (1981) und Schorch (1983/[3]1995) lassen sich zunächst drei historische Ansätze unterscheiden, und zwar

- der von Formelementen oder Buchstaben ausgehende synthetische Ansatz,
- der von Wörtern, Sätzen oder Texten ausgehende ganzheitliche Ansatz,
- der von Rhythmus und Bewegung ausgehende Ansatz der »Bewegungsmethode«.

Die synthetische Vorgehensweise

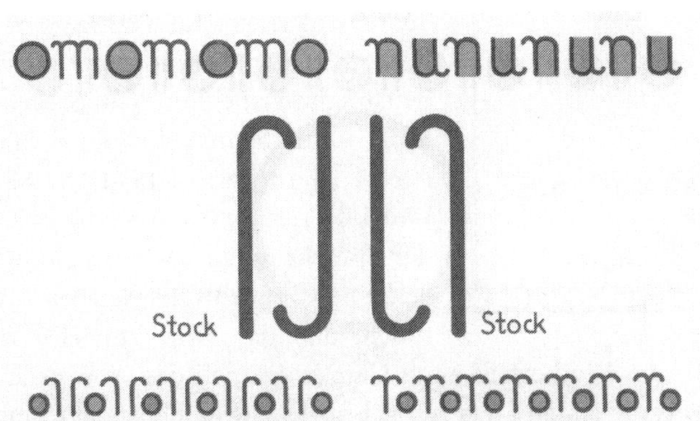

Abbildung 20: Synthetisches Vorgehen (aus: Brückl [6]1964, S. 4)

Der synthetische Ansatz des Schreibenlernens korrespondierte im Allgemeinen mit der »synthetischen Methode« des Lesenlernens. Er konzentrierte sich zunächst auf isolierte Einzelzeichen, die in der Stufe der Lautverschmelzung zu Silben und Wörtern zusammengefügt wurden. Eine Ausnahme hiervon bildete ein Vorgehen, das mit dem Namen von Hans Brückl verbunden ist. Seine Methode war, »was das Lesen und die Sinngebung des Schreibens anlangt, ganzheitlich, was die Schreibmotorik anlangt, synthetisch (Glöckel 1967, S. 33). Brückls Lehrgang ging von einer »Normaldruckschrift« aus und führte zunächst vier Grundelemente ein, »die uns sämtliche Bestandteile der Schrift liefern. Es sind dies der Ball oder Reifen, ganz und zerbrochen (**O C**), der Spazierstock (**ſ ſ J L**), die Schlange (**S**) und die Turnstange (**H**). Aus diesen vier Zeichen kann das Kind nun ohne weiteres alle Buchstaben zusammensetzen, so daß Schreibschwierigkeiten irgendwelcher Art überhaupt nicht auftreten« (Brückl [6]1964, S. 142). Nach einer Phase der isolierten Übung dieser Elemente in unterschiedlichen Lernsituationen sollten die Kinder also in der Lage sein, sämtliche Buchstaben der Normaldruckschrift aus diesen Elementen zusammenzusetzen.

Die ganzheitliche Methode

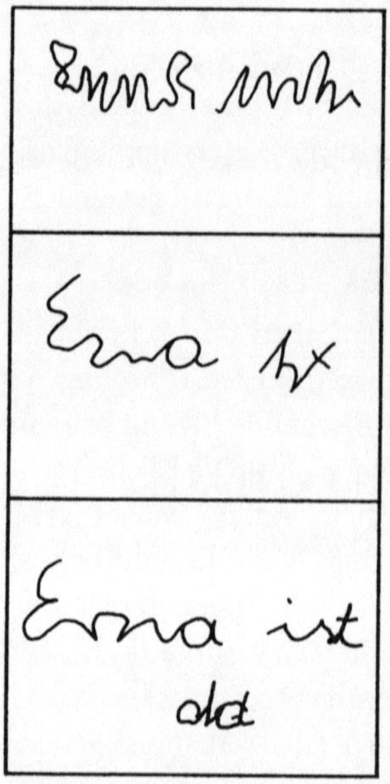

Abbildung 21: Stufen ganzheitlicher Schriftentwicklung (aus: Kern [14]1974, S. 85)

Der ganzheitliche Ansatz des Schriftspracherwerbs ist in Deutschland eng mit den Namen der Brüder Artur und Erwin Kern verbunden (Kern/Kern 1947/[14]1974). Gemäß der Auffassung, dass Schreiben kein additiver Vorgang des Aneinanderreihens von Einzelzeichen ist, setzte sich mit der Ganzheitsmethode die Schreibschrift als Anfangsschrift für das Lesen- *und* Schreibenlernen für einige Jahrzehnte nahezu flächendeckend durch. »Die Ganzheitsmethode beginnt das Schreiben mit leicht schreibbaren Wörtern und Sätzchen« (Kern/Kern [14]1974, S. 88). Dem Wortbild der Schrift und dem Klangbild der Sprache sollte das Bewegungsbild des Schreibens zugeordnet werden. »Wir betonen, daß das Wort zunächst *abgemalt* wird, d.h., das Kind erfaßt es als Ganzes. Es malt das Wort genauso, wie es ein vorgezeichnetes Haus nachmalt. Einzelbuchstaben kennt und schreibt es darum auch noch nicht.« (Kern/Kern [14]1974, S. 98)

Die Entwicklung der Schreibfähigkeit verlief nach dieser Auffassung vom Kritzeln über das Gestaltschreiben (abmalendes Schreiben) zum Richtigschreiben (Entwicklung einer individuellen »Bewegungsformel«). Die Leistungen der Kinder beim Abmalen der Schrift konnten nach der Auffassung von Kern/Kern nur in Verbindung mit ihrem psychischen Reifungsstand interpretiert werden: »Es gibt Kinder, die das Wort oder Sätzchen sofort richtig abmalen. ... Bei der zweiten Gruppe ist das Abgemalte in der Gestalt dem Vorbild ähnlich. Die letzte Gruppe fertigt ... ein Gekritzel, das mit dem Vorbild nur gemeinsam hat, daß es etwas Sichtbares ist.« (A.a.O., S. 88f.) Die Abbildung bezieht sich auf graphomotorische Leistungen von Schulanfängern, die im Rahmen eines Schulreifetests ermittelt wurden. (Zum Schulreifekonzept Kerns und zur Kritik daran s. Topsch 2004, S. 43ff.)

Die Bewegungsmethode

Abbildung 22: Grundübungen der Bewegungsmethode (aus: Glöckel 1967, S. 68)

Die Bewegungsmethode wurde vor allem vom »Iserlohnerschreibkreis«, einem Zusammenschluss von Schreibdidaktikern, favorisiert. Ihre Vertreter, z.B. Hermersdorf, Lämmel, Gramm, sahen im frühen ganzheitlichen Schreiben der verbundenen Schrift eine motorische Überforderung der Kinder. Sie teilten daher nicht die Auffassung Kerns, dass das abmalende Abschreiben von Wörtern und Sätzen ein geeigneter Einstieg in das Schreibenlernen sei. Da sie – anders als Brückl – die Druckschrift nicht als geeignete Anfangsschrift für das Schreibenlernen sahen, begründeten sie eine Trennung von Lesenlernen und Schreibenlernen und deren unterrichtliche Umsetzung in getrennten Lehrgängen. Nach ihrer Auffassung sollte Schrift aus rhythmischen Schwungformen entwickelt werden. Das bedeutete, dass vor dem eigentlichen Schreiben die Bewegungsabläufe der verbundenen Schrift in einem wochen- bis monatelangen Vorkurs geübt wurden. Lesenlernen und Schreibenlernen waren bis zu einem halben Jahr nahezu vollständig entkoppelt. Da Lesenlernen und Schreibenlernen getrennt verliefen, konnte sich die Druckschrift als Anfangsschrift für das Lesenlernen langsam, aber stetig durchsetzen, während das Schreibenlernen nach einer entsprechenden zeitlichen Verzögerung direkt in Schreibschrift erfolgte. Bis in die Achtziger- und Neunzigerjahre des letzten Jahrhunderts galt in den Lehrplänen die Schreibschrift fast uneingeschränkt als Anfangsschrift für das Schreibenlernen.

Exkurs: Sprechspur

Abbildung 23: Darstellung eines Wortes in der Sprechspur

Einen völlig anderen – und aus heutiger Sicht exotisch anmutenden – Ansatz der Vermittlung der Schriftsprache stellt die Sprechspurmethode dar. Ihre Entwicklung begann etwa in den

Dreißigerjahren des letzten Jahrhunderts und endete in den Fünfzigerjahren. Beim Blick auf eine Schriftprobe der Sprechspur kann man sich des Eindrucks nicht erwehren, hier handele es sich um »Stenografie« (Kurzschrift). Tatsächlich war die Sprechspur aber eine speziell für das Lesen- und Schreibenlernen entwickelte Anfängerschrift, die in einer ganzen Reihe von Schulanfängerklassen eingesetzt und erprobt wurde.

Grundgedanke war die enge Verbindung von Sprechsprache und Schriftsprache: Die Rhythmik der Sprechmotorik sollte die Schreibmotorik steuern. Die dabei entstehende Schrift verstand sich als eine Sprechspur, »weil das Erlebnis des Sprechens als einer klar gegliederten Tätigkeit der Sprechwerkzeuge übereinstimmt mit dem Erlebnis des Spurens als einer klar gegliederten Tätigkeit der spurenden Hand« (Rahn o.J. [1951], S. 53f.).

Die Anhänger des Sprechspurgedankens waren der Überzeugung, dass Kinder, »die erst einmal den Vorgang beim Lesen und Schreiben an einer Schrift begriffen hatten, ... leicht jede andere Schrift hinzu [lernen konnten]« (Höke 1956/57; zitiert nach: Knappek 1962, S. 15).

Die Sprechspur kam von ihrer Anlage her einer Lautschrift recht nahe. So wurde der z-Laut beispielsweise in seinen Lautbestand [t+s] aufgelöst und entsprechend mit zwei Zeichen verschriftet. Einheitliche Laute, z.B. der ch-Laut, wurden durch ein einheitliches Zeichen dargestellt, also nicht durch die Aneinanderreihung von »c« und »h«. (Ein selbstständiges Zeichen für »c« lag ohnehin nicht vor.) Die Sprechspur ermöglichte es zudem, die Betonung innerhalb eines Wortes durch einen stärkeren Strich hervorzuheben, z.B. das »u« in »Buchhandlung« (s. Abbildung 23).

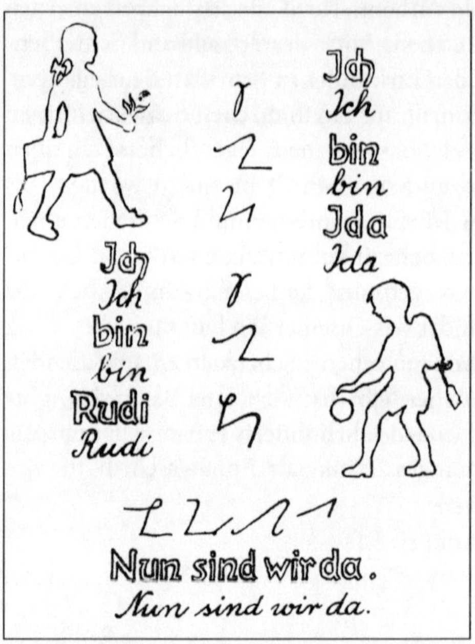

Abbildung 24: Seite einer Sprechspurfibel (Meyer 1949, o. S.)

Die Gründe, die einer Verbreitung der Sprechspur im Wege standen, liegen auf der Hand: Es musste ein zusätzliches, »weltfremdes« Zeichensystem erworben werden, für das es außerhalb der Schule keine Anwendung gab. Der Sprechspurgedanke konnte sich nicht etablieren. Schon in den Sechzigerjahren des letzten Jahrhunderts war er weitgehend in Vergessenheit geraten.

5.3.2 Aktuelle Perspektiven

Die Feststellung von Wolfgang Menzel, dass es eine »wirkliche Didaktik des Erstschreibunterichts ... bis heute nicht gibt« (1981, S. 135), gilt auch nach rund einem Viertel Jahrhundert weiter. Immerhin hat sich in den letzten rund dreißig Jahren aber in einigen Fragen ein Konsens eingestellt, der die didaktische Diskussion diesem Ziel näher gebracht hat. Hier sind vier grundsätzliche Positionen zu nennen:

1. Lesenlernen und Schreibenlernen – in Deutschland lange Zeit in inhaltlich, organisatorisch und zeitlich eigenständige Lehrgänge zergliedert – werden heute als verbundene Komponenten des Schriftspracherwerbs verstanden. Damit hat die deutsche Schriftspracherwerbsdidaktik wieder Anschluss an die internationale Diskussion gefunden. »We have stated ... that encoding and decoding, as inverse operations, are clearly related and their separation is illogical.« (Sealey/Sealey/Millmore 1983, S. 7)
2. Im Zuge dieser Entwicklung hat sich die Druckschrift als Anfangsschrift für den Schriftspracherwerb durchgesetzt. Mit ihr liegt eine einheitliche und allgemein akzeptierte Erstschrift auch für das Schreibenlernen vor. Sie ist hinsichtlich der Formkonstanz der einzelnen Buchstabenzeichen den verbundenen Schriften deutlich überlegen. Als weitere Begründungen für die Wahl der Druckschrift können genannt werden: **Druckschrift**
   - Begrenzung auf eine einzige Schriftart,
   - Integration von Lesen- und Schreibenlernen,
   - leichtere Erlernbarkeit des Schreibens in Druckschrift,
   - frühere Vermittlung der Funktionen des Schreibens,
   - Vorbereitung des verbundenen Schreibens,
   - Verbreitung der Druckschrift (vgl. u.a. Schenk 1997, 127f.).
3. Im integrativen Schriftspracherwerb hat sich eine Ausrichtung an der kommunikativen Funktion des Schreibens etabliert. Dazu zählt das Schreiben, um
   - anderen etwas mitzuteilen,
   - einen geistigen Gegenstand zu erfassen,
   - etwas für sich festzuhalten (Menzel 1981, 136f.; vgl. auch Ossner 1995, 40f.).
4. Starre Methodenpositionen scheinen überwunden. Ausgehend von der Annahme, dass sich die Schriftsprache – analog zur gesprochenen Sprache – weniger durch Instruktion als vielmehr in Anwendungssituationen entfaltet, hat sich der »Spracherfahrungsansatz« etabliert (Brügelmann 1983; vgl. 4.3.1).

5.4 Methodik des Schreibenlernens

Schreiben ist mehr als nur Bewegung: Es ist ein psychomotorischer Prozess, bei dem kognitive, auditive, visuelle und graphomotorische Aspekte miteinander verknüpft werden. Obwohl es nicht ausreicht, das Schreibenlernen auf die physischen Aspekte zu reduzieren, spielen diese bei der Erzeugung von Schrift eine entscheidende Rolle.

5.4.1 Physische Aspekte

Als graphomotorische Aktivität ist das Handschreiben auf eine entfaltete Motorik angewiesen. Die Schriftzeichen kommen durch eine Kombination von Fingerbewegungen, Handbewegungen und Transportbewegungen des Armes (Bewegung der Hand in Schreibrichtung) zustande (Sŏvik/Arntzen 1991, S. 77f.). Dabei bedürfen die Einzelbewegungen des Zusammenspiels von rund fünfzig Muskeln (Dostal 1972, S. 58).

Kreisende Bewegungen ergeben sich aus einem Wechsel von Fingergelenk- und Handgelenkbewegungen. Größere Bewegungen erfolgen aus dem Ellbogengelenk und aus dem Schultergelenk heraus. Insgesamt sind die notwendigen motorischen Voraussetzungen bei Schulanfängern noch nicht optimal entfaltet. Schon aus der Tatsache, dass sich Handmuskulatur, Fingergelenke und der Mittelhandknochen noch in der Entwicklung befinden, ergibt sich die Notwendigkeit einer kontinuierlichen Übung in der Schule.

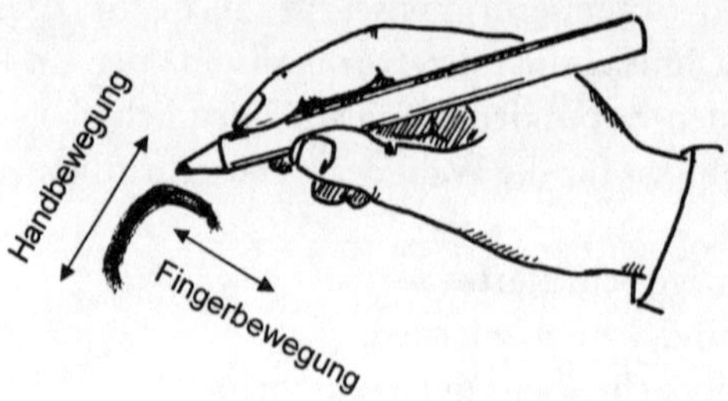

Abbildung 25: Bewegungskombination beim Schreiben (Hand- und Fingerbewegungen)

Die graphomotorische Entwicklung von Vorschulkindern ist in verschiedenen Veröffentlichungen dargestellt und diskutiert worden (z.B. Rudolf 1980; Gaber/Eberwein 1986; Schorch 2003). Zwar erfährt die visuomotorische Koordination um das vollendete fünfte Lebensjahr einen Entwicklungsschub (Rudolf 1980, S. 355), dennoch kann der Unterricht nicht davon ausgehen, dass alle Kinder die notwendigen psychomotorischen und graphomotorischen Voraussetzungen bereits mitbringen.

Durch die unterschiedlichsten Malsituationen sind viele Kinder den Umgang mit Schreibmaterialien bereits gewohnt, wenn sie in die Schule eintreten. Ihre Zeichnungen sind meist bereits relativ differenziert und komplex. Dennoch gelingt ihnen das Schreiben einzelner Buchstaben oft nur unter größten Anstrengungen. Was dem kompetenten, erwachsenen Leser/Schreiber als eine simple Reproduktionsleistung erscheinen mag (Abschreiben von der Tafel), stellt für die Anfängerstufe des Lesens/Schreibens eine hoch komplexe kognitive Herausforderung dar. Anders als beim freien Zeichnen setzt das Schreiben von Buchstaben eine Orientierung an Formvorlagen voraus. Erforderlich für das Zustandekommen eines befriedigenden Ergebnisses ist die Einschätzung von Abständen und Längen, von Neigungen, Winkeln, Überschneidungen und Trennungen. Hinzu kommt, dass beim Abschreiben die Blickrichtung und der Blickfokus zwischen Tafel und Heft (Weite/Nähe) wiederholt gewechselt werden müssen und dass bei Aufrechterhaltung der Proportionen eine erhebliche Verkleinerung (von der Tafel ins Heft) stillschweigend vorausgesetzt wird. Ergänzend ist der Figur-Grund-Wechsel zu nennen, dem die Übertragung einer hell auf dunklem Grund gezeichneten Figur (Tafel) in eine dunkel auf hellem Grund zu zeichnende Figur (Heft) unterliegt. Ingesamt stellt die Umsetzung von Wahrnehmungseindrücken in die Bewegungssteuerung eine erhebliche »visuomotorische Koordinationsleistung« dar (Nickel 1975, S. 83).

Komplexität

Der weitere Lernprozess ist durch einen »Einschleifungsprozess“ gekennzeichnet, der eine Automatisierung der Koordinationsschritte und Bewegungsfolgen und damit eine deutliche Verbesserung der Schreibleistung bewirkt (Weinert 1966, S. 23). Heinz W. Giese vermutet, dass beim Schreibenlernen motorische Abläufe (»Engramme«) gespeichert werden, die es erlauben, bekannte Wörter aus der »motorischen Erinnerung« heraus zu schreiben. Beobachtbar ist dies, wenn Kinder Wörter probeweise in verschiedenen Varianten aufschreiben, »um ihren motorischen und visuellen Speicher zu aktivieren« (Giese 1986, S. 194). Artur und Erwin Kern sprachen im gleichen Zusammenhang von der »Bewegungsformel« ([14]1974, S. 95), Kurt Warwel (1980, S. 123f.) sprach von »Bewegungsmustern« und Wolfgang Menzel (1990, S. 66) vom »schreibmotorischen Gedächtnis«. Allen diesen Formulierungen ist gemeinsam, dass sie von einer Speicherung von Schreibbewegungen ausgehen und dass sie auf steuernde Gesamtimpulse beim geläufigen Schreiben hindeuten.

Automatisierung

5.4.2 Grundlegende Übungen

Die Entwicklung der Schreibmotorik beginnt nicht erst mit der Einschulung. Vielmehr reicht sie weit in die Vorschulzeit zurück. Hinführende Maßnahmen für das Schreibenlernen müssen daher an die ganzheitliche Förderung des Elementarbereiches anknüpfen.

- *Gleichgewichtssinn, Bewegungskoordination:* Spielsituationen zur Förderung des Bewegungssinns, des Gleichgewichtssinns und der Koordination von Bewegungsabläufen kommt eine wesentliche Bedeutung zu, dazu gehören
  - Sing- und Tanzspiele,
  - Klettern, Balancieren, Schaukeln,
  - Ball-, Wurf- und Fangspiele,
  - Nachahmung von Bewegungsabläufen etc.
- *Auditive Fähigkeiten:* Die Förderung auditiver Fähigkeiten erfolgt u.a. durch
  - Übungen zur Klang- und Geräuschunterscheidung,
  - Singen, rhythmisches Klatschen, Taktklatschen,
  - gezieltes Zuhören etc.
- *Sprechmotorik:* Der Förderung der Sprechmotorik dienen u.a.
  - Vortragen von Versen und Gedichten,
  - Nachsprechen von Zungenbrechern,
  - Vorsprechen und Nachsprechen, Ausspracheübungen etc.
- *Auge-Hand-Koordination:* Der Schreibentwicklung im engeren Sinne dienen Maßnahmen zur Förderung der visuellen Fähigkeiten, zur Förderung der Auge-Hand-Koordination[1] sowie zur Förderung der Handbeweglichkeit, der Fingermuskulatur und zur Koordination der Feinmotorik. Dazu gehören u.a.
  - Alltagsübungen wie Knoten, Doppelknoten, Schleifen binden, Bleistifte und Buntstifte anspitzen, Blumen gießen, Kleinmaterialien sortieren etc.,
  - der Umgang mit Spielmaterialien, die visuelle, haptische und motorische Fähigkeiten schulen und die Auge-Hand-Koordination fördern, z.B. Puzzle, Steck- und Legematerialien,
  - umrisshaftes Ausschneiden von Objekten,
  - gezieltes Ausschneiden (einer Linie folgend),
  - Ausreißen von Bildern oder Farbflächen,
  - Aufkleben von Objekten, Gestalten von Kollagen,
  - Kneten mit unterschiedlichen Knetmassen,
  - Faltübungen,
  - freies Zeichnen mit unterschiedlichen Stiften auf unterschiedlichen Materialien, z.B. Kreide (Fußboden oder Tafel), Wachsmalstifte, Buntstifte, Filzstifte, Pinsel,
  - farbiges Ausmalen von Vorlagen mit unterschiedlichen Stiften etc.

1 Wenn Sie die Bedeutung der Auge-Hand-Koordination bei sich selbst erkunden wollen, sollten Sie versuchsweise eine (sehr) gut gefüllte Tasse Kaffee einmal mit Beleuchtung und einmal im Dunklen in Ihrer Wohnung von A nach B tragen.

Dabei sollten die Übungen und Aufgabenstellungen möglichst in sinnvolle Zusammenhänge (gesamtunterrichtliche Themenstellungen) eingebettet sein. Ob es zur Förderung der Feinmotorik erforderlich und motivational sinnvoll ist, die Kinder über »Kritzelbriefe« an das Schreiben heranzuführen (Menzel 1990, S. 37), muss von der Lernsituation her entschieden werden.

5.4.3 Erarbeitung der Grundformen

Für die Erarbeitung der Grundformen lassen sich im Wesentlichen zwei Ausgangspunkte wählen:

- Teilelemente von Schriftzeichen oder komplette Schriftzeichen,
- Bewegungselemente und Schreibbewegung.

Der erste Ansatz ist in Deutschland nachdrücklich von Brückl vertreten worden. Er hat Elemente isoliert und daraus eine spezielle »Normaldruckschrift« für den Schulanfang entwickelt (Abbildung 20). Kritik an diesem Vorgehen erscheint berechtigt, weil sich die Teilelemente auf das Produkt (die Schrift) und nicht auf dessen Entstehung (die Schreibbewegung) beziehen. Da die Zielstellung des Schreibunterrichts in einer geläufigen Handschrift liegt, muss das Üben isolierter Elemente eher als kontraproduktiv erscheinen (Ramsden 1992, S. 32).

Der zweite Ansatz beruht auf einer Analyse der Schreibbewegungen. Er geht von folgenden Positionen aus:

Drehrichtungen

- Alle Schreibbewegungen lassen sich letztlich auf Linksdrehungen oder Rechtsdrehungen zurückführen. Dies gilt für Druckschrift und Schreibschrift gleichermaßen. Andere Linienführungen (Senkrechte, Waagerechte, Diagonale, Punkt) können als Teilstrecken von Drehbewegungen aufgefasst werden.
- Links- und Rechtsdrehungen können »fortschreitend« (mit Transportbewegung des Unterarms) oder »ruhend« (ohne Transportbewegung) ausgeführt werden.
- Fortschreitende Drehbewegungen können kontinuierlich oder mit Haltepunkt (Punktschleife/Punktschlinge; Dostal 1972, S. 15) ausgeführt werden.
  - Fortschreitende Linksdrehung *ohne* Haltepunkte bilden Girlandenschleifen;
  - fortschreitende Linksdrehungen *mit* Haltepunkten führen zu Girlanden;
  - ruhende Linksdrehungen bilden Ovale.

– Fortschreitende Rechtsdrehung *ohne* Haltepunkte ergeben Arkadenschleifen;
– fortschreitende Rechtsdrehungen *mit* Haltepunkten ergeben Arkaden.

- Buchstabenformen können auch aus einer Kombination von Links- und Rechtsdrehungen entstehen. Sie enthalten dann einen (oder mehrere) Drechrichtungswechsel.

Abbildung 26: Grundlegende Drehrichtungen der Schrift

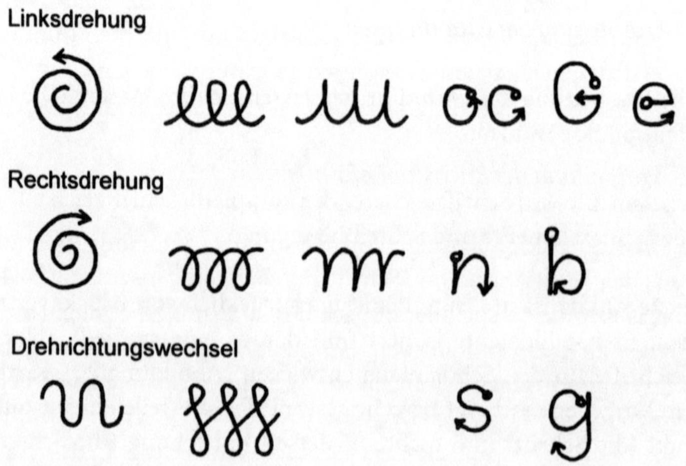

Übungen zur Förderung der Schreibmotorik sind sowohl für das Druckschriftschreiben wie auch für das Schreiben einer verbundenen Schrift erforderlich. Rhythmisches Sprechen kann die Ausführung der Schwünge unterstützen. Allerdings machen Schwungübungen über eine ganze Zeilenlänge hinweg, wie sie von der Bewegungsmethode teilweise favorisiert wurden, wenig Sinn. Stattdessen sollten die Schwungformen mit drei bis fünf Zeichen etwa Wortlänge haben.

Der methodische Aufbau von Übungseinheiten sollte von der Ganzkörperbewegung ausgehen und über die Großmotorik (auch: »Grobmotorik«) in die Feinmotorik einmünden.

Beispiele

– Übungen mit Ganzkörperbewegungen in Verbindung mit Raumformen, z.B. Laufen von Girlandenschleifen, Abrollen einer Schnecke (Tesakrepp auf dem Fußboden) mit dem Ball,
– großmotorische Schwungbewegung in die Luft,
– großmotorische Schwungbewegung mit feuchtem Schwamm oder mit Kreide an der Tafel (kurzes Kreidestück führt zum »Pfötchengriff« und fördert die Drehbewegung aus dem Schultergelenk),

- Großform stehend mit dem Finger auf der Tischfläche, mit Wachsmalstiften auf großflächiges Papier, z.B. Tapetenrest, (Drehbewegung aus dem Ellbogengelenk) schwingen,
- Großform sitzend mit Wachsmalstiften oder Filzschreibern auf Papier, z.B. DIN A4 Querformat ohne Lineatur, schwingen (Drehbewegung aus dem Unterarm/Handgelenk, bei zunehmender Verkleinerung unter Einbeziehung der Fingergelenke),
- Kleinformen sitzend mit Filzstiften, Buntstiften, Bleistiften aufschreiben (zur Orientierung zunächst nur einfache Grundlinien, erst zu einem späteren Zeitpunkt Lineatur vorgeben).

5.4.4 Erarbeitung der Buchstabenformen

Schreibdrucken

Die Erarbeitung der Buchstabenformen und das Schreibdrucken unterstützen den Fortschritt im Schriftspracherwerb insgesamt: »Handwriting is a route to spelling and reading and must be taught in conjunction with them.« (Ramsden 1992, S. 19) Hier gelten hinsichtlich der schreibmotorischen Übungen die gleichen Prinzipien wie bei den Schwungübungen:

- von der Ganzkörpermotorik und Ganzkörperkoordination
- über großmotorische Schwungbewegungen
- zu feinmotorischen Schreibbewegungen.

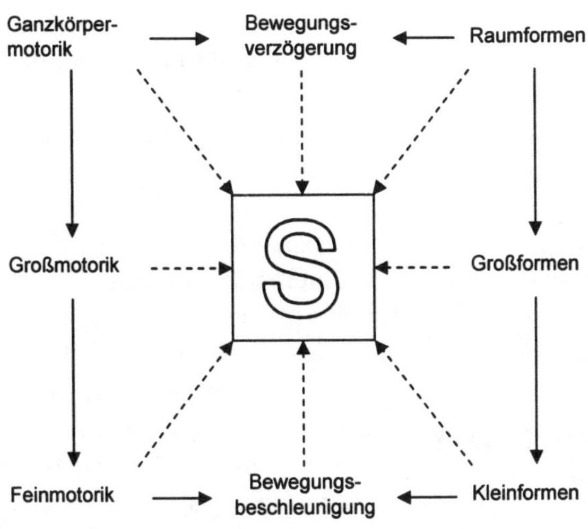

Abbildung 27: Bewegungssteuerung bei der Erarbeitung von Schriftzeichen

Stärker als dies bei den Schwungübungen der Fall ist, treten bei der Einführung von Buchstabenformen allerdings Hilfen zur kognitiven Verarbeitung hinzu.

Verbale Orientierung

Für die Ganzkörperbewegungen, z.B. auf den Zehenspitzen ein zur Buchstabenform ausgelegtes Seil nachlaufen, mit dem Ball eine auf den Fußboden gezeichnete oder mit Klebstreifen aufgeklebte Figur nachrollen, ist es zwingend erforderlich, die Bewegungsabläufe zu verbalisieren.

Es macht didaktisch wenig Sinn, wenn die Kinder an irgendeiner Stelle in die Buchstabenform »hineinspringen« oder eine Buchstabenform in der falschen Richtung ablaufen. Da Druckschriftschreiben in das geläufige Schreiben einer verbundenen Schrift einmünden soll, ist es – gegebenenfalls nach einer individuellen Erkundungs- und Erprobungsphase – notwendig, mit den Kindern

- den Startpunkt,
- die Verlaufsrichtung,
- Haltepunkte und
- Endpunkte

zu besprechen.

Visuelle Orientierung

Die Steuerung der Bewegungsabläufe zielt darauf ab, die Bewegungsmuster für das Druckschriftschreiben möglichst so aufzubauen, dass sie später für die verbundene Schrift lediglich ausdifferenziert, nicht aber umstrukturiert werden müssen. Bliebe die Definition des Bewegungsablaufes den Kindern grundsätzlich überlassen, dann wäre es möglich, dass sie Bewegungsmuster aufbauen, die für das Druckschriftschreiben zwar akzeptabel sind, später jedoch das verbundene Schreiben erschweren.

Bewegungsmuster

Beispiel:
Kinder wählen beim Schreibdrucken des »e« nicht ohne Weiteres den schreibmotorisch richtigen Startpunkt im Inneren des Buchstaben. Ohne Anleitung können Kinder stattdessen auch das untere Ende des »e« als Startpunkt wählen. Schreibt ein Kind das »e« von außen nach innen, dann entsteht in der Druckschrift zwar ein befriedigendes, lesbares Endergebnis. Sein Bewegungsmuster läuft dem Schreiben des »e« in einer verbundenen Schrift aber komplett entgegen – mit der Folge, dass das Kind bei der Einführung der Schreibschrift den erlernten Bewegungsverlauf abbauen und vollkommen umstrukturieren muss.

Daher ist es sinnvoll, zumindest den Startpunkt eindeutig zu fixieren. Dies geschieht in vielen Unterrichtsmaterialien durch Bewegungspfeile oder durch die Kennzeichnung von Startpunkten (visuelle Orientierung). Eine Visualisierung erfolgt aber auch durch die Lehrerdemonstration in der Luft, an der Tafel, anhand einer OH-Projektion oder – bei individueller Betreuung – auf dem Arbeitsblatt des Kindes. Sie sollte immer sprachlich begleitet werden. Der Einsatz eines OH-Projektors ist sinnvoll, weil die Lehrerin/der Lehrer mit der rechten Hand in Schreibrichtung arbeiten kann, ohne den Bewegungsablauf zu verdecken. Beim Arbeiten an der Tafel besteht dagegen die Problematik, dass die Schreibbewegung teilweise durch den Körper verdeckt werden kann. Wenn die Lehrerin/der Lehrer einen Bewegungsablauf der Klasse zugewandt in die Luft schwingt, ist darauf zu achten, dass die Bewegung spiegelbildlich und von rechts nach links erfolgen muss. Wenn man dafür den linken Arm benutzt, dann stellt das in der Regel keine besondere Schwierigkeit dar.

Formorientierung/Formassoziationen

In vielen Fällen ist es möglich, den Lernprozess der Kinder durch Bild- und Inhaltsassoziationen zu unterstützen. Dafür können Formähnlichkeiten zwischen der zu erarbeitenden Buchstabenform und realen Objekten in der Umwelt aufgesucht, verglichen und erörtert werden, z.B. »B« und »Brezel«, »F« und »Fahne«, »S« und »Seil« (nicht: »S« und »Schlange«!).

Taktile Orientierung

Haptische Erfahrungen

Vor dem eigentlichen graphomotorischen Vollzug der Buchstabenform sollten die Kinder immer auch die Möglichkeit zur taktilen Orientierung erhalten. Dreidimensionale Buchstaben werden auf dem Lehrmittelmarkt in unterschiedlichen Ausführungen angeboten. Sie ermöglichen den Kindern haptische Erfahrungen, die das Formverständnis unterstützen. Besondere Bedeutung kommt beim Schreibaufbau der Nachgestaltung von Buchstabenformen mit Knetmaterial zu. Dies fördert die Handbeweglichkeit, schult die Feinmuskulatur, ermöglicht beidhändiges Arbeiten und fördert die Auge-Hand-Koordination. Daher ist das Kneten eine der wichtigsten Vorbereitungen für das eigentliche Schreiben. Das Kneten von Buchstaben kann man als eine Art »Schreiben mit anderen Mitteln« verstehen, bei der sich die Kinder bewusst mit der Gestaltung einzelner Buchstabenformen auseinander setzen. Im Gegensatz zum Schreiben, das eine kleingliedrige Bewegung zum Teil auf engstem Raum darstellt, ist die Buchstabenform beim Kneten vergrößert und der Handlungsablauf zeitlich verzögert.

Feinmotorische Orientierung: Nachspuren und Übertragen

In den Materialien zum Schriftspracherwerb haben sich Übungen zum Nachspuren durchgesetzt. Innerhalb vorgegebener Freiräume (durch Umrisslinien oder durch Rasterung) können die Kinder die Schreibbewegung unter Nutzung von Bewegungspfeilen mehrfach farbig nachspuren.

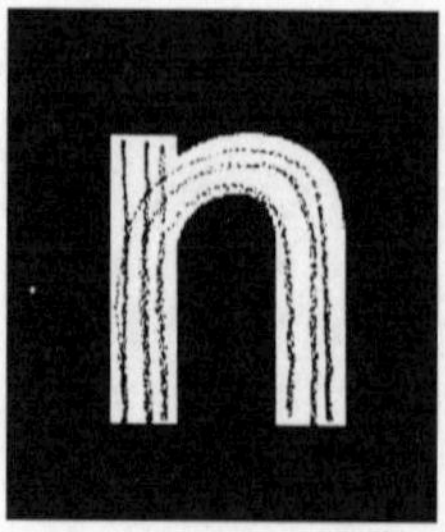

Dabei geht es nicht um die minutiöse Nachgestaltung, sondern um die Sicherung des Bewegungsablaufes. Die Formen sollten daher noch immer groß genug für das Nachspuren aus dem Handgelenk heraus sein. Im Hinblick auf die spätere Einführung der Schreibschrift und das verbundene Schreiben sollten die Kinder bereits beim Schreibdrucken Buchstaben wie »a«, »m« oder »n« möglichst nicht in Teilelementen zusammensetzen, sondern in einem Gesamtimpuls nachspuren.

Wenn das Kind die Buchstabenform aus dem Gedächtnis heraus produzieren kann, sollte es den Buchstaben mit und ohne Vorlage frei schreiben. Übungen des Schreibdruckens sind ohne Lineatur oder mit der Vorgabe einer Grundlinie möglich. Sie sollten möglichst in Anwendungssituationen eingebettet werden, die den Sprachlaut, die Buchstabenform und den Bewegungsablauf miteinander verbinden, z.B. Gegenstände aufmalen (ausschneiden/aufkleben), die mit »B« anfangen und »B« dazu schreiben. (Dass diese Arbeitsform in der Schrifterwerbsdidaktik Tradition hat, zeigt die Abbildung aus: Muth u.a. [1967], S. 45.)

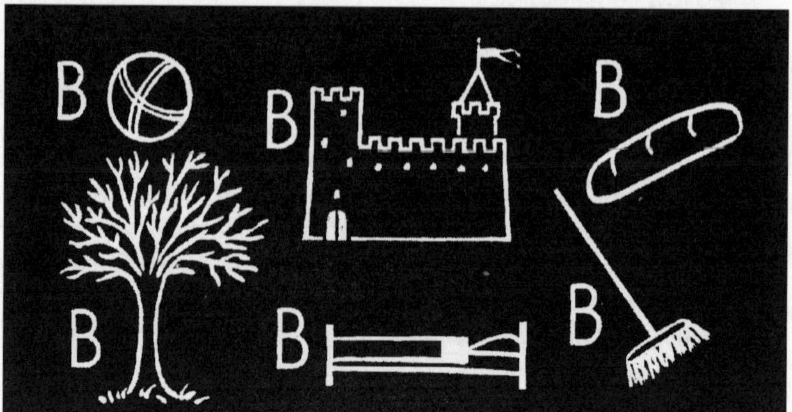

Die Frage, ob es sinnvoll ist, Buchstabenformen in so genannten »Formfamilien« zu erschließen, ist in didaktischen Veröffentlichungen mehrfach diskutiert worden. Die Einbettung des Schreibdruckens in einen integrativen Schrifterwerbsprozess lässt dies als wenig sinnvoll erscheinen. Die Entdeckung, Einführung oder Erarbeitung von Lauten, Buchstaben und Bewegungsformen sollte sich in der grundlegenden Phase des Schriftspracherwerbs nicht an einer Systematik der Bewegungsformen orientieren. Vielmehr steht der kommunikative Aspekt von Schrift und Schreiben im Mittelpunkt.

Anwendung in Wörtern und Texten

Die Verwendung von Druckschrift als Anfangsschrift und die Verbindung von Lesen und Schreiben motivieren die Kinder frühzeitig, eigene Gedanken aufzuschreiben. Methodische Konzepte wie der »Spracherfahrungsansatz« oder »Lesen durch Schreiben« haben, basierend auf dieser Einsicht, in den letzten Jahrzehnten an Bedeutung und allgemeiner Anerkennung gewonnen.

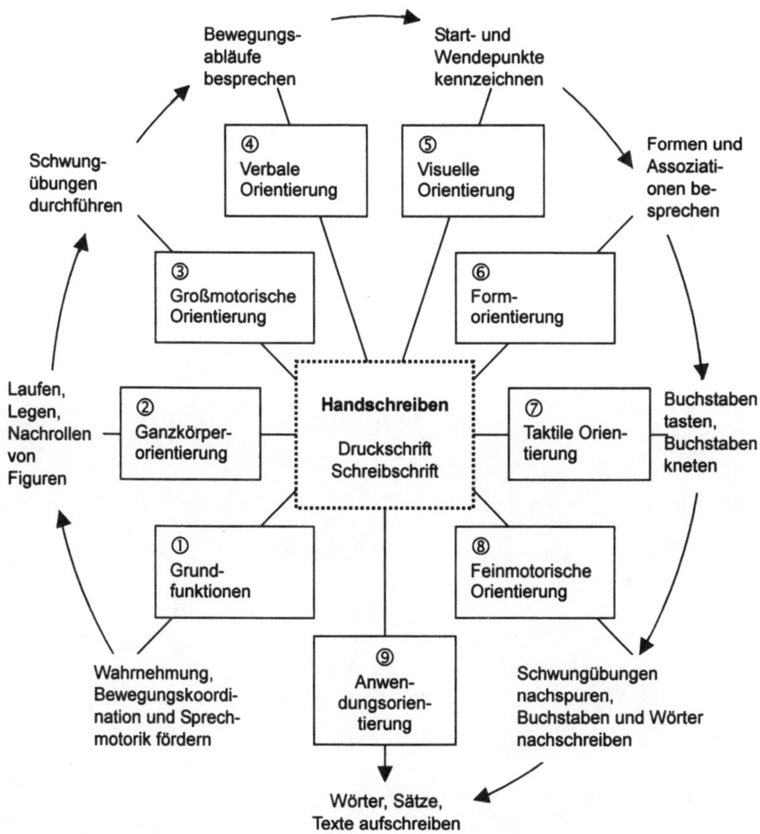

Abbildung 28: Didaktische Orientierung für den Handschreibunterricht in Druckschrift und Schreibschrift (vgl. Topsch 2003b, S. 778)

Allerdings hat der unangeleitete Umgang mit Schrift (»Spontanschreiben«) wegen der Vielzahl der damit verbundenen Fehler nicht immer die gleiche Zustimmung in der Schreibdidaktik gefunden, wie dies heute der Fall ist (vgl. Warwel 1980, S. 99ff.). Viele Lehrerinnen und Lehrer sind in der Vergangenheit von der Maxime ausgegangen, dass orthographisch falsch geschriebene Wörter tunlichst vermieden werden müssen, weil sonst die Gefahr besteht, dass sich die Kinder Fehler einprägen. Diese Argumentation verliert ihre Alltagsplausibilität, wenn man das Spontanschreiben als Entwicklungsstufe versteht, die von den Kindern – wie das Krabbeln vor dem aufrechten Gang – auf dem Weg zur orthographischen Korrektschreibung durchlaufen wird.

Modellvorstellungen des Lesen- und Schreibenlernens erlauben es, einzelne Phasen und Entwicklungsschritte voneinander abzuheben (vgl. Frith 1986; Günther 1986a, 1986b; Scheerer-Neumann 1998; Thomé 2003). »Spontanschreiber« schreiben lautorientiert und befinden sich in der »alphabetischen Phase« (Thomé 2003, S. 373). Bei einem Teil der Wörter führt die Lautorientierung zu richtigen Ergebnissen – bei anderen versagt sie. Viele Fehlschreibungen (im Sinne der Rechtschreibkonvention) lassen bei einer genaueren Betrachtung die zugrunde liegende Logik der Schreibung erkennen und bieten damit eine Grundlage für die Bereitstellung geeigneter Fördermaterialien.

6. Anfangsschriften

6.1 Verbundene Schriften

Die Frage nach der geeigneten Anfangsschrift für den Schriftspracherwerb hat die Grundschulpädagogen bewegt wie kaum ein anderes Thema. Die scheinbar einfache Frage, mit welcher Schriftart die Kinder in die Schriftsprache eingeführt werden sollen, ist im Laufe der letzten hundert Jahre ganz unterschiedlich beantwortet worden. Zahlreiche Vorschläge, die sich teils auf empirische Untersuchungen, teils auf Plausibilität oder auf das ästhetische Empfinden stützten, wurden erarbeitet und verworfen.

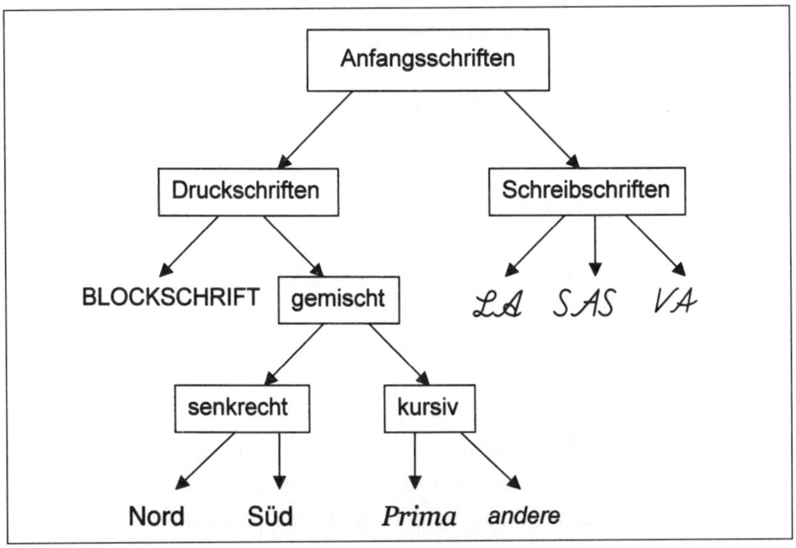

Strukturschema 10: Anfangsschriften für den Schriftspracherwerb

Mit Ausnahme der künstlerisch gestalteten Anfangsschrift »Prima« (einer kursiven Druckschrift) konnten alle Schriften sowohl zum Lesen- wie auch zum Schreibenlernen verwendet werden. Die »Prima« war dagegen als eine reine Leseschrift entworfen worden. Sie sollte die Vorzüge der Druckschrift (einzelne, isolierte Elemente) aufweisen und gleichzeitig eine gewisse Nähe zur Schreibschrift vermitteln (Schräglage, Verbindungsmöglichkeiten).

Unter Bezugnahme auf empirische Untersuchungen (Meis 1963; Weinert/Simons/Essing 1966) hat sich in der Didaktik des Schriftspracherwerbs jedoch die Auffassung durchgesetzt, dass die Druckschrift als Anfangsschrift für das Lesen- *und* das Schreibenlernen geeignet und empfehlenswert ist (vgl. u.a. Menzel 1975; Schorch 1983; Brügelmann 1983; Topsch 1996; Schenk 1997).

Das Strukturschema 10 zeigt aber, dass auch die Entscheidung für die Druckschrift Optionen offen lässt: Als Anfangsschrift können Großbuchstaben (Valtin 1990, S. 80f.) oder gemischte Alphabete gewählt werden. Die Schriftlage kann senkrecht oder kursiv sein (Menzel 1981, S. 158; 1990, S. 67). Inzwischen haben sich gemischte Druckschriften mit senkrechter Schriftlage (früher häufig – aber fälschlich – als Gemischtantiqua bezeichnet) und das Schreibdrucken in der Anfangsphase für das Lesen- und Schreibenlernen (Schreiben in Druckschrift) allgemein durchgesetzt.

Allerdings kann sich das Schreibenlernen nicht auf das Schreibdrucken allein beschränken. Vielmehr muss im grundlegenden Schreibunterricht auch eine verbundene Schrift erlernt werden. Hier steht die Didaktik des Schriftspracherwerbs vor einem Dilemma, das in der Öffentlichkeit weitgehend unbemerkt geblieben ist: Ohne dass es dafür eine ausreichende pädagogische Rechtfertigung gäbe, stehen sich für das Erlernen einer verbundenen Schrift in der Bundesrepublik drei konkurrierende Ausgangsschriften gegenüber, die regional mit unterschiedlicher Verbindlichkeit Verwendung finden, und zwar

Schulschriften

- die Lateinische Ausgangsschrift (LA von 1953),
- die Schulausgangsschrift (SAS von 1968),
- die Vereinfachte Ausgangsschrift (VA von 1971).

Dass dieser Missstand von den Kultusministern der Länder legitimiert und von der Öffentlichkeit toleriert wird, spricht eher für mangelnde Rationalität als für Liberalität und Flexibilität.

Betrachtet man die Schriftverwendung von Kindern in unterschiedlichen Abschnitten ihrer Entwicklung, dann gewinnt man den Eindruck, dass die Bedeutung der Ausgangsschriften weit überschätzt wird. Weinert (1966, S. 20) hat bereits darauf hingewiesen, dass »der Beginn des Schreibunterrichts nicht mit dem Anfang der Schreibentwicklung verwechselt werden darf«. Statt einer zentralen Stellung nimmt auch die Verwendung der Ausgangsschrift nur eine relativ umrissene Zeitspanne ein: Die Schriften der Kinder sind offensichtlich »Phasenschriften«. Dabei lassen sich die ersten drei Phasen zwar nicht klar gegeneinander abgrenzen, sie umfassen aber insgesamt nur relativ kurze Zeitabschnitte von wenigen Jahren: Im Grunde handelt es sich um einen fortlaufenden Entwicklungsprozess, an dessen Ende Schrift überwiegend als individuelle Notizschrift genutzt wird.

Phasenschriften

Tabelle 7: Entwicklungsschema der Schriftverwendung			
Phase	**Bereich**	**Schrift**	**Vorrang**
Entdeckungs- und Erkundungsphase	Vorschulischer Bereich	Spontanschrift	Verwendung von großen Druckbuchstaben
Aneignungsphase	Schulanfang	Lehrgangsschrift	Orientierung an der gemischten Druckschrift
Anwendungsphase	Grundschule	Verbundene Schrift	Orientierung an einer schulischen Ausgangsschrift
Entwicklungsphase	Aufbauende Schulform	Verbundene Schrift	Entwicklung einer persönlichen Handschrift
Spezialisierungsphase	Nachschulische Nutzungsbereiche	Persönliche Handschrift	Zweckschriften; individuelle Notizschrift

6.2 Anfangsschriften im Rückblick

Bis zur Mitte des zwanzigsten Jahrhunderts war es notwendig, dass die Kinder in den ersten vier Schuljahren zwei unterschiedliche Schriften erlernten, und zwar eine »deutsche Schrift« und eine »lateinische Schrift«, die spätestens für das Erlernen einer Fremdsprache benötigt wurde.

6.2.1 Deutsche Schrift

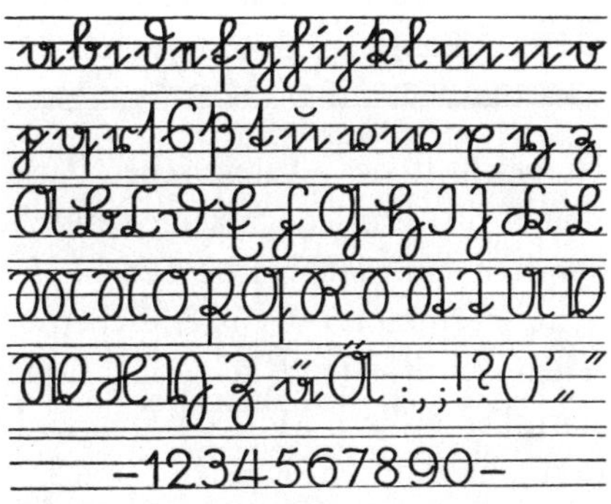

Abbildung 29: Deutsche Schrift nach Sütterlin

Es gab verschiedene deutsche Schulschriften, von denen sich die »Sütterlinschrift« in den Zwanzigerjahren des letzten Jahrhunderts für die Verwendung in der Schule durchsetzte (Kaempffe/Melchior 1950, S. 39). Ludwig Sütterlin (1865–1917) war ein Kunsterzieher, der in einer Verbesserung der Schrift einen Ansatz zur Verbesserung des Schreibunterrichts insgesamt sah. Die Sütterlinschrift sollte die tradierten deutschen Buchstabenformen bewahren und gleichzeitig einen Ausgangspunkt für die Entwicklung einer individuellen Handschrift bieten. Einige Punkte sind hervorhebenswert:

- Die Sütterlinschrift war eine stark gerundete Schreibschrift, die sich durch eine völlig senkrechte Stellung der Buchstaben auszeichnete.
- Das Größenverhältnis von Oberlänge, Mittelband und Unterlänge war ausgeglichen. (Bei älteren deutschen Schriften waren die Ober- und die Unterlängen deutlich größer als das Mittelband.)
- Sütterlin führte die Pfannenfeder ein, die einen »Gleichzug« der Schrift ermöglichte – was uns heute für Schulschriften selbstverständlich erscheint. Der »Wechselzug« mit unterschiedlicher Strichstärke für die Auf- und Abstriche, der *vor* Sütterlin die deutsche Schrift kennzeichnete, wurde abgeschafft.

Von diesen Merkmalen bestehen zwei heute noch fort: die Schriftproportionen und die Verwendung der Pfannenfeder bei Schulfüllern.

6.2.2 Deutsche Normalschrift

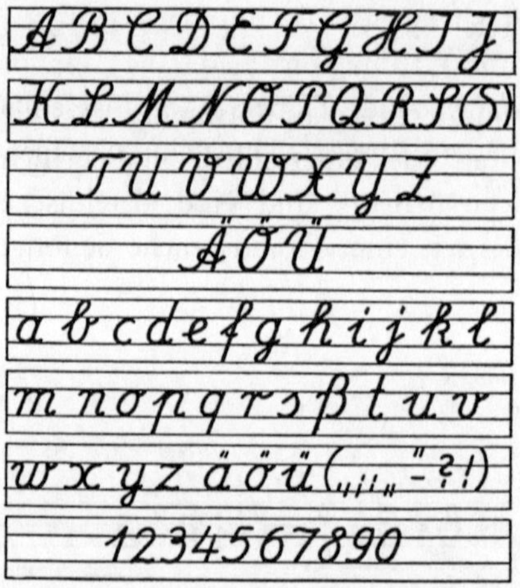

Abbildung 30: Deutsche Normalschrift (1941)

Als die Nationalsozialisten in Deutschland die Macht übernahmen, kam es zu einer massiven Einflussnahme auf Schule und Unterricht. Dabei ist es ein Irrtum anzunehmen, dass die Deutsche Schrift von den Machthabern bevorzugt wurde. Das Gegenteil war der Fall: Am 1. September 1941 wurde die »Deutsche Schrift« von den Nationalsozialisten abgeschafft. An ihre Stelle trat die »Deutsche Normalschrift«, eine Vorläuferschrift der »Lateinischen Ausgangsschrift«. Die »Deutsche Normalschrift« war jedoch keine deutsche Schrift (diese wurde abgeschafft), sondern eine lateinische Schrift. Seither orientieren sich alle unsere Schulschriften an der lateinischen Schrift. Die Abkehr von der »Deutschen Schrift« fand keinesfalls unter pädagogischen Gesichtspunkten statt. Die wahren Motive waren andere: »Unsere Sprache wird in hundert Jahren die europäische Sprache sein. ... An die Stelle der gotisch genannten Schrift tritt die Schrift, welche wir bisher die lateinische Schrift nannten« (zitiert nach SPIEGEL 12/1980, S. 208).

Es ist heute schwer nachvollziehbar, welch radikaler Traditionsbruch die Einführung der Deutschen Normalschrift war. Nahezu von einem Tag auf den anderen wurde 1941 die Schrift in den Schulen umgestellt. Anhand eines Ausschnittes aus einem Diktatheft lässt sich erkennen, welche Probleme die Umstellung für ältere Schüler mit sich brachte.

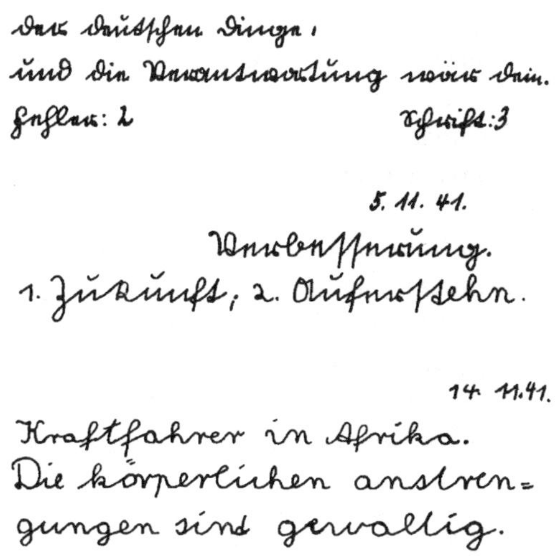

Abbildung 31: Ausschnitt aus einem Schülerheft des Jahres 1941 (Quelle: Norddeutsches Schulmuseum Bohlenbergerfeld)

Erläuterung zum Heftausschnitt
Das letzte Diktat in »Deutscher Schrift« erfolgte in diesem Heft am 25. 10.1941. Bei der Fehlerverbesserung vom 5.11.41 tauchen mitten im zweiten Wort erstmals drei Buchstaben in lateinischer Schrift auf (»e h n«). Darunter beginnt mit Datum vom 14.11.1941 ein in »Deutscher Normalschrift« geschriebenes Diktat. Die ungelenke Schrift lässt erahnen, wie schwer dem Kind die Umstellung gefallen ist und wie wenig »normal« ihm diese Schrift erschienen sein mag.

6.3 Aktuelle Ausgangsschriften

6.3.1 Lateinische Ausgangsschrift (LA)

Nach dem Zweiten Weltkrieg erschien eine Rückkehr zur deutschen Schrift politisch und pädagogisch wenig sinnvoll. So wurde in den Schulen zunächst die »Deutsche Normalschrift« beibehalten. Am 4.11.1953 beschlossen die Kultusminister der Länder der damaligen Bundesrepublik Deutschland die Einführung der »Lateinischen Ausgangsschrift« (LA). Diese Schrift modifizierte die »Normalschrift« in einigen Punkten. Hierzu zählen:

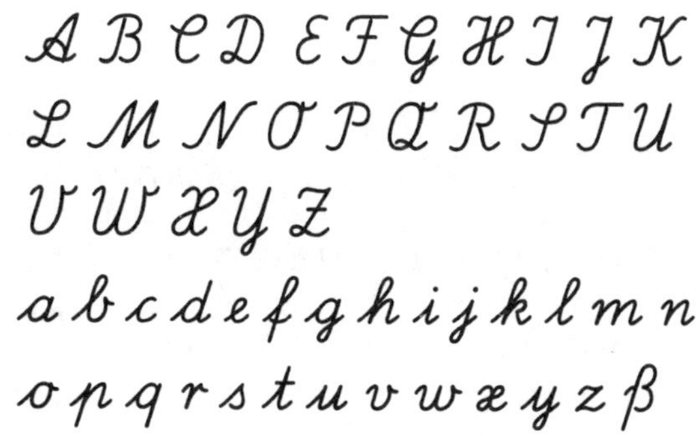

Abbildung 32: Lateinische Ausgangsschrift (1953)

- Veränderung der Schriftproportionen mit einer Vergrößerung der Ober- und Unterlängen (das Verhältnis beträgt jetzt 4:5:4),
- stärkere Rechtsneigung (etwa 75°),
- schmalere Ovalformen,
- Verringerung der Deckstriche (Überlappungen des Schriftzuges).

Der Beschluss der Kultusministerkonferenz von 1953 besteht weiterhin. Im Laufe der Jahre wurde die »Lateinische Ausgangsschrift« jedoch aufgrund vieler vermeidbarer Drehrichtungswechsel und vor allem wegen der Kompliziertheit der Großbuchstaben kritisiert. Alternativen wurden ihr zur Seite gestellt, favorisiert und in einzelnen Bundesländern verbindlich eingeführt.

6.3.2 Schulausgangsschrift (SAS)

Abbildung 33: Schulausgangsschrift (1968)

In der ehemaligen DDR entstand zunächst die »Deutsche Schulschrift«. Sie wurde 1968 durch eine neue Schrift, die »Schulausgangsschrift« (SAS), abgelöst. Diese orientiert sich – wie nach ihr die »Vereinfachte Ausgangsschrift« – bei den Großbuchstaben deutlich an der Druckschrift. Die Kleinbuchstaben zeichnen sich durch schmalere Ovalformen und engere Ovalkehren aus. Die Schulausgangsschrift wird heute vor allem in den neuen Bundesländern weiterverwendet. In einigen Alt-Bundesländern ist sie als alternative Ausgangsschrift zugelassen, in anderen verbindlich vorgeschrieben.

6.3.3 Vereinfachte Ausgangsschrift (VA)

Abbildung 34: Vereinfachte Ausgangsschrift (1970)

Gegen die »Lateinische Ausgangsschrift« wurden im Laufe der Jahre Einwände geltend gemacht, was 1970 in der damaligen Bundesrepublik zur »Vereinfachten Ausgangsschrift« (VA) führte. Die VA ist vor allem dadurch gekennzeichnet, dass sie den Anstrich bei den Kleinbuchstaben weglässt und dafür den Abstrich verlängert. Auf diese Weise beginnen alle Kleinbuchstaben – zumindest im Prinzip – an der Oberlinie des Mittelbandes und enden auch dort. Dadurch entsteht das, was die Vertreter der VA als das »Baukastensystem« bezeichnen: Man kann die Kleinbuchstaben additiv aneinander fügen. Wie bei der SAS sind die Großbuchstaben an der Druckschrift orientiert. Wenngleich die »Vereinfachte Ausgangsschrift« durchaus erst noch einer kritischen Diskussion bedarf, so ist doch unbestreitbar, dass sie eine geringere Zahl von Drehrichtungswechseln aufweist. Ob und welche Vorteile daraus resultieren, ist bislang nicht hinlänglich geklärt.

An die »Vereinfachte Ausgangsschrift« sind hohe Erwartungen geknüpft worden. Alle Vorteilsannahmen, die sich auf empirische Untersuchungen stützten, insbesondere die Behauptung die VA führe zu besseren Rechtschreibleistungen, haben sich als nicht haltbar erwiesen (vgl. Topsch 1996). Aber auch unter pragmatischen und schreibökonomischen Gesichtspunkten sind Zweifel berechtigt. So erscheint es kaum schlüssig begründbar, warum die einfache Form des »Schleifen-e« durch die deutlich kompliziertere Form des »Köpfchen-e« ersetzt werden soll (vgl. 6.4.2). Die Vereinfachte Ausgangsschrift, die seit 1970 verfügbar ist und seit 1990 in einer leicht revidierten Form vorliegt, konnte sich in ihrer mehrere Jahrzehnte alten Geschichte nicht flächendeckend durchsetzen. Gegenwärtig ist sie in einigen Bundesländern als Alternativschrift zugelassen, in anderen verbindlich vorgeschrieben.

6.3.4 Druckschriften

Erstschrift: Druckschrift

Seit Ende der Achtzigerjahre hat sich die Druckschrift als Erstschrift auch für das Schreibenlernen allmählich – wieder – etabliert. Mit der Druckschrift liegt eine einfache Anfangsschrift vor, die den Kindern schriftsprachliche Kommunikation bereits zu einem frühen Zeitpunkt ermöglicht. Das Dogma, das von den Fünfziger- bis zu den Achtzigerjahren galt, dass der Schreibunterricht zwingend mit einer Schreibschrift beginnen müsse, ist durch die Richtlinien der Bundesländer ebenso wie durch die Schulpraxis überwunden worden. In der Schreibdidaktik und in der Praxis des Schriftspracherwerbs hat sich nahezu unbemerkt eine Umorientierung von der Druckschrift als Leselernschrift zur Druckschrift als Anfangsschrift für das Lesen- *und* Schreibenlernen ergeben. Die Druckschrift schafft die notwendigen Konventionen für die Form der Buchstaben, auf die eine Kultur, die in so hohem Maße auf schriftsprachliche Kommunikation zurückgreift wie die unsere, nicht verzichten kann. Sie kann so eingeführt werden, dass sie die Schreibbewe-

A B C D E F G H I J K
L M N O P Q R S T U
V W X Y Z
a b c d e f g h i j k l m n
o p q r s t u v w x y z ß

A B C D E F G H J J K
L M N O P Q R S T U
V W X Y Z
a b c d e f g h i j k l m n
o p q r s t u v w x y z ß

Abbildung 35: Unterschiedliche Schuldruckschriften

gungen der verbundenen Schrift vorbereitet und später weitgehend friktionsfrei in eine verbundene Schrift überführt werden kann. Auch hinsichtlich der Druckschrift gibt es Alternativen. Obwohl die Differenzen geringfügig sind[1], sind bestimmte Schriften für einzelne Bundesländer verbindlich.

Die zunehmende Verwendung der Druckschrift als Anfangsschrift auch für das Schreibenlernen (Schreibdrucken) relativiert die Frage nach der nach wie vor für die Grundschule obligatorischen verbundenen Ausgangsschrift. Diese wird meist erst eingeführt, wenn die Kinder den basalen Schriftspracherwerb bereits abgeschlossen haben. Vor diesem Hintergrund hat die Festlegung auf eine bestimmte Schulschrift (LA, SAS, VA) ihren Stellenwert als »Erstschrift« eingebüßt: Sie stellt faktisch nur noch eine »Zweitschrift« dar und wird zum Übergangsstadium von der Druckschrift als Anfangsschrift zur individuellen Handschrift. Dennoch bleibt es ein Anachronismus, dass in der Bundesrepublik drei unterschiedliche verbundene Ausgangsschriften für den Schulgebrauch vorliegen, die in den einzelnen Bundesländern eine unterschiedliche Verbindlichkeit haben.

Zweitschrift: Schreibschrift

6.4 Die Kontroverse um die Vereinfachte Ausgangsschrift

6.4.1 Empirische Untersuchungen

In den Siebzigerjahren begann in der damaligen Bundesrepublik eine nachhaltige Diskussion über die Differenzen zwischen der Lateinischen Ausgangsschrift und der Vereinfachten Ausgangsschrift.

Zunächst wurden dabei nur Plausibilitätsargumente für oder gegen die Vereinfachte Ausgangsschrift (VA) beziehungsweise die Lateinische

1 Aufgabe: Finden Sie die elf Buchstaben, bei denen minimale Unterschiede zwischen der Druckschrift »Nord« und der Druckschrift »Süd« bestehen!

Ausgangsschrift (LA) vorgetragen. Dies änderte sich, als 1981 die Ergebnisse einer Vergleichsuntersuchung über diese beiden Schriften veröffentlicht und dabei Vorteile der VA gegenüber der LA behauptet wurden (Grünewald 1981a, 1981b), die sich allerdings als wissenschaftlich nicht haltbar erwiesen. Da die Vorteilsbehauptungen in nahezu alle einschlägigen Veröffentlichungen aufgenommen wurden, die zwischen 1981 und 1996 zur Frage der Ausgangsschrift Stellung nahmen (z.B. Brügelmann 1983; Krichbaum 1985; Schorch [2]1992), bestehen vielfach weiterhin falsche Annahmen über Vorteile der VA gegenüber der LA.

In einer umfassenden Kritik der empirischen Quellen konnte nachgewiesen werden, dass die Ergebnisse der Untersuchung von 1981 unhaltbar sind. Die Kritik lässt sich in folgenden Punkten zusammenfassen (Topsch 1996, 1998a, 1998b; Richter 1998a):

- Die Ergebnisse zugunsten der VA lassen sich durch Stichprobenunregelmäßigkeiten, Datenveränderungen und Verarbeitungsfehler erklären. Für die Vorteilsbehauptungen gibt es keine Belege.
- Bei der Interpretation der Ergebnisse der Untersuchung blieb fast durchgehend unberücksichtigt, dass der Jungenanteil in der LA-Gruppe deutlich höher war als in der VA-Gruppe.
- Die empirische Grundlage war teilweise außerordentlich klein: Die Aussagen zur Schreibmotorik stützen sich auf 36 VA-Schreiber und 36 LA-Schreiber.
- In der Untersuchung wurde kein signifikanter Vorsprung bei der Rechtschreibung von VA-Schreibern nachgewiesen. Jahre später wurde dennoch ein auf dem 1,5%-Niveau signifikanter Vorteil behauptet.

Die erhobenen Daten wurden zum Teil falsch verrechnet, Stichprobenumfänge wurden verändert. Vor allem wurde bei den Berichten über die Ergebnisse fast durchgängig vernachlässigt, dass sich in der LA-Gruppe deutlich mehr Jungen, in der VA-Gruppe aber deutlich mehr Mädchen befanden. Da der Zusammenhang zwischen Geschlecht und Rechtschreibleistung aber in zahlreichen Untersuchungen eindeutig bestätigt wurde, ist allein dies schon ein schwerer Mangel. Bereits bei Beginn der Untersuchung war die Geschlechterverteilung absolut unausgeglichen.

Tabelle 8: Geschlechterverteilung in der LA-VA-Untersuchung (1981)

	Beginn der Untersuchung	**Ende der Untersuchung**
LA	56,3% Jungen – 43,7% Mädchen	61,8% Jungen – 38,2% Mädchen
VA	43,7% Jungen – 56,3% Mädchen	40,3% Jungen – 59,7% Mädchen

Diese Ungleichheit hat sich im Laufe der Untersuchung zu Gunsten der VA weiter verschärft (vgl. hierzu: Grünewald 1998, S. 199; Topsch 1998a, S. 193, 1998b, S. 99). Hinzu kommt, dass die empirische Grundlage teilweise atemberaubend dünn war: So stützen sich alle Aussagen, die sich auf die Schreibmotorik beziehen, darauf, dass 36 VA-Schreiber und 36 LA-Schreiber zweimal den Satz »Wir malen ein Auto« schrieben. Zugrunde lag ein einziger Satz mit einem Korpus von vier Wörtern, zwölf unterschiedlichen Buchstaben (fünfzehn Buchstaben insgesamt) – das ist alles.

Der Autor der Vergleichsuntersuchung hat eingeräumt, dass ihm Fehler unterlaufen sind (Grünewald 1998, S. 199–203). Der schwere Vorwurf, er habe signifikante Ergebnisse zu Gunsten der Rechtschreibleistung bei VA-Schreibern behauptet, obwohl seine Untersuchung diese nicht belegen (vgl. Topsch 1996, S. 85–96; Topsch 1998a, S. 193–196), blieb unausgeräumt. Im Nachgang zu dieser VA-Kontroverse hat Sigrun Richter in einer Feldstudie (N = 956) die Rechtschreibleistungen von VA-Schreibern und LA-Schreibern (2.–4. Schuljahr) miteinander verglichen. Die Ergebnisse wurden von der Autorin allerdings zu Recht zurückhaltend interpretiert, da unklar ist, ob und welche weiteren Faktoren außer der Schrift das Ergebnis beeinträchtigt haben könnten. Insgesamt kommt Richter (1998b) aber zu völlig anderen Ergebnissen als Grünewald (1981b, 1984):

- In fünf von sechs Vergleichen machten die VA-Schreiber mehr Fehler als die LA-Schreiber. »In drei der sechs Gruppen (ist) eine signifikante Überlegenheit der LA-Kinder nachweisbar.«
- Im 2. Schuljahr, zu einem Zeitpunkt also, zu dem sich die Kinder vermutlich noch relativ eng an der erlernten Ausgangsschrift orientierten, ergab sich sowohl für die Jungen wie auch für die Mädchen eine signifikante Differenz zu Ungunsten der VA-Schreiber und zu Gunsten der LA-Schreiber (Richter 1998b, S. 9–11).

Vor dem Hintergrund dieser Mängel, Versäumnisse und schweren Einwände sind Ergebnisse der Vergleichsuntersuchung von 1981 (Grünewald 1981a, 1981b) eindeutig zurückzuweisen.

Falls *Sie* also in der fachdidaktischen Literatur etwas über die Vorteile der VA gegenüber der LA in den Bereichen Rechtschreiben, Schreibgeschwindigkeit oder Lesbarkeit finden, dann sollten Sie unbedingt prüfen, aus welchem Jahr die Veröffentlichung ist und auf welche Untersuchung sie verweist: Wenn sich die Angaben auf die o.g. Untersuchung von 1981 stützen, dann können sie mit großer Sicherheit als falsch eingestuft werden. Sie beziehen sich auf eine empirische Untersuchung, die einer Überprüfung nicht standgehalten hat.

6.4.2 Strukturfragen

Die »Struktursynchronität«

In den Sechziger- und Siebzigerjahren des letzten Jahrhunderts kam als Kritik an der Lateinischen Ausgangsschrift das Argument auf, die LA sei nicht »struktursynchron«. Damit ist gemeint, dass Bewegungsphasen und Buchstabengestalten beim Schreiben nicht zur Deckung gebracht werden können. Die Bewegung wird beim Schreiben fortgeführt, obwohl der Buchstabe endet, z.B. am Übergang zwischen »a« und »t« beim Wort »hat«. Um eine höhere Struktursynchronität zu erreichen, wurde die VA so gestaltet, dass jeder Kleinbuchstabe beim Schreiben an der oberen Linie des Mittelbandes beginnt und dort auch endet, sodass das Buchstabenende mit dem Ende einer Bewegungsphase zusammenfällt. Auf diese Weise soll sich eine Art »Baukastensystem« für die VA ergeben.

Wie der Vergleich (Abbildung 36) zeigt, kann jedoch auch die VA das Problem der Struktursynchronität nicht generell lösen, weil auch hier die meisten Buchstaben aus einer Reihe von Bewegungsphasen zusammengesetzt werden. Ferner stimmt es nicht, dass mit dem Ende eines Buchstabens ein Nullpunkt erreicht wird: Zumindest beim Übergang zu einem Buchstaben, der eine Oberlänge hat, endet die Bewegungsphase *nicht*, wenn der Buchstabe endet. Vielmehr wird die Schreibbewegung – wie bei der LA auch – in die Oberlänge fortgesetzt, bis sie zu einem Bewegungsnullpunkt gelangt. Dies gilt für die Buchstaben *b, f, h, k, l, t.* Hier zeigt sich, dass es nicht ausreicht, die Buchstabenzeichen isoliert zu betrachten, da sie beim Schreiben einer verbundenen Schrift überwiegend in Bewegungsverbindungen eingebettet sind. In einem laufenden Text traten Oberlängenbuchstaben im Wortinneren und am Wortende in 18% der Fälle auf (Topsch 1998b, S. 78).

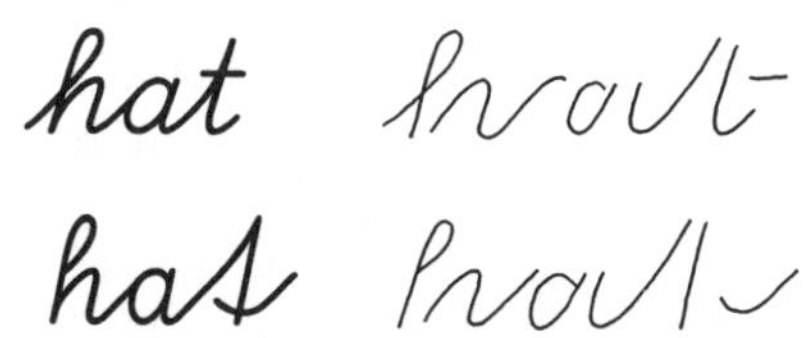

Abbildung 36: Buchstabengliederung und Gliederung der Bewegungsphasen in LA und VA

Ohnehin stellt sich die Frage, wie das Argument »Struktursynchronität« zu bewerten ist. Das, was negativ formuliert, als mangelnde Struktursynchronität diskutiert wird, kann – positiv gewendet – als Wesensmerkmal einer verbundenen Schrift bezeichnet werden. Verbundene und unverbundene Schriften unterscheiden sich per Definition durch die schreibmotorische Verknüpfung der Einzelbuchstaben: Schreibschrift entsteht nicht durch die Addition von Einzelzeichen im Rahmen eines »Baukastensystems«. Das zeigt sich unter anderem auch darin, dass selbst Kinder, die noch über vergleichsweise geringe Erfahrungen mit einer verbundenen Schrift verfügen (Erstklässler) überwiegend zwei oder drei Zeichen in einem Gesamtimpuls schreiben, ehe sie absetzen, und zwar unabhängig davon, ob sie LA oder VA schreiben (Grünewald 1981a, S. 18). Im Übrigen ist unklar, welche positiven oder negativen Wirkungen von einer höheren oder geringeren Struktursynchronität ausgehen sollen. Hinweise darauf, dass sich die Struktursynchronität z.B. auf die Rechtschreibleistung auswirke, gibt es nicht.

Das »Köpfchen-e«

Mit der VA wurde das einfachere »Schleifen-e« zu Gunsten des »Köpfchen-e« abgeschafft. Die Vertreter der VA verweisen darauf, dass durch die Einführung der neuen e-Form dieser Buchstabe in allen Schriftverbindungen formstabil bleibt. Diese Feststellung ist richtig. Ebenso richtig ist es aber auch, dass das kleine »e« als Folge dieser Formänderung komplizierter wird. Dies gilt insbesondere dann, wenn das »e« im Wortinneren oder am Wortende steht. Dann führt das Köpfchen-e

- zu einem zusätzlichen Haltepunkt und
- zu einer dreifachen Überschreibung einer Teilstrecke.

Von einer Vereinfachung der e-Form durch die VA kann also nicht gesprochen werden.

Abbildung 37: »e« im Wortinneren (oder am Wortende); Erläuterung: 1. Aufstrich des »n«, 2. Abstrich für das »Köpfchen«, 3. Abstrich für den »Körper des e« (aus Topsch 1996, S. 102)

Analyse von Kinderschriften

Eine Analyse von Kinderschriften[1] zeigt, dass es beim »Köpfchen-e« häufig zu Verformungen kommt, die sich in vier Kategorien bündeln lassen:

- Überdrehung,
- Verschleifung,
- Streckung,
- Arkaden-e.

Anhand von Fallbeispielen soll nachfolgend aufgezeigt werden, dass auch die von den VA-Autoren angenommene Formkonstanz in der Schreibpraxis von Kindern vielfältig gebrochen wird.

1 Die nachfolgenden Schriftbeispiele stammen von Kindern aus dem 3. Schuljahr.

1. Verformungstyp: Überdrehung am Startpunkt

Das »Köpfchen-e« beginnt mit einer Abwärtsbewegung (s. Abbildung 37, Pfeil Nr. 2). Offensichtlich bereitet die Bestimmung des Startpunktes für das »e« manchen Kindern Schwierigkeiten. Sie verlegen – wie bei einem Ovalbuchstaben – den Startpunkt in die Schreibrichtung. Es wirkt so, als ob sie zu viel Schwung für die Drehung des auf relativ kleinen Raum zu schreibenden »Köpfchens« holen. Dies macht sich als eine Überdrehung am Buchstabenstart bemerkbar. Im Wortinneren entsteht das überdrehte »Köpfchen-e« wahrscheinlich dann, wenn das »e« mit den vorauslaufenden Buchstaben nicht in einem geschlossenen Impuls geschrieben, sondern neu angesetzt wird. Dies ist wenig ökonomisch (vgl. dazu Mai/Marquardt 1998, S. 83–100), aber aus dem »Baukastensystem« der VA zu erklären.

2. Verformungstyp: Verschleifung bei verbundener Schreibung

Im Prinzip bietet die VA nach jedem Buchstaben einen Haltepunkt an. Dieses Prinzip wird jedoch durch eine Reihe von Ausnahmen gebrochen (vgl. Topsch 1998b, 76ff.). Beim verbundenen Schreiben realisiert sich der Haltepunkt in der Mehrzahl der Fälle in einer Änderung der Bewegungsrichtung. So folgt in dem Bildbeispiel »me« nach dem aufwärts verlaufenden Endstrich des »m« der abwärts gerichtete Startstrich des »Köpfchen-e«. Allerdings wäre es unzweckmäßig, tatsächlich nach jedem Buchstaben anzuhalten. In diesem Falle würde die VA nur formal einer Schreibschrift gleichen, während sie schreibmotorisch wie eine Druckschrift geschrieben würde. Tatsächlich werden die möglichen Haltepunkte bereits von Schreibanfängern nur moderat genutzt. Sie verbinden jeweils zwei bis drei Buchstaben zu einem motorischen Gesamtimpuls. Da das »e« der häufigste Buchstabe des Alphabetes ist, ist zu erwarten, dass die Zweier- oder Dreiergruppen relativ häufig auch ein »e« enthalten. Steht dieses »e« an zweiter (oder dritter) Stelle, dann wird – je nach Schreibtempo und individuellem Schreibrhythmus – offensichtlich nicht immer neu angesetzt. Vielmehr erfolgt die Bewegungsumkehr in einer »Punktschleife«. An Ihrer eigenen Handschrift können Sie beobachten, dass Punktschleifen beim flüssigen Schreiben häufig nicht exakt geraten, sondern als unterschiedlich große Schleife realisiert werden.

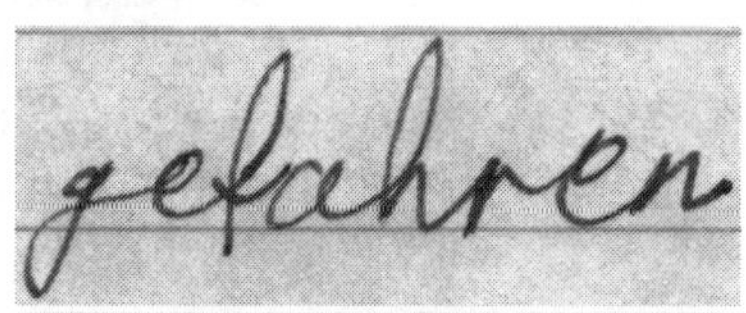

Beim Wort »gefahren« kann man solche zur Schleife vergrößerten Punktschleifen sowohl innerhalb des ersten »e« als auch beim »a« erkennen.

Obwohl in der VA anstelle des traditionellen »Schleifen-e« das so genannte »Köpfchen-e« verwendet wird, leiten manche Kinder das Schreiben des »e« in Buchstabenverbindungen mit einer Schleifenbewegung ein. Dies kann man sowohl als Nichtgelingen einer Punktschleife oder als gewollte Vermeidung eines für den Schreibfluss unerwünschten Haltepunktes interpretieren. In jedem Fall stellt die zusätzliche Schleife eine unnötige Verzögerung des Schreibflusses und eine unerwünschte Veränderung des Schriftbildes dar.

Im Grunde stehen wir vor der paradoxen Situation, dass diese Schreiber als Einleitung des »Köpfchen-e« ein in der Größe reduziertes »Schleifen-e« produzieren und daran ein zweites »Schleifen-e« ansetzen. Das komplizierte »Köpfchen-e« wird hierbei also auf zwei eng verbundene »Schleifen-e« reduziert.

3. Verformungstyp: Streckung der Deckstriche in Schreibrichtung

Die hier angesprochene Form des in die Breite gestreckten »Köpfchen-e« ist ein spezifisches Verformungsproblem der Vereinfachten Ausgangsschrift. Diese Verzerrung kommt bei den meisten Schreibern mit unterschiedlicher Häufigkeit und in unterschiedlicher Ausprägung vor. Sie ist ohne Schwierigkeit auch bei erwachsenen VA-Schreibern (Lehrerinnen/Lehrern) zu erkennen. Die Beispiele zeigen erneut, dass der Haltepunkt bei der Einleitung des »Köpfchen-e« dann problematisch wird, wenn das »e« als Folgebuchstabe in einer Buchstabenverbindung auftritt.

Hinzu kommt, dass durch die Verzerrung des »Köpfchen-e« Formen entstehen, die eine eigenständige Buchstabenqualität haben können. Insgesamt stehen wir bei diesen Schriftbeispielen vor folgendem Paradoxon: Das »Köpfchen-e« hat sich in diesen Schriftproben mehr oder weniger verflüchtigt. Stattdessen finden wir »Schleifen-e«, dem ein »Bewegungspräfix« vorausgestellt wird. Dieser »Bewegungspräfix« ist schreibökonomisch überflüssig. Er verschlechtert zudem die Lesbarkeit:[1]

Für den ungeübten VA-Leser ergeben sich Verwechslungskonflikte und Erschwerungen des Leseflusses. Von diesem Verformungsmoment ist die Buchstabenfolge »le« in besonderer Weise belastet. Die für das »Köpfchen-e« notwendige Bewegungsumkehr beim Übergang von »l« zu »e« führt bei gleichzeitigem Bewegungsfortschritt in Schreibrichtung zu einer Verbindungsform, die der Buchstabenfolge »be« zumindest ähnelt. Dabei zeigen die Schriftbeispiele deutlich, dass es sich hier nicht um Fehlformen von Kindern mit schwächerer Schreibmotorik handelt, sondern dass dieses Phänomen auch bei solchen Kindern auftritt, die bereits über eine sichere und entfaltete Handschrift verfügen.

1 Abgebildete Wörter: unter, deine, Wollen, wollen, wollen, viele, allein, neuen, Sie

4. Verformungstyp: Arkaden-e

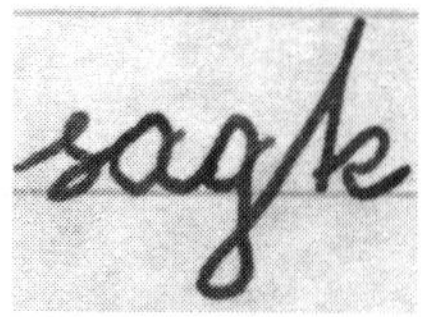

Einen Sonderfall stellt die schreibmotorische Realisation eines Köpfchen-e dar, für die ich die Bezeichnung »Arkaden-e« wähle. Erstaunlicherweise gibt es unter den VA-Schreibern Kinder, bei denen das »Köpfchen-e« nicht auf einer Linksdrehung, sondern auf einer Rechtsdrehung (Arkade) beruht. Im Kern handelt es sich um eine Figur, die einer seitenverkehrt geschriebenen Ziffer 9 vergleichbar ist. Dabei ist besonders auffällig, dass die Schreibweise des »Arkaden-e« in der Regel mit einem Drehrichtungswechsel eingeleitet wird, dem dann innerhalb des Buchstabens ein weiterer Drehrichtungswechsel (von der Arkadenbewegung zur Girlandenbewegung) folgt. Das ist angesichts der Diskussion um die Reduzierung der Drehrichtungswechsel in der VA eine unerwartete Beobachtung: Die Kinder vermeiden hier nicht etwa einen Drehrichtungswechsel, sondern sie führen zusätzliche Drehrichtungswechsel herbei.

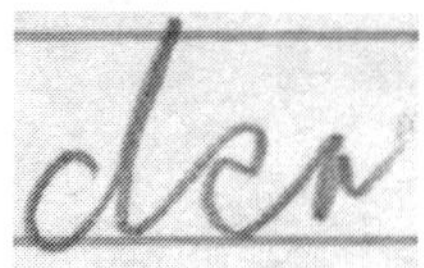

Für das Entstehen der Form des »Arkaden-e« erscheinen zwei Annahmen nahe liegend:

1. Der Linienverlauf des »Köpfchen-e« ist für die Kinder nicht nachvollziehbar. Sie gestalten den Buchstaben daher entsprechend seiner äußeren Form nach, ohne den vorgesehenen Duktus zu beachten. Durch das »Arkaden-e« erhalten sie ein Ergebnis, das für sie selbst und offenbar auch für ihre Umwelt akzeptabel ist, weil es so aussieht wie ein »Köpfchen-e«.
2. Der Linienverlauf des »Köpfchen-e« wird von den Kindern erkannt, aber als Schreibhemmung empfunden. Das »Arkaden-e« wird von den Kindern daher bewusst als eine schreibmotorische Vereinfachung des »Köpfchen-e« verwendet.

Plausibel ist die erste Annahme: Man muss sich auch vor Augen halten, dass bei allen fertigen Vorlagen (Arbeitsblätter, Arbeitsheft, Texte in Schulbüchern) der Bewegungsablauf nicht einmal ansatzweise erkennbar ist. Die Kinder können daher aus diesen Vorlagen keine Informationen über den motorischen Verlauf beim Schreiben des Köpfchen-e gewinnen. Aber auch dann, wenn die Lehrerin/der Lehrer die Schrift an der Tafel vorschreibt, sind die Möglichkeiten, den Entstehungsprozess nachzuvollziehen, nicht günstig. Geht man davon aus, dass der Kleinbuchstabe »e« an der Tafel etwa 8–10 cm hoch geschrieben wird, dann nimmt der Bereich des Deckstrichs etwa 2,5–3,5 cm ein und wird in Sekundenschnelle durchlaufen. Hinzu kommt, dass die Kreide, mit der geschrieben wird, selbst etwa 1 cm dick ist und dass je nach Blickwinkel des Kindes die eigentliche Schreibzone durch die Hand oder den Körper der Lehrerin/des Lehrers verdeckt sein kann.

Im Allgemeinen ist das »Arkaden-e« des Kindes gut lesbar. Es ist vom »Köpfchen-e« nur schwer zu unterscheiden, da der Schriftverlauf am fertigen Schriftprodukt oft kaum nachvollziehbar ist. Das mag erklären, dass dieser gegenläufige Schriftverlauf Lehrerinnen und Lehrern über längere Zeit verborgen bleiben kann, sodass sich das »Arkaden-e« beim Kind unbemerkt stabilisiert.

5. Verformungstyp: Stellungsvarianten

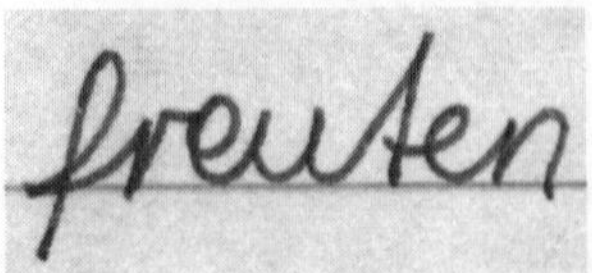

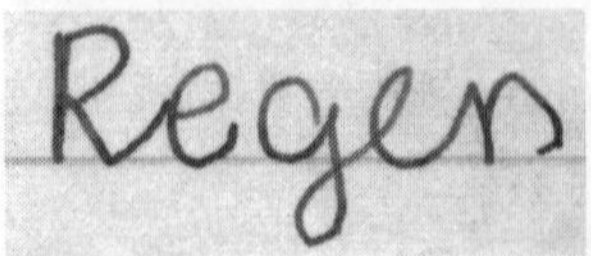

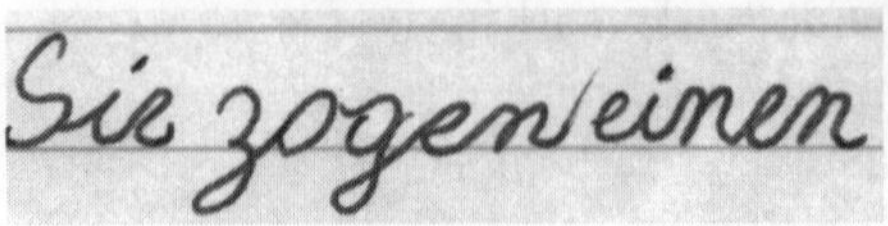

Die in der Literatur vorgetragenen Argumente für das »Köpfchen-e« lassen sich im Wesentlichen in der Aussage zusammenfassen, dass das »Köpfchen-e« in allen Verbindungen formgleich bleibt. Betrachtet man jedoch Kinderschriften in der VA, dann zeigt sich ein anderes Bild. Viele Kinder vermischen beispielsweise je nach der Stellung des Buchstabens im Wort das »Schleifen-e« und das »Köpfchen-e«: Sie verwenden am Wortanfang oder nach einem Haltepunkt ein »Köpfchen-e«, benutzen aber ein »Schleifen-e« im Wortinneren. Gerade für das »e« entwickeln viele Kinder also Stellungsvarianten. Stellungsbedingte Varianten können ebenso beim »Arkaden-e« auftreten. Auch hier können die e-Formen im Wortinneren und am Wortanfang variieren. Die Struktur der VA sieht vor, dass alle Buchstaben an der oberen Mittellinie beginnen. Einen einleitenden Aufstrich wie bei der LA soll es nicht geben. Betrachtet man die Beispiele, so wird deutlich, dass die Kinder dieser Strukturvorgabe der VA in vielen Fällen nicht folgen, sondern Aufstriche von der Grundlinie einfügen, wo dies in der Buchstabenstruktur der VA nicht vorgesehen ist, z.B. bei Wolke.

6.4.3 Resümee

Als Resümee lassen sich fünf Punkte festhalten:

- Das kleine »e« ist mit Abstand der häufigste Buchstabe in unserer Schriftsprache. In der Form des »Schleifen-e« ist es zugleich das einfachste Schreibschriftzeichen: Es ist einzügig und enthält weder Drehrichtungswechsel noch Haltepunkte. Diese einfache Grundform wird durch die Einführung des »Köpfchen-e« kompliziert.
- Die VA wurde als Alternative zur LA zu einer Zeit entwickelt, als das Lesenlernen und das Schreibenlernen überwiegend noch in der

Schreibschrift erfolgten. Das »Köpfchen-e« begründete sich ursprünglich aus dem »Baukastenprinzip«, bei dem die Buchstabenformen vor allem zur Erleichterung der Analyse im Leselernprozess in allen Verbindungen konstant bleiben sollten. Dieses Argument hat seine Bedeutung verloren. Für die Komplizierung der e-Form gibt es in einer Zeit, in der sich die Druckschrift als Anfangsschrift für das Lesen- *und* Schreibenlernen etabliert hat, keinerlei didaktische Legitimation.

- Die Schreibschrift (LA, SAS oder VA) wird gegenwärtig überwiegend unter den Voraussetzungen einer Zweitschrift eingeführt: Die Kinder beherrschen vor Erlernen der Schreibschrift bereits die Druckschrift. Die basalen Einsichten in die Schriftsprache stehen also bereits zur Verfügung, wenn eine verbundene Schrift eingeführt wird.
- Beim Erlernen der Schreibschrift als Zweitschrift (nach der Druckschrift) geht es gerade nicht um ein »Baukastensystem«, sondern um dessen Überwindung. Das zeigt sich allein schon darin, dass bereits Kinder in den ersten Schuljahren mehrere Buchstaben aufgrund eines gemeinsamen steuernden Impulses ohne abzusetzen schreiben.
- Das so genannte »Köpfchen-e« erweist sich bestenfalls als unnötig und überflüssig, immer aber als Hemmnis und Erschwerung. Eine solche Komplizierung für die Schreibmotorik könnte hingenommen werden, wenn sich Vorteile auf anderen Gebieten, z.B. der Rechtschreibung, hieraus ableiten ließen. Dies ist jedoch nicht der Fall.

7. Praxishilfen

7.1 Didaktische Zielvorstellungen

Im Mittelpunkt des Umgangs mit Schriftsprache stehen:

- Sinnbindung, das Enkodieren eines Aussagesinns durch das Schreiben,
- Sinnfindung, das Dekodieren, die Wiederherstellung eines Aussagesinns mit eigenen sprachlichen Mitteln durch Lesen und
- Sinngestaltung, die interpretierende Ausformung eines Aussagesinns durch Ausdrucksmittel von Sprache und Schrift.

Strukturschema 11: Grundleistungen im Umgang mit der Schriftsprache

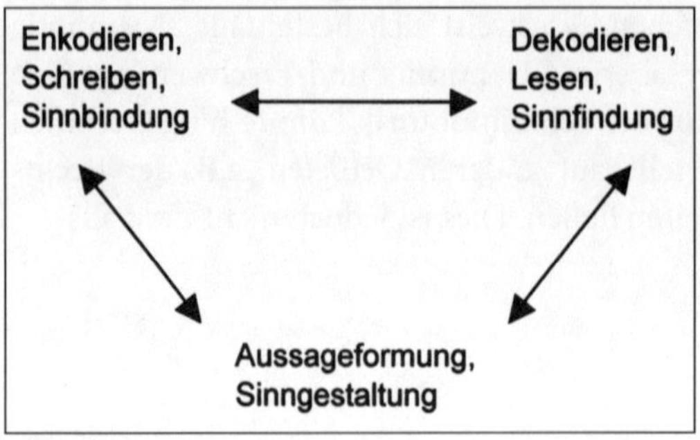

Schreiben und Lesen werden damit über den bloß technischen Vollzug hinausgeführt und als Mittel der sprachlichen Kommunikation verstanden. Wie für die Mehrzahl der Kommunikationsvorgänge spielen auch beim Lesen- und Schreibenlernen die »technischen« Aspekte eine erhebliche Rolle. Dies zeigt die Beschreibung der Zielbereiche im engeren Sinne. Als Ziel des Schriftspracherwerbs insgesamt kann der sichere, flüssige, sinngestaltende Umgang mit Buchstaben, Wörtern und Texten angesehen werden.

- *Sicherer Umgang mit der Schriftsprache:* Der Aspekt der Sicherheit setzt umfassende, zumindest aber ausreichende Kenntnisse der Buchstaben-Laut-Beziehungen für die Sinnfindung und die Fähigkeit zur graphomotorischen Gestaltung der Schriftelemente für die Sinnbindung voraus. Beim Lesen müssen einzelne Buchstabenformen, die sich teilweise nur minimal unterscheiden, identifiziert und den richtigen Lauten zugeordnet werden. Für das Schreiben müssen die richtigen Formen erinnert, zugeordnet und graphomotorisch ausgeführt werden. Da im Rahmen unserer Schriftsprache lautliche

Elemente jedoch nicht nur durch einzelne Buchstabenzeichen, sondern auch durch Buchstabengruppen repräsentiert werden, erscheint es sinnvoll, im Zusammenhang des ersten Aspektes der Zieldefinition von einer »Schriftzeichen-/Lautsicherheit« zu sprechen.

- *Flüssiger Umgang mit der Schriftsprache:* Die Forderung nach der Flüssigkeit (Geläufigkeit) des Umgangs mit der Schriftsprache ist für das Lesen und das Schreiben gesondert zu betrachten:
  - Im Bereich des Lesens werden synonym auch die Begriffe »Lesegeschwindigkeit« oder »Lesefluss« verwendet. Eine Rechtfertigung erhält dieses Ziel unter sachimmanenten Gesichtspunkten: Wer zu langsam liest, läuft Gefahr, dass er in der Betrachtung der Elemente verhaftet bleibt und nicht zum Sinn (des Wortes, des Satzes, der Aussage) vorstößt. Lesen bedarf – bildlich gesprochen – wie das Rad fahren einer gewissen Mindestgeschwindigkeit: Wer darunter bleibt, scheitert. Der Aspekt Flüssigkeit macht im Zielbereich »Lesen« eine Bezugnahme auf die Wortebene erforderlich: Häufig verwendete Wörter müssen lesend zunehmend auch ohne Rückgriff auf die einzelnen Elemente erschlossen werden. Die Wortkenntnis auf der Schriftebene setzt die Kenntnis der Wortbedeutung im Bereich der gesprochenen Sprache zwingend voraus. Der kompetente Leser nutzt neben der Buchstaben- und der Wortebene »Einheiten höherer Ordnung« (oberhalb der Elementebene, aber unterhalb der Wortebene). Diese Tatsache hat dazu geführt, dass auch didaktische Konzeptionen entstanden, die mit »mittleren« Einheiten (zwischen Element- und Wortebene) operiert haben. Dafür kommt eine Orientierung an Silben, an »Signalgruppen« oder an »Morphemen« in Frage. Eine generelle Neuorientierung der Didaktik des Schriftspracherwerbs haben diese Konzeptionen jedoch nicht ausgelöst. Immerhin enthalten sie Anregungen, die in eine möglichst vielfältige methodische Strukturierung des Gegenstandsbereiches Schriftspracherwerb integriert werden können.
  - Im Zielbereich des Schreibens spielen für die Forderung nach Flüssigkeit auch graphomotorische Gesichtspunkte eine Rolle. Bei bestimmten Buchstabenverbindungen ist es offensichtlich ökonomischer, mehrere Schriftzeichen in einem Impuls zu schreiben als zwischen den einzelnen Buchstaben abzusetzen. So hat »die Analyse routinierter Schreibbewegungen ... gezeigt, dass bevorzugt Buchstaben zusammengeschrieben werden, die verbunden schneller als getrennt geschrieben werden können (z.B. ›le‹, ›au‹, ›ei‹ oder ›ch‹)« (Mai/Marquardt 1998, S. 91). Die Beherrschung orthographischer Konventionen tritt hinzu: Kinder müssen lernen, Wörter ohne längere Denkpausen orthographisch

richtig zu schreiben (»Papa« mit einem »p«, aber »Pappe« mit »pp«, »Paket« mit »k«, aber »Päckchen mit »ck«), obwohl ihnen die dahinter stehenden Regeln und/oder Ableitungen im Allgemeinen noch auf längere Zeit (bei vielen Wörtern auch für immer) verborgen bleiben.

- *Sinngestaltender Umgang mit der Schriftsprache:* Der Zielbereich der Sinngestaltung kommt häufig erst oberhalb der Wortebene zum Tragen, weil sich der Aussagesinn vielfach erst in Syntagmen, Sätzen oder Satzfolgen – insgesamt also in einem Kontext – erschließt. Hier spielt neben den lautlich-grafischen und den semantischen Aspekten auch der syntaktische Aspekt der Schriftsprache eine Rolle.

Auf dieser Grundlage wird nachfolgend eine didaktische Strukturierung des vielfältigen, oft unüberschaubaren Übungs- und Anregungsrepertoires in die Bereiche »Elementebene«, »Wortebene« und »Textebene« vorgenommen. Diese pragmatische Einteilung darf jedoch nicht als Stufenfolge oder als zeitliche Abfolge missverstanden werden. Ob und welche Übungen oder Anregungen für die Kinder bereitgestellt werden, zu welchem Zeitpunkt und in welchen Lernsituationen oder Übungskontexten dies geschieht, muss im Rahmen des jeweiligen konkreten Anregungs- und Förderbedarfs entschieden werden.

Kindliches Lernen ist von seinem Ansatz her vorwiegend konkret, handlungs- und produktorientiert. Daher muss sich der Unterricht da-

Strukturschema 12: Zielbereiche des Schriftspracherwerbs

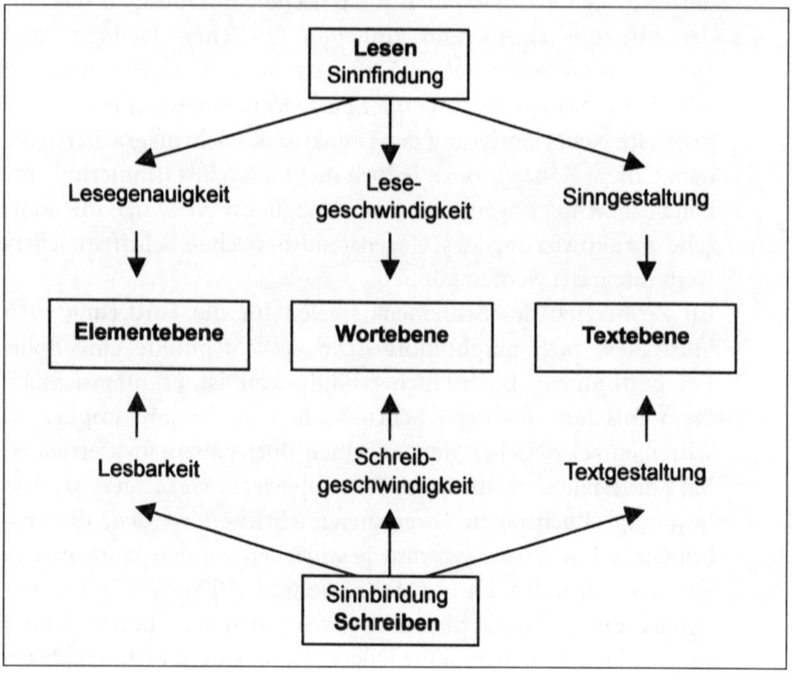

rum bemühen, möglichst viele abstrakte Prozesse in Handlungsabläufe rückzuverwandeln, um auf diese Weise die kognitive Verarbeitung durch Umgang mit Materialien vorzubereiten und zu unterstützen. Insofern sind die nachfolgenden Anregungen überwiegend dem Konzept des offenen Unterrichts zuzuordnen. Alle Formen des offenen Unterrichts zielen auf die Selbstständigkeit der Kinder, enthalten Optionen und Wahlmöglichkeiten, und sie werden materialorientiert realisiert (vgl. Topsch 2004, S. 106).

7.2 Anregungen für die Elementebene[1]

7.2.1 Formorientierte Übungen

Buchstaben kneten

Das Kneten von Buchstaben und Wörtern ist eine Art »Schreiben mit anderen Mitteln«, bei dem sich die Kinder sehr bewusst mit der Gestaltung einzelner Buchstabenformen auseinander setzen müssen. Im Gegensatz zum Schreibdrucken ist der Handlungsablauf zeitlich stark verzögert. Die Formen sind vergröbert und vergrößert. Voraussetzung für die Umsetzung in der Freiarbeits- oder Stillbeschäftigungszeit ist, dass jedem Kind oder der Klasse insgesamt ausreichend Knetmaterial zur Verfügung steht. Dies müssen nicht immer fertige Knetmassen, die es im Handel zu kaufen gibt, sein. Auch Salzteigmischungen, die mit Lebensmittelfarbe gefärbt werden können, sind hierfür gut geeignet. Rezepte für die Herstellung eines haltbaren Salzteiges finden sich in vielen Bastelbüchern.

Buchstaben legen/aufkleben

Wie beim Kneten begegnet dem Kind die Buchstabenform hier nicht als fertige Gestalt, sondern als eine räumlich-zeitliche Handlungseinheit, die es selbst aktiv gestaltet. Schon Friedrich Fröbel, der »Vater der Kindergartenbewegung«, hatte empfohlen, Buchstabenformen mit Stäbchen und Klötzchen aus Holz zusammenzusetzen und die Kinder auf diese Weise Buchstaben oder Wörter legen zu lassen. Das Legen von Buchstaben kann mit den unterschiedlichsten Materialien und in unterschiedlichen Größen erfolgen, z.B. mit Knöpfen, Steinchen, kleinen Schrauben, abgebrannten Streichhölzern, Kordel, Wellpappestreifen etc.

1 Die Bildbeispiele des Kapitels 7 sind folgenden Veröffentlichungen entnommen: Topsch 1998 (= Oldenburger Vordrucke 207) und Topsch 1987, 1992.

Buchstaben als Tastmaterial

Für Erkennungs- und Unterscheidungsübungen sollten in jeder Klasse Einzelbuchstaben zur Verfügung stehen, bei denen die Buchstabenformen auch haptisch erfasst werden können. Buchstabenkarten, mit denen an der Kork- oder Magnettafel gearbeitet werden kann, eignen sich zwar, um Wörter auf-, ab- oder umzubauen, die eigentlichen Buchstabenformen können dabei aber im Wesentlichen nur visuell verarbeitet werden. Tastbuchstaben sind auf dem Lehrmittelmarkt in großer Fülle vorhanden. Mit einer Knetmasse, die nach dem Trocknen oder Backen fest wird, sind sie aber auch leicht selbst herstellbar. Der Vorteil von selbst gefertigten Buchstaben liegt darin, dass der Entstehungsprozess am Endprodukt besser nachvollziehbar ist. Praktikabel sind Tastbuchstaben in einer Größe von etwa 10 cm. (Sie sind in einem »Krabbelsack« gut zu ertasten.)

Buchstaben sammeln

Wenn eine neue Buchstaben-/Lautverbindung eingeführt worden ist, können die Kinder das entsprechende Zeichen aus Zeitungen, Prospekten, Werbematerialien etc. ausschneiden und aufkleben. Auf diese Weise entsteht eine bunte Collage, und die Kinder lernen gleichzeitig, unterschiedliche typografische Gestaltungen zu generalisieren. Dies ist gerade im Blick auf Anwendungssituationen von großer Bedeutung. Das Buchstabensammeln (später Wörtersammeln) ist hervorragend als eine längerfristige Hausarbeit zu organisieren: Die Kinder suchen also nicht »von heute auf morgen«, sondern eine ganze Woche lang. Am Ende können sie die schönsten Buchstaben (auf ein gemeinsames Buchstabenposter oder in ein eigenes Buchstabenheft) kleben.

Buchstabenorientierte Handzeichen

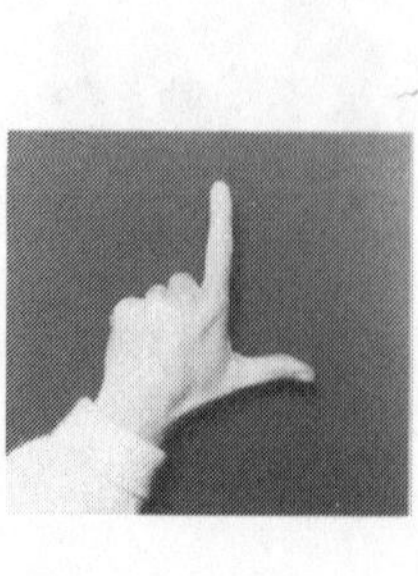

Handzeichen, die sich an Buchstaben orientieren, finden sich oft in Kinderzeitschriften, Schülerkalendern usw. Sie stellen im Rahmen des Schriftspracherwerbs kein eigenes System dar, sondern verstehen sich eher als Spiel- und Gestaltungsvorschlag. Ihr Einsatz steht vorwiegend unter motivationalen Gesichtspunkten und unterscheidet sich damit deutlich von den phonomimischen Gebärden-Systemen. (Vgl. zur Diskussion von phonomimischen Gebärden: Dummer 1975; Topsch [3]1988).

Spiele mit Buchstaben/Lauten und Bildern

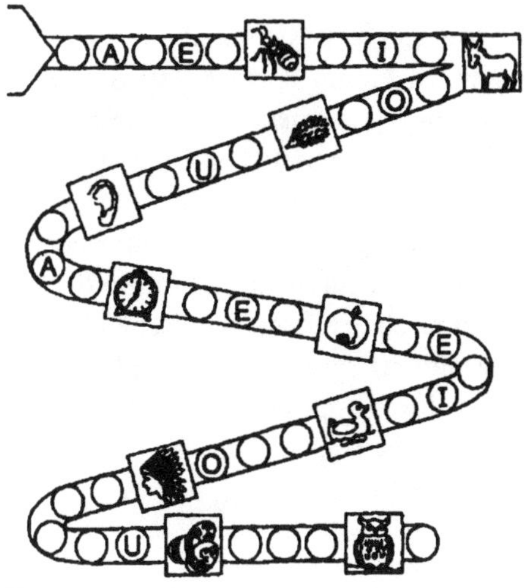

Die Zuordnung von Buchstaben und Lauten kann in ein einfaches Würfelspiel eingebettet werden: Grundregel für ein selbst gefertigtes Buchstaben-Laut-Spiel: Die Kinder würfeln. Wer auf ein Feld mit einem Buchstaben kommt, springt zur entsprechenden Abbildung vor. Wer beim Würfeln auf eine Abbildung kommt, springt bis zum entsprechenden Buchstaben zurück. In ähnlicher Weise lassen sich auch Spielpläne für die Zuordnung von Groß- und Kleinbuchstaben oder von Druck- und Schreibbuchstaben gestalten.

7.2.2 Lautorientierte Übungen

Anlautordnung

Mehrkanaliges Lernen und die Zielvorstellung, möglichst auch den Schriftspracherwerb handlungsorientiert zu organisieren, setzen die Präsenz vielfältig nutzbarer, abwechslungsreicher Materialien voraus. Dafür sollte jede Möglichkeit genutzt werden, mit den Kindern eine gemeinsame Sammlung anzulegen: Zu jeder neuen Buchstaben-/Lautverbindung können die Kinder beispielsweise Kleinmaterialien (Spielzeug, Plastikfiguren etc.) mitbringen, deren »Namen« mit dem neuen Laut/Buchstaben beginnen. Zum Aufbewahren eignen sich durchsichtige Dosen, offene Kartons etc., z.B. halbierte Milchkartons, die mit dem entsprechenden Großbuchstaben beschriftet werden.

Die Bezugnahme auf die mitgebrachten Kleinmaterialien wird die Kinder nicht nur in emotional positiv besetzter Form an die entsprechende Buchstaben-/Lautverbindung erinnern, sie lässt sich auch in unterschiedlichen Übungssituationen nutzen. So kann z.B. der Inhalt von drei oder vier Kästchen von einem Kind vermischt auf dem Arbeitsplatz ausgebreitet und von einem Kind wieder in die entsprechenden Kästchen eingeordnet werden. Die Struktur dieser Aufgabe entspricht Aufgabenstellungen, die üblicherweise per Arbeitsblatt gestellt werden, auf denen anzukreuzen ist, was mit einem bestimmten Laut beginnt. Während das Kind im Umgang mit einem Arbeitsblatt aber nur an ikonischen Darstellungen (Abbildungen von Gegenständen) symbolische Handlungen ausführt (Zuordnung oder Sortierung durch Ankreuzen, Strichverbindungen etc.), erlauben die realen Materialien auch reale Sortier- und Zuordnungshandlungen.

Materialrätsel

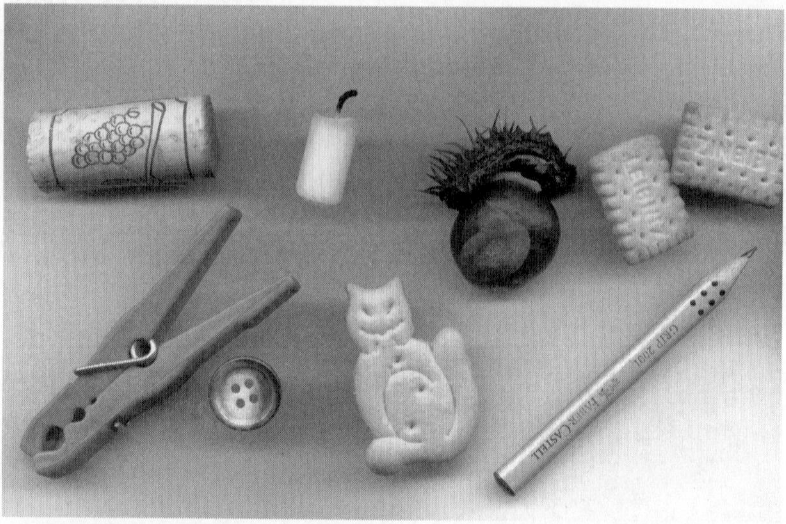

Die Lehrerin/der Lehrer sucht einige der mitgebrachten Kleinmaterialien nach einem Suchkriterium aus, legt sie auf einem Arbeitsplatz (z.B. in einem »Rätselkästchen«, unter einem »Rätselhut« o.Ä.) aus. Ein Kind löst die Aufgabe, wenn es angeben kann, mit welchem Laut/Buchstaben die entsprechenden Gegenstandsnamen beginnen beziehungsweise, welcher Gegenstand nicht dazu »passt«. Kinder, die solche Aufgaben lösen können, werden auch in der Lage sein, selbst Aufgaben zu stellen und an andere Kinder weiterzureichen. Auf diese Weise übernehmen die Kinder Aufgaben, die bei einem weniger offenen Unterrichtsstil traditionell den Arbeitsblätter malenden oder kopierenden Lehrerinnen und Lehrern zufallen.

Sammlung von Anlautbildern

In gleicher Weise, wie die Kinder eingeführte *Buchstaben* aus Zeitungen, Prospekten usw. ausschneiden und aufkleben, können sie auch *Abbildungen* zu vorgegebenen Lauten suchen. Falls die Kinder Hefte für die Sammlung benutzen, dann kann für jede Buchstaben-/Lautverbindung eine Doppelseite vorgesehen werden: Links wird die Buchstabensammlung aufgeklebt, rechts die Anlautbilder dazu.

In ähnlicher Weise können die Kinder gemeinsam mit der Lehrerin/dem Lehrer eine Sammlung von Anlautbildern zusammenstellen. Die Bilder werden auf Karton geklebt, mit dem Buchstabenzeichen versehen und anstelle eines Buchstabenhauses (Buchstabenzuges etc.) in der Klasse aufgehängt. Große Werbefotos lassen sich für die meisten Laute in Illustrierten und Wochenendprospektbeilagen finden. Fehlende Bilder können (vorübergehend oder dauerhaft) durch eigene Gestaltungen ersetzt werden.

»ABC auf der Wäscheleine«

Aktionen ermöglichen

Vielfältig einsetzbar ist ein »ABC auf der Wäscheleine« (nach einer Idee aus der Zeitschrift »spielen und lernen«; vgl. Topsch 1987, S. 89). Hierfür braucht man nur handelsübliche Wäscheklammern mit Buchstabenkarten zu bekleben und ausgewählte Stücke des Kleinmaterials mit Fäden zu versehen. Jedes Mal, wenn eine neue Buchstaben-/Lautverbindung eingeführt wird, können die Kinder ein besonders geeignetes Element an die Wäscheleine hängen. Das »ABC auf der Wäscheleine«

lässt sich dynamisch in den Unterricht einbeziehen (Elemente vertauschen; Elemente durch neue ersetzen, z.B. dem »E« erst »Esel«, später »Elefant« und schließlich »Ente« zuordnen).

Mit Materialien lassen sich auch Wörter auf einer Wäscheleine in der Klasse aufhängen.

»Mein rechter Platz ist frei« (mit Buchstaben/Lauten)

Buchstabenkarten oder Anlautbilder werden an die Kinder verteilt. Die Kinder rufen einen Buchstaben/Laut auf den freien Platz: »Mein rechter Platz ist frei, ich wünsche mir das »mmm« herbei«.

Je nach dem Leistungsstand der Klasse können der herbeirufende Laut und der herbeigerufene Laut auch eine Silbe bilden, z.B. »a« ruft »m« auf den freien rechten Platz. Entsprechende Buchstabenkarten lassen sich auf farbigen Karteikarten DIN A6, z.B. hellblaue Karten für Konsonanten, rosa Karten für Vokale und Diphthonge, schnell selbst herstellen.

Mundstellungen

Die Beachtung der Mundstellungen soll die bewusste Artikulation und die Verbindung von Laut und Zeichen fördern. Mundstellungen sind einerseits sichtbar und erlesbar wie Schriftzeichen, andererseits sind sie vergängliche Sukzessivgestalten wie die Laute in der gesprochenen Sprache. Insofern stellt die Abbildung von Mundstellungen eine Verbindung von Schrift und Sprache her. Mundstellungen können in unterschiedlicher Weise in unterrichtliche Aktionen eingebracht werden. Allerdings erscheint es sinnvoll, nur solche Laute durch Mundstellungen darstellen zu lassen, die vor allem im vorderen Artikulationsraum (Lippen) gebildet werden. Schon die Berücksichtigung des zweiten Artikulationsraumes (Innenseite der oberen Schneidezähne) kann problematisch sein.

Die Lehrerin/der Lehrer sucht ein geeignetes Wort aus und verteilt die Buchstabenkarten an eine Gruppe von Kindern. Die Kinder ordnen die Buchstaben zum Wort und stellen sich in der richtigen Reihenfolge vor der Klasse auf. Sie halten ihre Buchstabenkarte verdeckt und produzieren zunächst nur die Mundstellung. Haben die anderen Kinder Laut für Laut (oder das Wort insgesamt) »erlesen«, werden die Buchstabenkarten aufgedeckt.

Es versteht sich von selbst, dass nur Wörter für diese Übung infrage kommen, die aus relativ wenigen Lauten/Zeichen gebildet werden und die einfache Grundstrukturen aufweisen. Für eine Reihe von Analyse- oder Lehrgangswörtern trifft dies zu, z.B. Mama, Papa, Oma, Opa, Ina, Nina, Tina, Ulf, Alf etc. Wenig geeignet sind dagegen Wörter mit Konsonantenhäufungen oder mir mehrteiligen Schriftzeichen.

ABC-Lied

Buchstaben-/Lautverbindungen lassen sich auch in Liedform spielerisch sichern. Texte zu gängigen Melodien können mit den Kindern einer Klasse oder Lerngruppe auch abgewandelt oder selbst ausgedacht werden (Liedtext aus Topsch 1987; Notenbeispiel aus Klassenhits 2000).

Alle Kinder lernen lesen

2. „O", sagt am Ostersonntag jeder Osterhas'.
„O", sagt der Ochse, der die Ostereier fraß.
„U", sagt der Uhu, wenn es dunkel wird im Wald,
und wir singen, dass es schallt:

3. „Ei", sagt der Eisbär, der in einer Höhle haust.
„Au", sagt das Auto, wenn es um die Ecke saust.
„Eu", sagt die Eule, „heute sind die Mäuse scheu!"
Und wir singen noch mal neu:

(Text: © Wilhelm Topsch. Melodie: „Glory Halleluja" überliefert.)

7.2.3 Übungen zum Verbinden einzelner Elemente

Im Übergang von der Elementebene zur Wortebene gibt es Übungen zur Buchstaben-/Lautsynthese, die wegen der Dominanz der Einzellaute hier der Elementebene zugeordnet werden sollen.

Buchstaben auf Fingernägeln

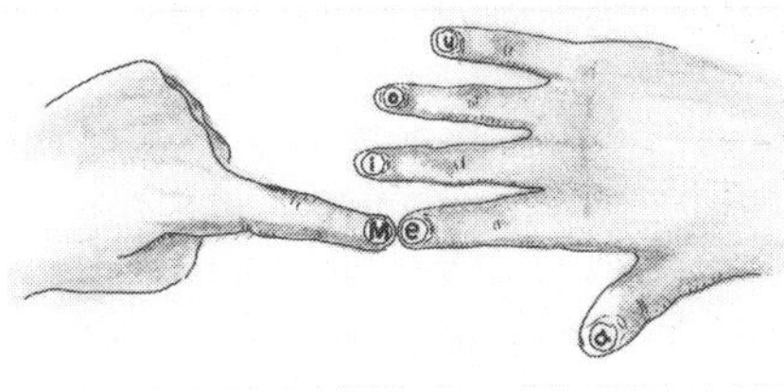

Eine Übung, die das Kind »immer zur Hand« hat, lässt sich einbeziehen, wenn sich die Kinder beschriftete Merkpunkte auf die Fingernägel kleben: Auf den Fingern der einen Hand die Vokal-Buchstaben a, e, i, o, u – auf den Fingern der anderen Hand ausgewählte Großbuchstaben. Die Kinder können nun mit den Fingerspitzen unterschiedliche Silben bilden, z.B. Ma, Me, Mi, Mo Mu. Danach können sie die Silben auf ein Blatt schreiben und Bilder dazu malen (Maler, Mehl, Mist, Motor, Mus o.Ä.).

Wortanfang-Karten

Für viele Kinder ist eine auf den Wortanfang ausgerichtete Dekodierungsstrategie am Übergang zum selbstständigen Erlesen hilfreich. Daher sollten Karten mit Wortanfängen (Ma, Me, Mi, Mo, Mu, Ta, Te, Ti, To, Tu ...) angelegt und in den Unterricht einbezogen werden. Mit den Wortanfangs-Karten lassen sich Zuordnungsaufgaben zu realen Materialien gestalten: Die Kinder suchen nach entsprechenden Gegenständen und halten die Karte daran, z.B. »Ta« an die Tafel, »Ti« an den Tisch usw. Dabei können auch Karten ausgeteilt werden, zu denen eine Zuordnung mit Gegenständen des Klassenzimmers zunächst nicht möglich erscheint, z.B. Ha, Me, Wi, Lo: Zum einen sind die Kinder ausgesprochen einfallsreich, zum anderen können »originelle« Lösungen den Unterricht beleben – und schließlich werden die Kinder gern bereit sein, für den nächsten Tag etwas mit zur Schule zu bringen, das auch eine Zuordnung der übrig gebliebenen Karten ermöglicht.

7.3 Anregungen für die Wortebene

7.3.1 Wörter sichern

Übungen und Spiele mit Wortkarten

Nach der Erarbeitung eines neuen Wortes durch eine analytisch-synthetische Strukturierung wird häufig auf das Üben des Gesamtwortes verzichtet. Da die Schriftzeichen eingeführt sind und das Wort »erlesen« werden kann, verzichten viele Lehrerinnen und Lehrer auf das übende Lesen im Unterricht. Insbesondere für die schwächeren Kinder erscheint dies als verhängnisvoller Fehler: So unverzichtbar die analysierend-synthetisierenden Schritte beim Lesen auch sind – flüssiges Lesen beruht weitgehend darauf, dass die Wörter ohne Rückgriff auf die einzelnen Elemente reproduziert werden können. Die Lehrerin/der Lehrer sollte daher für die wichtigsten Wörter der jeweiligen Lerngruppe Wortkarten (Karteikarten DIN A5) anfertigen, die in unterschiedlichen Lern- und Spielsituationen genutzt werden können, z.B.:

Übungen variieren

- »Mein rechter, rechter Platz ist frei ... ich wünsche mir [Oma] herbei!«
- »Schnapp hat den Hut verloren ... [Mama] hat ihn ...«
- Blitzlesen: Die Lehrerin/der Lehrer hält jede Karte nur für kurze Zeit für die Kinder sichtbar hoch.
- Lesen über die Gestaltspitzen: Die Lehrerin/der Lehrer deckt die Wortkarte ab, so dass nur noch der obere Teil des Schriftbandes (die Gestaltspitzen) zu erkennen ist.
- Lesen des Wortanfangs (der Rest ist verdeckt): »Welches Wort hat sich hier versteckt?«

Wörter im Text suchen

In einem Text soll ein bestimmtes Wort (oder mehrere Wörter) gesucht werden. Hierzu können Texte verwendet werden, die inhaltlich bereits erschlossen sind. Die gefundenen Wörter werden unterstrichen oder eingekreist und gezählt. Das Kind schreibt unter den Text, wie oft es das gesuchte Wort gefunden hat. Diese Übung eignet sich nicht nur zur Festigung einzelner Wörter, sondern auch zum überfliegenden Lesen.

Wörter sammeln

Die Kinder suchen ein bestimmtes Wort in Zeitschriften oder Prospekten, schneiden es aus und kleben es auf. Als längerfristiger Auftrag kann diese Aufgabe die Kinder motivieren, sich mit einer gewissen Suchhaltung permanent mit Schrift zu beschäftigen und unterschiedliche Text und Textarten in die Suche einzubeziehen.

Wörter im Text nachschreiben

Für Kinder, die nicht gern »nur« lesen, sollte das Angebot bestehen, das Schreiben einzubeziehen. Hierfür werden Texte so angelegt, dass sie von den Kindern nachgeschrieben/überschrieben und auf diese Weise mit dem »Stift gelesen« werden können. Dies ist möglich, wenn für die Texterstellung eine genügend große (mindestens 24 Punkt) Outline-Schrift oder eine hellgrau gerasterte Schrift verwendet wird. Es ist aber auch möglich, den Text mit einem breiten Filzstift zu schreiben, dessen Farbe vom Kopierer in einem hellen Grauton wiedergegeben wird. Die Kinder überschreiben den Text auf der Kopie wortweise mit farbigen Stiften.

7.3.2 Wörter verändern

Wort-Schieber

Der Zusammenhang zwischen Sprache und Schrift kann zusätzlich mit Hilfe von »Wort-Schiebekästchen« verdeutlicht werden. Hier wird durch eine konkrete Handlung ein Wort verändert. Dabei geht es unterschwellig um folgende Einsicht: Wird ein Buchstabe hinzugefügt oder weggenommen, dann ändern sich:

- die Wortgestalt,
- der Wortklang,
- die Wortbedeutung.

Kreativität wecken

Praktisch erprobt ist die Verwendung von Streichholzschachteln. Sie können von den Kindern mit Wörtern und Buchstaben, die von einem kopierten Blatt ausgeschnitten werden, als »Zauberschachteln« beklebt werden. Wenn das Prinzip eingeführt ist, können die Kinder selbst weitere »Wort-Schiebekästchen« herstellen. Da das Wortmaterial des Schriftspracherwerbs häufig nach dem Gesichtspunkt der Minimalpaarbildung ausgewählt wird, bestehen hierzu viele Möglichkeiten.

Faltbuchstaben

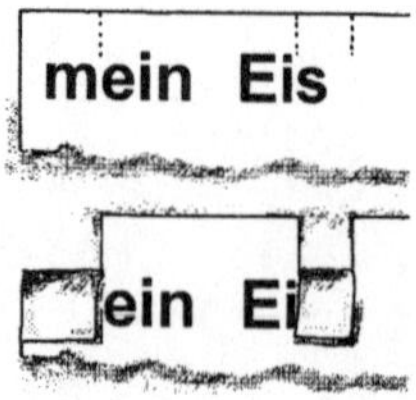

Eine weitere Möglichkeit, Wörter umzugestalten, ergibt sich durch die Arbeit mit »Faltbuchstaben«. Auch hier erleben die Kinder handelnd den Zusammenhang von Wortgestalt, Wortklang und Wortbedeutung. Anders als beim Schreiben von Wörtern ist es jederzeit problemlos möglich, Ausgangslage und Endzustand durch Hin- und Herklappen zu vergleichen. Die Gestaltung eines Arbeitsblattes mit Faltbuchstaben ist nicht schwierig. Markieren Sie die Schnittlinie und probieren Sie vorher aus, wie lang die Schnittkante sein muss. Da beidseitiges (standgenaues) Kopieren meist sehr mühsam ist, sollten Sie sich zunächst auf Textveränderungen durch das Herunterfalten eines unbedruckten Abdeckstreifens beschränken, z.B. aus »mein« wird »ein«. Je nach Leistungsstand können die Kinder selbst einen Buchstaben auf den Abdeckstreifen schreiben oder kleben und damit z.B. »ein« oder »mein« in »dein«, »sein« oder »kein« verwandeln.

7.3.3 Wörter gestalten

Wörter kneten

Die Bedeutung des Knetens als »Schreiben mit anderen Mitteln« wurde im Zusammenhang mit Übungen auf der Elementebene schon erwähnt. Das Kneten empfiehlt sich aber auch auf der Wortebene. Bevor ein neu erarbeitetes Wort geschrieben wird (Schreibdrucken oder verbundene Schrift), sollten zumindest motorisch schwächere Kinder Gelegenheit haben, Buchstaben zu kneten und das Wort damit zu legen.

Wörter zusammenstecken

Lesenlernen und Schreibenlernen vollziehen sich in einer Fülle von analytisch-synthetisch orientierten Lernschritten. Steckbausteine mit Buchstaben ermöglichen es, die kognitiven Prozesse der Analyse und Synthese durch Handlungen vorzubereiten und zu begleiten. Steckbuchstaben haben den Vorzug, dass bei der Arbeit »selbsttragende« Einheiten entstehen: Man kann das Ergebnis von einem Tisch zum anderen

tragen, mit nach Hause nehmen oder zusammengesteckte »Wörter« von zu Hause mitbringen.

Fast alle Kinder verfügen über Steckbausteine. Diese können mit beschrifteten Klebemarken versehen oder direkt mit wasserfesten Folienschreibern beschriftet werden. (Wenn die Steine sehr glatt sind, sollten die Schreibflächen vorher mit feinem Schmirgelpapier angeraut werden.) Bei der Selbstherstellung von Steckbuchstaben muss aber darauf geachtet werden, dass die Buchstabenverbindungen (»ei«, »ie«, »au«, »sch« usw.) als Einheiten behandelt werden (vor der Beschriftung die Steine zusammenkleben). Durch die Unauftrennbarkeit des Materials erfährt das Kind nahezu physisch, dass manche Zeichen in unserer Schrift einerseits als Einzelelemente vorkommen (»e«, »i«), andererseits aber auch eine feste Zeichenkombination bilden können (»ei«) und als solche mit einer eigenständigen Laut-Funktion verwendet werden.

Steckmaterial

Auch die Kästen mit Anlautmaterialien (s. 7.2.2) können zum Zusammenbauen von Wörtern benutzt werden. Sie lassen sich gegebenenfalls einfach mit Wäscheklammern aneinander klammern.

Wörter und Bilder zuordnen

Buchstaben zu Wörtern oder Wörter zu Texten zusammenstellen ist eine sinnvolle Betätigung in Freiarbeits- oder Stillbeschäftigungsphasen. Die Kinder malen ein Bild, suchen Buchstaben für das entsprechende Wort in Prospekten, Zeitungen etc., schneiden sie aus und kleben das Wort zum Bild hinzu.

Wörter stempeln

Im Spiel- und Lehrmittelhandel gibt es Buchstabenstempel in unterschiedlichen Ausfertigungen und Preislagen. Besonders empfehlenswert sind Steckstempel, bei denen das entsprechende Wort vor dem Stempeln zu einer Einheit zusammengesteckt wird.

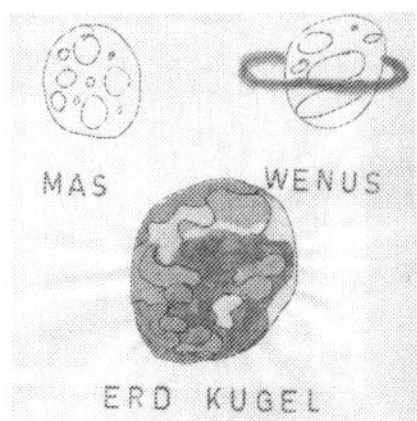

Die Kinder stempeln Wörter und malen Bilder zu einem Unterrichtsinhalt oder zu eigenen Wörtern. »Stempelwörter« auf kleinen Karteikarten (DIN A7) eignen sich auch für die Beschriftung informeller sachkundlicher Ausstellungen in der Klasse.

Wörter mit Hilfe einer Anlauttabelle schreiben

Mit Hilfe einer Anlauttabelle können die Kinder eigene Wörter lautierend aufschreiben. Auch in den Klassen, in denen das »Auflautieren« nicht zum Kernprogramm des Schriftspracherwerbs gehört, empfiehlt es sich, ein entsprechendes Angebot zu machen. Es ist nicht zwingend erforderlich, eine bestimmte Lauttabelle zu benutzen: Die Tabelle kann, z.B. unter Bezugnahme auf die in der Klasse gesammelten Anlautbilder oder in freier Absprache mit den Kindern selbst zusammengestellt werden.

Morpheme

Auch eine Berücksichtigung von Morphemen kann hilfreich sein. Unverzichtbar ist es aber, dass die Kinder tatsächlich mit geeigneten Materialien (z.B. Steckbuchstaben) arbeiten können. Statt über Wortbausteine zu parlieren, sollten die Kinder mit Materialien arbeiten, die ihnen im Handlungsvollzug Einsichten in die Stabilität einzelner Wortteile eröffnen.

Beispiel:
Wenn ein Kind das Wort »bemalt« aus einzelnen Steckbausteinen zusammengesteckt hat, kann es mit der Einheit |mal| auch »be|mal|en«, »an|mal|en«, »aus|mal|en« oder »ausge|mal|t« bilden. Im handelnden Umgang mit dem Material werden die Kinder schnell erkennen, dass es nicht notwendig ist, alle Einzelbausteine auszutauschen. Vielmehr reicht es aus,
- das Wortbildungsmorphem am Wortanfang auszutauschen,
- das Endmorphem zu verändern oder
- Fugenmorpheme einzufügen.

Das Verbgrundmorphem »mal« kann es dagegen unverändert übernehmen. Hierzu ist keine »Belehrung« erforderlich. Die Wirkung geht vielmehr vom Material aus. Die Einsicht wird durch eine konkrete Handtätigkeit angebahnt.

Kreuzworträtsel

Kreuzworträtsel finden sich in vielen Arbeitsheften und Übungsangeboten. Für Kinder ist diese Übungsform meist sehr motivierend, weil der Rätselcharakter im Vordergrund steht. Einfache Kammrätsel sind ohne großen Aufwand herzustellen.

Geheimschrift entschlüsseln

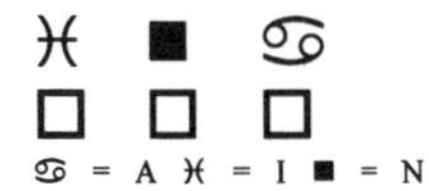

Wenn die meisten Laut-Buchstaben-Beziehungen mit einiger Sicherheit beherrscht werden, können »Geheimzeichen« vereinbart werden. Die Kinder erhalten den »Kode« und ein Blatt, auf dem einzelne Wörter in verschlüsselter Form stehen. Sie »übersetzen« die Wörter und schreiben sie auf. Die schrittweise Übertragung und das Schreibdrucken geben dem Kind mehr Zeit zum Nachvollzug.

7.4 Anregungen für die Textebene

7.4.1 Sinnbindung/Sinnfindung sichern

Sinnfindendes und sinngestaltendes Lesen realisiert sich häufig erst in größeren textlichen Zusammenhängen, also oberhalb der Wortebene. Deshalb reicht es nicht aus, Übungen auf die Element- oder die Wortebene zu begrenzen.

Sätze aufbauen

- Ein Kind (ggf. die Lehrerin/der Lehrer) stellt aus dem Wortkartenbestand einen Satz zusammen und verteilt die Karten. Die Kinder lesen ihre eigene Karte und die Karten der anderen Kinder. Dann stellen sie sich in der Abfolge des Satzes in eine Reihe und halten ihre Karten so, dass der Rest der Gruppe den Satz lesen kann.
- Ein Kind erhält einen Stapel Wortkarten, baut einen Satz auf und hängt ihn Wort für Wort auf die Wäscheleine.
- Die Lehrerin/der Lehrer heftet einen unvollständigen Satz an die Korktafel. Die Kinder wählen Wörter aus dem Wortkartenbestand der Klasse und ergänzen den Satz in unterschiedlicher Weise.

Wort-Sequenzen

Die Lehrerin/der Lehrer benutzt eine Ringmappe (DIN A4). In Plastikhüllen werden nacheinander die Wörter eines Satzes gelegt. Durch Umblättern werden die Wörter sequenziell sichtbar gemacht.

Beispiel

1. Blatt: Mama
2. Blatt: will
3. Blatt: ein
4. Blatt: Eis
5. Blatt: essen.

Jede Seite wird kurzzeitig vorgezeigt: Der ganze Satz läuft wie ein »Film« ab. (Besonders praktisch kann dies mit »Tisch-Flipcharts«, DIN A4, quer, wie sie in jedem Büroartikelkatalog zu finden sind, gestaltet werden.)

Stufentexte zur Differenzierung

Differenzierung anbieten

Differenzierte situationsbezogene Zusatztexte sind insbesondere dann, (aber nicht nur dann,) als Ergänzung sinnvoll, wenn die Klasse mit einem Unterrichtswerk arbeitet. Zusatztexte ermöglichen es, aktuelle Interessen von Kindern aufzugreifen und als Lernanlässe zu nutzen. Gleichzeitig dienen sie dazu, den eingeführten Buchstaben-Laut-Bestand zu wiederholen und den Wortbestand in unterschiedlichen Kombinationen zu variieren.

Beispiel

Wir waren auf dem Markt. Wir haben Obst gekauft.	Wir waren auf dem Markt. Wir haben Obst gekauft. Olli hat Äpfel gekauft. Tine hat Apfelsinen gekauft. Svenja hat Weintrauben gekauft.	Wir waren auf dem Markt. Wir haben Obst gekauft. Olli hat Äpfel gekauft. Tine hat Apfelsinen gekauft. Svenja hat Weintrauben gekauft. Dann haben wir Obstsalat gemacht. Der hat gut geschmeckt.

Wenn dies in Form eines »Stufentextes« geschieht, kann sichergestellt werden, dass trotz der Differenzierung in einer bestimmten Situation alle Kinder am gleichen Inhalt arbeiten, sodass ein inhaltszentriertes Klassengespräch nach wie vor möglich ist. Zusätzliche von der Lehrerin/dem Lehrer gestaltete Textblätter sollten daher nicht einfach als Ganzes, sondern ggf. stufenweise abgedeckt kopiert werden.

Der freie Platz unter den gekürzten Texten kann jeweils zum Malen eines zusätzlichen Bildes verwendet werden. Wenn der Text mit einer Outline-Schrift (oder mit Filzstiften, die beim Kopieren ein helles Grau erzeugen,) geschrieben wird, können einzelne Kinder den Text auch wortweise mit farbigen Stiften überschreiben.

Gestaltungsaufträge

Handlungen einbeziehen

Auf Karteikarten (DIN A6) wird eine Sammlung von Arbeitsaufträgen angelegt, die von den Kindern selbstständig im Rahmen des Förderunterrichts, der Freiarbeit oder zur Überbrückung von Wartezeiten (Stillbeschäftigung) bearbeitet werden können. Die Kinder lesen den Auftrag und führen die angegebenen Aktivitäten (malen, kneten, schreiben, bauen etc.) aus. Solche Arbeitsaufträge haben einen hohen Aufforderungscharakter und vermitteln zudem einen Einblick in die Fähigkeit des einzelnen Kindes zum sinnfindenden Lesen.

Beispiel

Male einen Hund mit roter Leine!	Schreibe einen Wunschzettel!	Knete eine kleine Maus mit blauen Ohren!	Baue einen Turm aus zwölf Bausteinen!

Spielpläne für Satzvariationen

Bei Übungstexten handelt es sich aus didaktischen Überlegungen heraus oft um Satzfolgen mit identischen Satzbaumustern. Der gewünschte Lern- und Übungseffekt beruht auf der stereotypen Wiederholung eines bestimmten Satzbauplans. Die Ganzheitsmethode hat diese Übungsform vor allem in der ersten Phase verwendet, z.B. »Die Rose ist rot. Der Hut ist rot. Der Ball ist rot. Das Sofa ist rot.« usw.

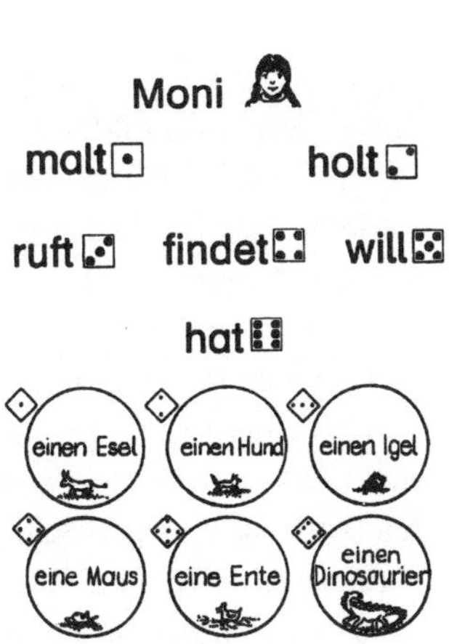

Dem gewünschten Übungseffekt steht aber ein Ermüdungseffekt gegenüber. Daher ist es sinnvoll, einfache Übungstexte (Satzreihen etc.) durch ein Würfelspiel zu dynamisieren: Jeweils zwei Kinder erhalten einen entsprechenden Spielplan und würfeln: Das erste Kind erwürfelt das Prädikat, das zweite Kind das Objekt. Auf diese Weise entstehen sinnvolle Sätze und Unsinnsätze, die gelesen und ggf. aufgeschrieben werden können. Die Auseinandersetzung mit Übungstexten in dieser handelnden Form ist für die Kinder insgesamt motivierender: Sie werden nicht von vornherein durch eine große Zahl von Übungssätzen entmutigt, sondern entwickeln die Sätze selbst durch das Würfeln.

Schreibanregungen

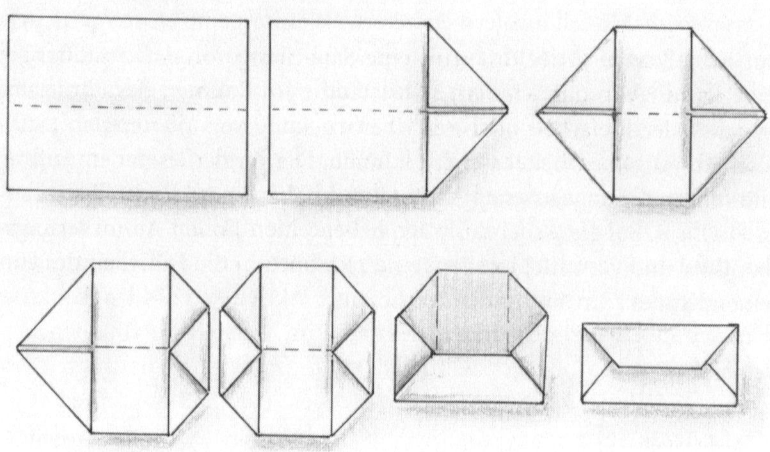

Schreibanlässe suchen

Durch das Angebot zusätzlicher Materialien, sollen die Kinder permanente Schreibanregungen erhalten. So können mit Hilfe von zusätzlichen Kopiervorlagen Postkarten, Leporellos oder Mini-Faltbücher gestaltet werden, die von den Kindern gefaltet, geklebt oder geklammert, durch Texte und Bilder ergänzt und ausgestaltet werden können.

In der Initialphase kann die Lehrerin/der Lehrer den Kindern persönliche Briefe schicken oder mit einer »Flaschenpost« (kopiertes Blatt mit der Abbildung Flasche mit Zettel darin) eine persönliche Botschaft zukommen lassen. Wenn den Kindern entsprechende Kopien zur Verfügung stehen, können sie diese für eigene Flachenpostblätter nutzen.

Aus einem DIN-A4-Bogen lässt sich ein Briefumschlag falten, in den ein Briefbogen gesteckt werden kann. Es ist aber auch möglich, das DIN-A4-Blatt zunächst einseitig zu beschreiben oder zu bemalen, um dann daraus einen Brief zu falten. Da der fertige Brief in der Größe einem regulären Briefumschlag entspricht, ist dieser Brief sogar »postfähig«.

7.4.2 Eigene Texte

Spontanschreiben fördern

Ein handlungsorientierter, integrierter Schriftspracherwerb (mit Druckschrift als einheitlicher Anfangsschrift für das Lesen- und Schreibenlernen) ermöglicht es den Kindern, schon relativ früh eigene Gedanken selbstständig aufzuschreiben. Dabei wird es zu vielen Rechtschreibfehlern durch das so genannte Spontanschreiben kommen. Es erscheint daher sinnvoll, einige Überlegungen hierzu anzustellen.

Klaus B. Günther hat ein auf Frith basierendes Stufenmodell der Entwicklung kindlicher Lese- und Schreibstrategien beschrieben (vgl. Frith 1986; Günther 1986a, 1986b; vgl. auch Scheerer-Neumann 1998; Thomé 2003). Frith war von einem doppelten Dreiphasenmodell mit einer logographemischen Phase, einer alphabetischen Phase und einer orthographischen Phase ausgegangen (Frith 1986, S. 225ff.). Günther hat das Frith-Modell insofern erweitert, als er ihm eine Stufe vorausstellt und eine zusätzliche Stufe hinzufügt. Nach seinen Modellvorstellungen geht der logographemischen Phase eine präliteral-symbolische Phase (Phase 0) voraus. Ihr folgen wie bei Frith die logographemische, die alphabetische und die orthographische Phase, denen sich der integrativ-automatisierte Umgang mit orthographischen Strukturen anschließt (Phase 5). Dieses weithin akzeptierte Stufenmodell geht davon aus, dass das Kind fünf zweistufige Phasen durchläuft. Das Modell nimmt an, dass rezeptive, dem Lesen zuzuordnende Aktivitäten und produktive, dem Schreiben zuzuordnende Aktivitäten im Wechsel durchlaufen werden. Ohne die Modellvorstellungen im Einzelnen zu diskutieren, erscheint es hilfreich, sich zu vergegenwärtigen, dass Spontanschreiber etwa die dritte Stufe erreicht haben. Sie befinden sich in den Lernfeldern »Schreiben« und »Lesen« auf der Stufe des alphabetischen Zugriffs auf Schrift. Dabei »wird nun jedes Wort nach der sequentiellen Folge seiner Elemente analysiert und lautsprachlich zugeordnet. Visuelle und phonologische Analyse stützen sich dabei gegenseitig« (Günther 1986b, 40).

Das in Tabelle 9 abgebildete Modell von Renate Valtin (in: Hinrichs/Will-Beuermann 1990, S. 15) hat eine ähnliche Struktur. Unter der Perspektive der Förderung von Kindern hat es den Vorzug, dass es die didaktischen Aspekte stärker akzentuiert und konkrete Hinweise auf die Aktivitäten des Schriftspracherwerbs gibt. Spontanes Schreiben, wie es in der Schule bereits nach wenigen Monaten des Schriftspracherwerbs auftritt (sofern Druckschrift als Anfangsschrift verwendet wird und ein analytisch-synthetischer Zugriff dominiert), befindet sich nach diesem Modell auf der dritten und auf der vierten Stufe. Es orientiert sich an der Lautung. Teilweise finden sich aber auch noch »Skelettschreibungen«, z.B. bei komplexeren Wörtern. (Zur ausführlichen Darstellung der Entwicklung basaler Rechtschreibkenntnisse vgl. Thomé 2003, S. 369ff.)

Tabelle 9: Entwicklungsmodell des Lesen- und Schreibenlernens (nach: Valtin 1990, S. 15)

	Fähigkeiten und Einsichten	Lesen	Schreiben	
1	Nachahmung äußerer Verhaltensweisen	*»Als-ob«-Vorlesen*	*Kritzeln*	1
2	Kenntnis einzelner Buchstaben aufgrund figurativer Merkmale	*Erraten von Wörtern* auf Grund visueller Merkmale von Buchstaben oder -teilen (Firmenembleme benennen)	*Malen von Buchstabenreihen,* Malen des eigenen Namens	2
3	Beginnende Einsicht in den Buchstaben-Laut-Bezug, Kenntnis einiger Buchstaben/Laute	*Benennen von Lautelementen,* häufig orientiert am Anfangsbuchstaben, Abhängigkeit vom Kontext	*Schreiben von Lautelementen* (Anlaut, prägnanter Laut zu Beginn des Wortes »Skelettschreibung«	3
4	Einsicht in die Buchstaben-Laut-Beziehung	*Buchstabenweises Erlesen* (Übersetzen von Buchstaben und Lautreihen), gelegentlich ohne Sinnverständnis	*Phonetische Schreibungen* nach dem Prinzip »Schreib wie du sprichst«	4
5	Verwendung orthographischer bzw. sprachstruktureller Elemente	*Fortgeschrittenes Lesen:* Verwendung größerer Einheiten (z.B. mehrgl. Schriftzeichen, Silben, Endungen wie -en, -er)	*Verwendung orthographischer Muster* (z.B. -en, -er; Umlaute), gelegentlich auch falsche Generalisierungen	5
6	Automatisierung von Teilprozessen	*Automatisiertes Worterkennen und Hypothesenbildung*	*Entfaltete orthographische Kenntnisse*	6

Auf die Frage, wie man mit dem Spontanschreiben (Stufe 3 und 4) umgehen soll, gibt es keine allgemein verbindlichen Antworten. Für die Diskussion mit den Eltern können fünf Positionen hilfreich sein:

- Unsere Schrift wird durch Laute und Konventionen bestimmt. Dass wir »Nachname« und »Uhrzeit« oder »Nachnahme« und »Urzeit« schreiben, hängt nicht mit einer veränderten Lautung zusammen, sondern mit einer von uns akzeptierten Konvention, dem Stammprinzip unserer Schrift. Wir führen »Uhrzeit« auf »Uhr« zurück und finden es daher »normal«, ein »h« zu verwenden. Dass es neben dem Stammprinzip weitere Konventionen gibt, zeigt der Vergleich von »Paket« und »Päckchen«.

- Spontanschreiber befinden sich in der »alphabetischen Phase« (Thomé 2003, S. 373) oder in der Phase der »phonetischen Schreibung« (Valtin 1990, S. 15). Sie zeigen mit ihrer Schreibweise an, dass sie die Lautorientierung unserer Schrift erkannt haben. Sie haben also keinen falschen Schritt, sondern einen richtigen Schritt in die Schriftsprache unternommen. Die Bezugnahme auf die Lautung führt allerdings nicht dazu, dass die Kinder in jedem Fall lauttreu schreiben: Neben einer oft überraschend detaillierten auditiven Analyse finden sich auch Buchstabenauslassungen, -umstellungen und/oder Buchstabenverwechslungen.
- Die Einsicht in die Lautorientierung hilft dem Kind, seine – z.T. sehr komplexen Gedanken – in Schriftsprache zu übertragen. Bei einem Teil der Wörter führt die Lautorientierung zu richtigen Ergebnissen. In Verbindung mit dem in der Schule eingeführten und gesicherten Wortbestand können die spontan schreibenden Kinder bereits eine große Zahl von Wörtern richtig schreiben. Die schriftsprachlichen Äußerungen von spontan schreibenden Kindern sind eine bedeutende kognitive Leistung, die mancher Erwachsene angesichts der »haarsträubenden« Fehler leicht übersieht.

Lautorientierung

Beispiel 1

Text: »Heute ist Hektik. Zum Beispiel Mama hat [Name] nicht geweckt und Papa kommt zu spät zur Arbeit und [Name] kommt zu dem Kindergarten und wir haben zum Beispiel schon wieder gar kein Frühstück.« (32 Wörter, 15 Wörter davon richtig geschrieben, einschließlich der beiden Namen.)

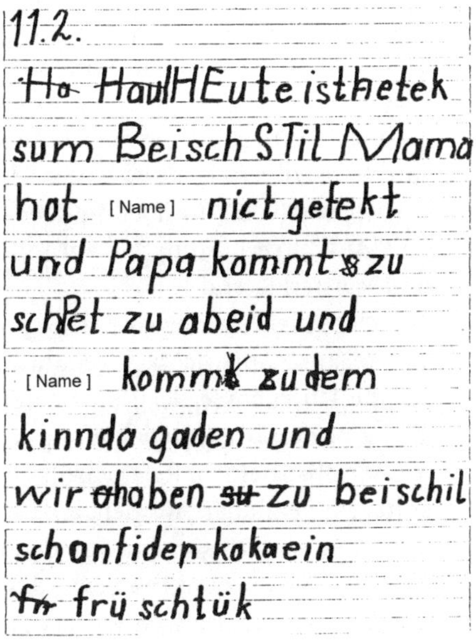
11.2.
Ha HaulHEute isthetek
sum BeischSTil Mama
hot [Name] nictgefekt
und Papa kommt s zu
schPet zu abeid und
[Name] kommt zudem
kinnda gaden und
wir ohaben su zu beischil
schonfiden kokaein
fr frü schtük

Beispiel 2

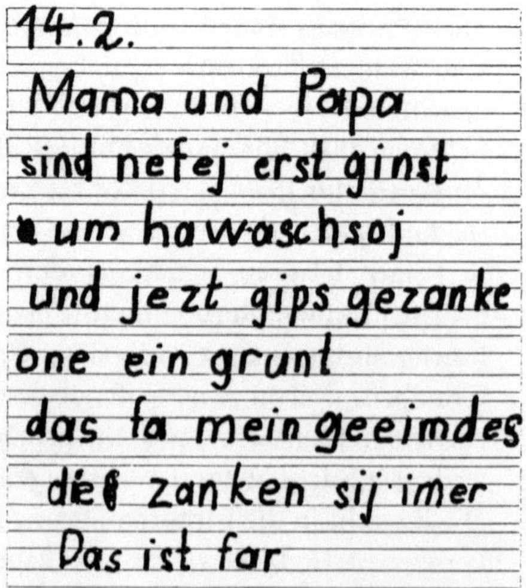

14.2.
Mama und Papa
sind nefej erst ginst
um hawaschsoj
und jezt gips gezanke
one ein grunt
das fa mein geeimdes
die zanken sij imer
Das ist far

Text: »Mama und Papa sind nervig. Erst ging's um Haarwaschzeug und jetzt gibt's Gezanke ohne einen Grund. Das war mein Geheimnis. Die zanken sich immer, das ist wahr.«
(Der Kollegin, die mir die Texte überlassen hat, danke ich hiermit.)

An manchen Fehlern erkennt man bei einer genaueren Betrachtung die Logik der Lautanalyse und die Regelhaftigkeit der Schreibung. Häufig werden Laute, die an der gleichen Artikulationsstelle gebildet werden, zu einem einzigen Zeichen verlinkt: So ist die zunächst schwer verständliche Schreibweise des Wortes »harwaschsoj« völlig auflösbar, wenn man sich klarmacht, dass das Kind das »g« von »Haarwaschzeug« (ebenso wie bei »nefij-nervig«) im Auslaut vermutlich als [ç]/(ch_1) ausspricht. Es hat diesen ch-Laut mit »j« verschriftet, weil der j-Laut artikulatorisch an der gleichen Stelle gebildet wird. Dieses Phänomen gilt auch für den w-Laut und den f-Laut. Sie werden am gleichen Artikulationsort gebildet. Was zunächst als unerklärlicher Fehler erscheint (»gefekt-geweckt«, »fider-wieder«, »far-wahr«), zeigt Richtiges an: Das Kind muss im Grunde gar nicht »umlernen«, sondern seinen Wissensstand lediglich weiter ausdifferenzieren. Es muss lernen, dass nicht alles, was man am Artikulationsort von [f] bildet, in der Schrift durch »f« dargestellt wird. (Die Auslautverhärtung bei »grunt« und am Silbenrand bei »gipts« sind selbsterklärend.)

Konventions-orientierung

- Bei aller Anerkennung, die den spontan schreibenden Kindern für ihre Leistung offensichtlich gebührt, müssen sie dennoch schrittweise auf die Übernahme der Rechtschreibkonventionen vorbereitet werden, z.B. durch Analogiebildung oder durch die Berücksichtigung von Wortbausteinen. Relativ früh können mit den Kindern auch erste Regeln vereinbart werden, z.B., dass nach einem Punkt groß geschrieben wird. Ausgehend von den Kindernamen in der Klasse oder in Texten, ist auch vermittelbar, dass Namen groß geschrieben werden. Im Übrigen müssen wir akzeptieren, dass das Rechtschreibenlernen sich über die gesamte Schulzeit hinwegzieht und auch dann nicht zu einem Abschluss kommt.

- Dies macht es nötig – oder zumindest sinnvoll – für den Umgang mit »Fehlern« spontan schreibender Kinder einige Grundsätze zu beachten:
  - Nicht alle Fehler müssen besprochen und verbessert werden.
  - Bevor der Text eines Kindes »veröffentlicht« wird (z.B. durch Aufhängen an der Pinnwand, Drucken in einer Klassen- oder Schulzeitung etc.), sollte geprüft werden, welche Folgen dies für das Kind hat. Eine Korrektur erscheint im Sinne des Kindes notwendig, wenn die Gefahr einer Bloßstellung durch andere Schüler oder unerwünschter pädagogischer Maßnahmen außerhalb der Schule besteht. Weniger dringlich erscheint mir die Notwendigkeit der Korrektur unter dem Gesichtspunkt, dass das Kind niemals etwas falsch Geschriebenes unkorrigiert vor Augen bekommen darf. Wer die Vermeidung von Falschschreibungen zur Richtschnur seines didaktischen Handelns macht, verschließt den Kindern viele motivierende Lern- und Kommunikationsmöglichkeiten. Zugleich wird die Wirkung des »visuellen Gedächtnisses« überschätzt. Zumindest müsste erklärbar sein, warum sich das Kind ausgerechnet die falsche Schreibweise merken sollte, während es die richtige Schreibweise mancher Wörter oft unzählige Male vor Augen hatte, ausgiebig geübt hat und am Ende viele dieser Wörter doch falsch schreibt.
  - Fehler sollten angezeigt (und vom Kind) korrigiert werden, wenn es sich um Wörter handelt, die als Grundwortschatz der Klasse (Lerngruppe) bereits eingeführt und geübt wurden. In seinem eigenen Interesse können wir dem Kind die Mühe nicht ersparen, Konventionen einzuhalten. (Für Anregungen zur Entwicklung eines Grundwortschatzes vgl. Naumann 1999.)
  - Die Lehrerin/der Lehrer ist »auskunftspflichtig«, wenn das Kind nachfragt. In solchem Fall zeigt das Kind ja geradezu an, dass es über den alphabetischen Zugriff hinauskommen will und sich der orthographischen Stufe annähert.

Im Übrigen sollte man sich der Tatsache bewusst bleiben, dass wohl kein kluger Erwachsener von sich behaupten wird, er könne fehlerfrei schreiben. Auch dies hilft, die »Fehler« der Kinder einzuordnen und gerechter zu bewerten.

7.5 Anregungen für die Organisation

Unterricht ist ein flexibles Arrangement, in das unterschiedliche Anforderungen, Ziele, Inhalte, Motive und Bedürfnisse eingehen. Er findet immer vor dem Hintergrund eines räumlichen und organisatorischen Kontextes statt. Bei der Umsetzung offener Unterrichtsarrangements in altersheterogenen Gruppen stellen sich für Lehrerinnen und Lehrer neue Herausforderungen, die sich von der traditionellen Unterrichtsorganisation deutlich unterscheiden. Die größere Flexibilität, die sich insbesondere in der Eingangsstufe der Grundschule ergibt, ist eine Chance für eine stärkere Selbstbestimmung und Selbstorganisation der Kinder und einer vermehrten Kindorientierung des Unterrichts. Allerdings birgt die Relativierung oder Auflösung der traditionellen Unterrichtsgestaltung auch die Gefahr, dass organisatorische Grundorientierungen vernachlässigt werden. Vor allem für das Schreibenlernen, das als psychomotorischer Vorgang stärker auf Komponenten der räumlichen Organisation, der Arbeitsplatzgestaltung und Bewegungsstrukturierung angewiesen ist als das Lesenlernen, erscheint es sinnvoll, einige wichtige Basisfaktoren gesondert zu benennen.

Rahmenbedingungen

Körperhaltung, Haltung des Schreibwerkzeugs, Beleuchtung und Mobiliar müssen im Anfangsunterricht vor allem im Hinblick auf das Schreiben regelmäßig, später zumindest bei Bedarf überprüft und ggf. korrigiert werden. Daher beziehen sich die nachfolgenden Abschnitte vorrangig auf das Schreibenlernen (vgl. zum Folgenden Topsch 2003b; vgl. zur Organisation von offenem Unterricht Topsch 2004).

7.5.1 Ausstattungsbezogene Organisation

Mobiliar

Tabelle 10: Mobiliar in der Grundschule

Körpergröße	Kennfarbe
113–127 cm	lila
128–142 cm	gelb
143–157 cm	rot
158–172 cm	grün

Für die Grundschulen ist in der Regel Mobiliar vorgesehen, das mit der Farbkennzeichnung lila, gelb, rot, grün bestimmten Körpergrößen zugeordnet werden kann. Wichtig ist es festzuhalten, dass sich die Farbzuordnung nicht auf Klassenstufen, sondern auf Körpergrößen bezieht. Es reicht also keineswegs aus, das Mobiliar klassenweise zuzuordnen. Die unterschiedliche körperliche Entwicklung ist bei Grundschulkindern so erheblich, dass eine individuelle Anpassung zwingend erforderlich ist.

Die Tendenz zur vorzeitigen Einschulung und die Ausbreitung von Eingangsstufenmodellen mit einer flexiblen Verweildauer zwischen einem und drei Jahren führen zu einer breiteren Entwicklungsstreuung in den Lerngruppen als bisher (vgl. Hinz/Sommerfeld 2004, S. 166). Im Hinblick auf das Schreiben in der Schule sollte das Mobiliar grundsätzlich so ausgewählt werden, dass

- die Unterarme bei entspannten Schultern auf der Tischplatte liegen,
- die Oberschenkel waagerecht auf der Sitzfläche ruhen,
- Unterschenkel und Oberschenkel einen rechten Winkel bilden,
- die Füße beim Sitzen den Boden mit der ganzen Fläche berühren,
- Tisch und Stuhl die gleiche Farbkennzeichnung haben.

Daraus ergibt sich, dass bei den verbreiteten Zweiertischen darauf geachtet werden muss, dass die nebeneinander sitzenden Kinder etwa gleich groß sind. Wenn ein linkshändiges und ein rechtshändiges Kind gemeinsam einen Zweiertisch nutzen, soll das linkshändige Kind die linke, das rechtshändige Kind die rechte Tischhälfte nutzen. Auf diese Weise kann eine wechselseitige Behinderung durch die Schreibbewegung weitgehend ausgeschlossen werden (Heuß 1997, S. 52).

Beleuchtung

Das Licht sollte für das rechtshändige Schreiben von links, für das linkshändige Schreiben von rechts einfallen. Problematisch ist der Lichteinfall meist dann, wenn ein linkshändiges und ein rechtshändiges Kind gemeinsam an einem Zweiertisch sitzen. In jedem Fall muss sichergestellt werden, dass der Körper eines Kindes und seine Schreibhand keinen Schatten auf die eigene Schreibfläche oder auf die Schreibfläche des Platzpartners werfen.

7.5.2 Arbeitsbezogene Organisation

Lage des Heftes

- Das Heft soll bei rechtshändigen Kindern so platziert werden, dass es mit einer Linksneigung von etwa 25–35° rechts von der Körpermitte liegt (untere Ecke zeigt auf den Bauchnabel).
- Bei linkshändigen Kindern soll das Heft mit einer Rechtsneigung von 30–35° links von der Körpermitte liegen.
- Die nicht schreibende Hand soll das Heft (oder das Papier) halten und führen (von Zeit zu Zeit höher rücken). Leichte Abweichungen, die sich als individuelle Erleichterung erweisen, sind zu akzeptieren.

Schreibwerkzeuge und Stifthaltung

Für Schulanfänger gibt es unterschiedliche Schreibwerkzeuge, die je nach der Aufgabenstellungen differenziert genutzt werden können. Während Wachsmalstifte und breite Filzstifte für das großformatige Nachspuren und Schwingen zweckmäßig sind, sind feinere Filzstifte, Buntstifte und Bleistifte eher für kleinräumigeres Arbeiten geeignet. Füller werden im Allgemeinen frühestens in Verbindung mit dem Schreiben einer Schreibschrift eingesetzt. In vielen Fällen geschieht dies erst im zweiten Schuljahr. Bei der Auswahl eines Schulfüllers ist auf eine Anfängerfeder und auf eine Unterstützung der richtigen Haltung durch Griffmulden zu achten. Auch andere Schreibwerkzeuge gibt es inzwischen mit Griffmulden, Griffzonen etc. Auch für linkshändige Kinder gibt es ein entsprechendes Angebot geeigneter Schreibwerkzeuge.

Das Schreibwerkzeug muss so angefasst werden, dass der Blick auf die Schrift nicht durch die Finger verdeckt wird. Linkshändig arbeitende Kinder sollten den Stift daher etwas höher fassen als rechtshändige Kinder. Auch wird der Stift von ihnen etwas flacher gehalten. Die Hand bleibt jeweils unterhalb der Schreiblinie. Auf die richtige Lage des Papiers und eine zweckmäßige Handhaltung »ist von Anfang an zu achten und nicht erst, wenn mit dem Füller zu schreiben begonnen wird« (Sattler 2000, S. 33; vgl. auch Sattler 2003).

Individuelle Auswahl

Verbreitet ist die Auffassung, dass jüngere Kinder besser mit dickschaftigen Schreibgeräten arbeiten, die eine breite Schriftspur hinterlassen. Hier ergeben sich gute Anknüpfungspunkte an die Förderung, die ein Kind im vorschulischen Bereich erfahren hat. Da die meisten Kinder bereits ihren Namen schreiben können, ist es empfehlenswert, die Kinder im Anfangsunterricht einzeln ihren Namen mit drei Stiften schreiben zu lassen, die eine unterschiedliche Strichstärke und einen unterschiedlichen Schaftumfang haben. Auf diese Weise lässt sich leichter entscheiden, welche Stiftart dem Kind angemessen ist. Zugleich kann die Stifthaltung bei einer den Kindern vertrauten Aufgabenstellung beobachtet und ggf. korrigiert werden (Sassoon 1983, S. 59).

Insgesamt gilt, dass die graphomotorische Entwicklung eines Kindes nicht erst mit der Einschulung beginnt. Vielmehr treten die Kinder mit individuellen Entwicklungsständen und sehr unterschiedlichen Lernbiografien in die Schule ein. Daher ist eine differenzierte Förderung im Lernbereich des Schriftspracherwerbs unverzichtbar.

Literaturverzeichnis

Augustinus: Des heiligen Kirchenvaters Aurelius Augustinus Fünfzehn Bücher über die Dreieinigkeit. Kempten, München: Kösel 1936.

Augustinus: Bekenntnisse. Frankfurt a. M., Hamburg: Fischer Bücherei 1955.

Baumert, Jürgen u.a. (Hrsg.): Deutsches PISA-Konsortium. PISA 2000. Basiskompetenzen von Schülerinnen und Schülern im internationalen Vergleich. Opladen: Leske + Budrich 2001.

Baumert, Jürgen u.a. (Hrsg.): Deutsches PISA-Konsortium. PISA 2000 – Die Länder der Bundesrepublik Deutschland im Vergleich. Opladen: Leske + Budrich 2002.

Baurmann, Jürgen; Menzel, Wolfgang; Schuberg, Angelika: Die Fibel. Braunschweig: Westermann 1986.

Baurmann, Jürgen; Menzel, Wolfgang; Schuberg, Angelika: Lesespaß. Die Fibel für Bayern. Braunschweig: Westermann 1987.

Bayerisches Staatsministerium für Unterricht und Kultus und Wissenschaft, Forschung und Kunst: Lehrplan für die Grundschule in Bayern. In: Amtsblatt Sondernummer 1. München 2000.

Bethlehem, Gerhard; Jacobs, Hans (Hrsg.): Fangt fröhlich an! Eine Fibel zum Lesen- und Schreibenlernen. Düsseldorf: Bagel 1964.

Bethlehem, Gerhard; Steffens, Wilhelm (Hrsg.): Fangt fröhlich an! Eine Fibel zum Lesen- und Schreibenlernen. Düsseldorf: Bagel 1975.

Bierwisch, Manfred: Schriftstruktur und Phonologie. In: Hofer, Adolf (Hrsg.): Lesenlernen, Theorie und Unterricht. Düsseldorf: Schwann 1976, S. 50–81.

Blumenthal, P. J.: Wie der Mensch die Schrift erfand. In: P.M. Magazin 2. Jg. (1979), H. 9, S.18–21.

Bos, Wilfried u.a. (Hrsg.): Erste Ergebnisse aus IGLU. Schülerleistungen am Ende der vierten Jahrgangsstufe im internationalen Vergleich. Münster u.a.: Waxmann 2003.

Bosch, Bernhard: Grundlagen des Erstleseunterrichts. Eine psychologisch-didaktische Untersuchung von Bernhard Bosch. Leipzig: Barth 1937.

Brückl, Hans: Mein erstes Buch. Anschauen, Zeichnen, Lesen und Schreiben. München: Bayerischer Schulbuchverlag und Oldenbourg Verlag [6]1964.

Brügelmann, Hans: Kinder auf dem Weg zur Schrift. Eine Fibel für Lehrer und Laien. Konstanz: Faude 1983.

Brügelmann, Hans (Hrsg.): ABC und Schriftsprache: Rätsel für Kinder, Lehrer und Forscher. Konstanz: Faude 1986.

Brügelmann, Hans: Die Schrift entdecken. Beobachtungshilfen und methodische Ideen für einen offenen Anfangsunterricht im Lesen und Schreiben. In Zusammenarbeit mit Erika Brinkmann, Renate Hegelin und Gudrun Spitta. 2. erweiterte Auflage. Konstanz: Faude 1986a.

Brügelmann, Hans; Hengartner, Elmar; Reichen, Jürgen: Richtig schreiben durch freies Schreiben? Rechtschreibentwicklung in Schweizer Klassen, die nach »Lesen durch Schreiben« unterrichtet wurden. In: Brügelmann, Hans; Richter, Sigrun (Hrsg.): Wie wir recht schreiben lernen. Zehn Jahre Kinder auf dem Weg zur Schrift. Lengwil: Libelle 1994, S. 135–148.

Brügelmann, Hans; Fölling-Albers, Maria; Richter, Sigrun (Hrsg.): Jahrbuch Grundschule. Fragen der Praxis – Befunde der Forschung. Seelze; Velber: Friedrich 1998.

Comenius, Johann Amos: Orbis sensualium pictus. Nürnberg 1658 (Nachdruck Harenberg Kommunikation, Dortmund 1978).

Dehn, Mechthild: Zeit für die Schrift. Lesenlernen und Schreibenkönnen. Bochum: Kamp 1988.

Dellweg, Kunibert u.a.: Nummer 1. Erstlese- und Sachbuch. Düsseldorf: Bagel 1975.

Der Niedersächsische Kultusminister: Rahmenrichtlinien für die Grundschule. Deutsch. Hannover: Schroedel Schulbuchverlag 1984.

Dostal, Karl: Methodik des Schreibunterrichts. 1.–8. Schulstufe. Wien u.a.: Jugend und Volk 1972.

DUDEN. Grammatik der deutschen Gegenwartssprache. Band 4. 4., völlig neu bearb. und erw. Aufl. Mannheim 1984.

DUDEN. Grammatik der deutschen Gegenwartssprache. Band 4. 6. bearb. Aufl. Mannheim 1998.

DUDEN. Die deutsche Rechtschreibung. Auf der Grundlage der neuen amtlichen Rechtschreibung. Band 1. 23. Aufl. Mannheim u.a. 2004.

Dummer, Lisa: Lautgebärden als psychomotorische Hilfen. Die Grundschule 10 (1978), S. 442–444.

Einsiedler, Wolfgang: Empirische Grundschulforschung im deutschsprachigen Raum – Trends und Defizite. IfG – Institut für Grundschulforschung der Universität Erlangen-Nürnberg 1997 (= Berichte und Arbeiten aus dem Institut für Grundschulforschung 85).

Enderlin, Max: Der neue Schreibunterricht. Karlsruhe: Boltze 1929.

Faulmann, Carl: Schriftzeichen und Alphabete aller Zeiten und Völker. Augsburg: Augustus Verlag 1992.

Freie und Hansestadt Hamburg: Richtlinien und Lehrpläne. Band 1 (Klasse 1–4).

Frith, Uta: Psychologische Aspekte des orthographischen Wissens: Entwicklung und Entwicklungsstörung. In: Augst, Gerhard (Hrsg.): New Trends in Graphemics and Orthography. Berlin/New York: Walter de Gruyter 1986, S. 218–233.

Gaber, Holle-Katrin; Eberwein, Hans: Ein Kind lernt schreiben. Die Bedeutung von Schreiben- u. Lesenlernen im Alltag von Kindern. Prakt. Vorschläge für Eltern, Erzieher und Lehrer. Stuttgart: Metzler 1986.

Gedike, Friedrich: Vom Lesenlernen und anderen verwandten Materien. In: Gedike, Friedrich: Aristoteles und Basedow oder Fragmente über Erziehung und Schulwesen bei den Alten und Neuern. Berlin: Decker 1779, S. 93–132.

Giese, Heinz W.: Hat Lesen und Schreiben etwas mit Hören und Sprechen zu tun? Thesen zur Belebung einer grundsätzlichen Diskussion. In: Brügelmann, Hans (Hrsg.): ABC und Schriftsprache. Rätsel für Kinder, Lehrer und Forscher. Konstanz: Faude 1986, S. 193–199.

Glöckel, Hans: Schreiben lernen, Schreiben lehren. Probleme und Wege der Schreiberziehung in den Schulen. Donauwörth: Auer 1967.

Göbelbecker, Ludwig F.: Entwicklungsgeschichte des ersten Leseunterrichts von 1477–1932. Kempten/Leipzig: Otto Nemnich 1933.

Goodman, Kenneth S.: Die psycholinguistische Natur des Leseprozesses. In: Hofer, Adolf (Hrsg.): Lesenlernen, Theorie und Unterricht. Düsseldorf: Schwann 1976, S. 139–151.

Grömminger, Arnold: Die deutschen Fibeln der Gegenwart. Eine Analyse ihrer Bildungsinhalte, aufgezeigt an der Darstellung des kindlichen Lebensraumes. Weinheim u.a.: Beltz 1970.

Grömminger, Arnold: Die deutschen Fibeln der Gegenwart. Eine Analyse ihrer Bildungsinhalte, aufgezeigt an der Darstellung des kindlichen Lebensraumes. Weinheim u.a.: Beltz 1970.

Grömminger, Arnold (Hrsg.): Geschichte der Fibel Frankfurt a.M. u.a.: Peter Lang, 2002.

Grünewald, Heinrich: Bericht über den Schulversuch Vereinfachte Ausgangsschrift. Schulaufsichtsamt Göttingen. O. V. u. J. [1981a].

Grünewald, Heinrich: Weniger Rechtschreibfehler durch veränderte Ausgangsschrift. In: Grundschule 13 (1981b) 2, S. 66–67.

Grünewald, Heinrich: Argumente für die Vereinfachte Ausgangsschrift im Hinblick auf die Rechtschreibung. In: Naegele, Ingrid; Valtin, Renate (Hrsg.): Rechtschreibung in den Klassen 1.–6. Grundlagen – Erfahrungen – Materialien. Frankfurt 1984, S. 97–100.

Grünewald, Heinrich: Untersuchungen zur Vereinfachten Ausgangsschrift. In: Brügelmann, Hans; Fölling-Albers, Maria; Richter, Sigrun (Hrsg.): Jahrbuch Grundschule. Fragen der Praxis – Befunde der Forschung. Seelze; Velber: Friedrich 1998, S. 199–203.

Günther, Klaus-B.: Entwicklungs- und sprachpsychologische Begründung der Notwendigkeit spezifischer Methoden für den Erwerb der Schriftsprache bei sprachentwicklungsgestörten, lernbehinderten und hörgeschädigten Kindern. In: Augst, Gerhard (Hrsg.): New Trends in Graphemics and Orthography. Berlin/New York: Walter de Gruyter 1986a, S. 354–382.

Günther, Klaus B.: Ein Stufenmodell der Entwicklung kindlicher Lese- und Schreibstrategien. In: Brügelmann, Hans (Hrsg.): ABC und Schriftsprache: Rätsel für Kinder, Lehrer und Forscher. Konstanz: Faude 1986b, S. 32–54 .

Hasert, Jürgen W.: Schreibenlernen mit der Hand. Schreibmotorische Prozesse bei 8- bis 10-jährigen Grundschülern. Frankfurt: Peter Lang 1998.

Heuß, Gertraud E.: Erstlesen und Erstschreiben. Eine Didaktik des Schriftspracherwerbs. Donauwörth: Auer 1997.

Hinrichs, Jens; Will-Beuermann, Helene (Hrsg.) unter wissenschaftlicher Mitarbeit von Prof. Dr. Renate Valtin: Bunte Fibel. Fibelhandbuch. Hannover: Schroedel Schulbuchverlag 1990.

Hinz, Renate; Sommerfeld, Dagmar: Jahrgangsübergreifende Klassen. In: Christiani, Reinhold (Hrsg.): Schuleingangsphase: neu gestalten. Berlin: Cornelsen Verlag Scriptor 2004, S. 165–186.

Hofer, Adolf (Hrsg.): Lesenlernen. Theorie und Unterricht. Düsseldorf: Schwann 1976.

Hörmann, Hans: Psychologie der Sprache. Verb. Nachdruck. Berlin/Heidelberg/New York: Springer 1970.

Ickelsamer, Valentin: Die rechte weis auf kürtzist lesen zu lernen. In: Fechner Heinrich (Hrsg.): Vier seltene Schriften des sechzehnten Jahrhunderts. Berlin: Wiegandt und Grieben 1882. [Jahr des 1. Drucks 1527; 3. Druck 1534.]

Ickelsamer, Valentinus: Ein Teütsche Grammatica. Darauß einer von jm selbs mag lesen lernen. In: Fechner Heinrich (Hrsg.): Vier seltene Schriften des sechzehnten Jahrhunderts. Berlin: Wiegandt und Grieben 1882. [Jahr des 1. Drucks unklar; 2. oder 3. Druck 1537.]

Jansen, Heiner: Untersuchung zur Entwicklung lautsynthetischer Verarbeitungsprozesse im Vorschul- und frühen Grundschulalter. Engelsbach, Köln, New York: Hänsel-Hohenhausen 1992.

Jordan, Peter: Die Leyenschul. In: Fechner Heinrich (Hrsg.): Vier seltene Schriften des sechzehnten Jahrhunderts. Berlin: Wiegandt und Grieben 1882.

Kaempffe, Albert; Melchior, Friedrich: Vom Werden unserer Schrift. [Iserlohn: Brause 1950]

Kern, Artur: Ist unsere Lesemethode richtig? Eine kritische psychologisch-didaktische Vorstellung. Von Artur Kern unter Mitarbeit von Erwin Kern. Freiburg: Herder 1931.

Kern, Artur: Mit der Ganzheitsmethode durch das erste Schuljahr. Von Artur Kern unter Mitarbeit von Erwin Kern und Wilhelm Straub. Freiburg: Herder 1932.

Kern, Artur: Wer liest mit? Freiburg: Herder o.J.

Kern, Artur; Kern, Erwin: Lesen und Lesenlernen. 6. Aufl. Freiburg u.a.: Herder 1967.

Kern, Artur; Kern, Erwin: Praxis des ganzheitlichen Lesenlernens. 14. Aufl. Freiburg, Basel, Wien: Herder 1974.

Knappek, Rolf: Schreib-Lese-Unterricht mit der Sprechspur in der Hilfsschule. Berlin: Marhold 1962.

Kochan, Barbara: Von der Untersuchung des »Lernens durch Instruktion« zur Untersuchung des »Lernens durch Gebrauch«. In: Brügelmann, Hans; Balhorn, Heiko (Hrsg.): Das Gehirn, sein Alfabet und andere Geschichten. Konstanz: Faude 1990, S. 231–234.

Kretschmann, Rudolf: Erlebnisbezogene Lese- und Schreibförderung. In: Zeitschrift für Heilpädagogik 49 (1998) 7, S. 306–321.

Krichbaum, Gabriele: Wie Kinder schreiben lernen. Ein pädagogisches Plädoyer für die Vereinfachte Ausgangsschrift. Heinsberg: Dieck 1985.

Lay, W.[ilhelm] A.[ugust]; Enderlin, Max: Führer durch das erste Schuljahr als Grundlage der Tatschule. Leipzig: Quelle und Meyer 1911.

Lichtenstein-Rother, Ilse: Schulanfang. Pädagogik und Didaktik der ersten beiden Schuljahre. In Zusammenarbeit mit Liselotte Nehrlich. Mit Beiträgen von Jutta Folkers, Ulrich Günthers, Freerk Huisken. 7. Aufl. Frankfurt a.M. u.a.: Diesterweg 1969 [s. a. Rother].

Mai, Norbert; Marquardt, Christian: Registrierung und Analyse von Schreibbewegungen: Fragen an den Schreibunterricht. In: Ludowika, Huber; Kegel, Gerd; Speck-Hamdan, Angelika (Hrsg.): Einblicke in den Schriftspracherwerb. Braunschweig: Westermann 1998, S. 83–100.

Manguel, Alberto: Eine Geschichte des Lesens. Berlin: Verlag Volk und Wissen 1998.

Meier, Heinrich: Deutsche Sprachstatistik. 2. verb. Aufl. Hildesheim: Olms 1967.

Meiers, Kurt: Lesenlernen und Schriftspracherwerb im ersten Schuljahr. Ein Studienbuch. Bad Heilbrunn: Klinkhardt 1998.

Meis, Rudolf: Schreibleistungen von Schulanfängern und das Problem der Anfangsschrift. Göttingen: Hogrefe 1963.

Menzel, Wolfgang (Hrsg.): Fibeln und Lesebücher für die Primarstufe. Kritische Analysen. Paderborn: Schöningh 1975.

Menzel, Wolfgang: Schreiben-Lesen. In: Neuhaus-Siemon, Elisabeth (Hrsg.): Schreibenlernen im Anfangsunterricht der Grundschule. Königstein/Ts.: Scriptor, 1981.

Menzel, Wolfgang: Lesen lernen – Schreiben lernen. Braunschweig: Westermann 1990.

Meyer, A.: Kleine Fibel. Ocholt: o. V. [Lichtpause] 1949.

Müller-Wagner, Katharina: Unterricht nach dem bedingten Spracherfahrungsansatz. In: Zeitschrift für Heilpädagogik 48 (1997) 3, S. 121–127.

Muth, Jakob; Renneberg, Gerhard; Herbst, Walter: Lustige Leseschule. Bochum: Kamp [1967].

Naumann, Carl Ludwig: Gesprochenes Deutsch und Orthographie. Linguistische und didaktische Studien zur Rolle der gesprochenen Sprache im System und Erwerb der Rechtschreibung. Frankfurt a.M. u.a.: Peter Lang 1989.

Naumann, Carl Ludwig: Orientierungswortschatz. Die wichtigsten Wörter und Regeln für die Rechtschreibung. Klasse 1–6. Mit Beiträgen von Karl-Ludwig Herné, Ingrid Niedersteberg, Angelika Nühring, Hildegard Weiden. Weinheim, Basel: Beltz 1999.

Naumann, Carl Ludwig: Lese-Rechtschreib-Schwierigkeiten – eine Teilleistungsschwäche? Eine sprachdidaktische Betrachtung. In: Berufsförderungswerk Hamburg (Hrsg.): Aufmerksamkeitsdefizit, Hyperaktivität, Teilleistungsstörungen. Dokumentation der Ringvorlesung in Hamburg im Sommer 2002. Hamburg: Feldhaus 2004a, S. 186–200.

Naumann, Carl Ludwig: Geschichte und Zweck der Rechtschreibung. In: Die Grundschule 36 (2004b) H. 11, S. 54–55.

Neuhaus-Siemon, Elisabeth (Hrsg.): Schreibenlernen im Anfangsunterricht der Grundschule. Königstein/Ts.: Scriptor 1981.

Nickel, Horst: Entwicklungspsychologie des Kindes- und Jugendalters. Band 2: Schulkind und Jugendlicher. Bern: Huber 1975.

Organisation for Economic Co-Operation and Development OECD (Hrsg.): Learning for Tomorrow's World. First Results from PISA 2003. Aktualisiert: 06. 12. 2004. URL: http//a455.g.akamai.net/7/455/1879/v1/193.51.65.71/dataoecd/1/60/34002216.pdf [Aufruf 2004-12-12]

Ossner, Jakob: Prozeßorientierte Schreibdidaktik in Lehrplänen. In: Bauermann, Jürgen; Weingarten, Rüdiger (Hrsg.): Schreiben. Prozesse, Prozeduren und Produkte. Opladen: Westdeutscher Verlag 1995, S. 29–50.

Pasternicki, J. George: Paper for Writing: Research and Recommendations. In: Alston, Jean; Taylor, Jane: Handwriting. Theory, Research and Practice. London u.a.: Croom Helm 1987.

Peschel, Markus: Lesen durch Schreiben in offenen Lernsituationen. Eine qualitative Fallstudie in Hamburger ersten Klassen zum Konzept »Lesen durch Schreiben« von Jürgen Reichen. Berlin: Wissenschaftlicher Verlag Berlin 2004.

Rahn, Gottfried: Der Sprechspurgedanke. Ein Versuch seiner begrifflichen Einordnung in den Zusammenhang der Wissenschaft von Sprache und Schrift. Bochum: Kamp o.J. [1951].

Ramsden, Melvyn: Putting Pen to Paper. The Principles and Practice of Handwriting. Devon: Southgate Publishers 1992.

Reichen, Jürgen: Lesen durch Schreiben. Wie Kinder selbstgesteuert lesen lernen. Lesedidaktische, lernpsychologische und schulpädagogische Grundlagen eines vom Schüler selbstgesteuerten Schriftspracherwerbs. 3. Aufl. Zürich: Sabe 1988, Heft 1–8.

Richter, Sigrun: Die Vereinfachte Ausgangsschrift auf dem Prüfstand: ein Fazit. In: Brügelmann, Hans; Fölling-Albers, Maria; Richter, Sigrun (Hrsg.): Jahrbuch Grundschule. Fragen der Praxis – Befunde der Forschung. Seelze; Velber: Friedrich 1998a, S. 204–207.

Richter, Sigrun: Was Schulschriften leisten können – und was nicht. In: Grundschule 30 (1998b) 12, S. 9–11.

Rother, Ilse: Schulanfang. Ein Beitrag zur Arbeit in den ersten beiden Schuljahren. Frankfurt, Berlin, Bonn: Diesterweg, 1955, [s. a. Lichtenstein-Rother].

Rudolf, Horst: Die Entwicklung der Graphomotorik als psychomotorischer Prozess. In: diagnostica, 26. Jg. (1980), H. 4, S. 354–360.

Sassoon, Rosemary: The Practical Guide to Children's Handwriting. London: Thames and Hudson 1983.

Sattler, Johanna Barbara: Das linkshändige Kind in der Grundschule. Donauwörth: Auer ^{9}2000.

Sattler, Johanna Barbara: Linkshändigkeit. In: Bredel, Ursula u.a. (Hrsg.): Didaktik der deutschen Sprache. Ein Handbuch. Teilband 1. Paderborn: Schöningh 2003, S. 329–340 (= UTB 8235).

Scheerer-Neumann, Gerheid: Lesenlernen: Entwicklungsprozesse und Probleme. Potsdam 1995 (= Potsdamer Studien zur Grundschulforschung 4).

Scheerer-Neumann, Gerheid: Stufenmodelle des Schriftspracherwerbs – Wo stehen wir heute? In: Balhorn, Heiko u.a. (Hrsg.): Schatzkiste Sprache 1. Von den Wegen der Kinder in die Schrift. Frankfurt: Arbeitskreis Grundschule – Der Grundschulverband 1998, S. 54–62.

Schenk, Christa: Lesen und Schreiben lernen und lehren. Eine Didaktik des Erstlese- und Erstschreibunterrichts. Baltmannsweiler: Schneider-Verlag Hohengehren 1997.

Schlimbach, Gustav: Begleitwort zu G. Schlimbachs Fibel, neue Ausgabe von [Ernst] Linde und [Edwin] Wilke. Gotha: Thienemann 1898.

Schmitt, Carl Friedrich: Über Analyse beim Lesen. In: Schmitt, Carl Friedrich (Hrsg.): Die Lese-Synthese. Frankfurt: Diesterweg 1966.

Schorch, Günther (Hrsg.): Schreibenlernen und Schriftspracherwerb. 2. Aufl. Bad Heilbrunn: Klinkhardt 1992 (=Studientexte zur Grundschulpädagogik).

Schorch, Günther: Entwicklung des Handschreibens. In: Bredel, Ursula u.a. (Hrsg.): Didaktik der deutschen Sprache. Ein Handbuch. Teilband 1. Paderborn: Schöningh 2003, S. 286–296 (= UTB 8235).

Sealey, Leonard; Sealey, Nancy; Millmore, Marcia: Children's writing. An approach for the primary. Newark, Del.: Internat. Reading Assoc. 1983.

Søvik, Nils; Arntzen, Oddvar: A developmental study of the relation between the movement patterns in letter combinations (word) and writing. In: Wann, John; Wing, Alan M.; Søvik, Nils (eds): Development of Graphic Skills. Research Perspectives and Educational Implications. London u.a.: Academic Press 1991. S. 77–89.

Spitta, Gudrun: Kinder schreiben eigene Texte. Klasse 1 und 2. Lesen und Schreiben im Zusammenhang, spontanes Schreiben, Schreibprojekte. Frankfurt a.M.: Cornelsen Scriptor 1988.

Thomé, Günther: Über die Konzeption von Anlauttabellen. Oder: Schreiben wir mit Buchstaben? In: Am Rande der Schrift. Zwischen Sprachvielfalt und Analphabetismus. Lengwil: Faude 1995, S. 299–305.

Thomé, Günther: »Schreiben durch Lesen« oder »Lesen durch Schreiben«. Fibel oder Anlauttabelle? In: Grundschulunterricht Berlin (1996) H. 1, S. 14–16.

Thomé, Günther; Thomé, Dorothea: Schriftspracherwerb. Heidelberg: Julius Groos 1999 (= Studienbibliographie Sprachwissenschaft 28).

Thomé, Günther: Entwicklung der basalen Rechtschreibkenntnisse. In: Bredel, Ursula u.a. (Hrsg.): Didaktik der deutschen Sprache. Ein Handbuch. Teilband 1. Paderborn: Schöningh 2003, S. 369–379 (= UTB 8235).

Topsch, Wilhelm: Lesen lernen und Lesen lehren. Lernbehindertendidaktik: Sprache/Deutsch. Kurseinheit 1. Hagen: Fernuniversität 1981.

Topsch, Wilhelm (Hrsg.): Hallo, Kinder. Schriftspracherwerb auf der Grundlage des integrativen Schreib-Lese-Verfahrens. Hannover: Schroedel Schulbuchverlag 1987.

Topsch, Wilhelm: Lesenlernen/Erstleseunterricht. 3. Aufl. Bochum: Kamp 1988.

Topsch, Wilhelm (Hrsg.): Hallo, Kinder. Kommentarband mit Kopiervorlagen. Erweit. und aktual. Aufl. Hannover: Schroedel Schulbuchverlag 1992.

Topsch, Wilhelm: Das Ende einer Legende. Die Vereinfachte Ausgangsschrift auf dem Prüfstand. Donauwörth: Auer 1996.

Topsch, Wilhelm: Lesenlernen/Schreibenlernen. Anregungen für einen handlungsorientierten Schriftspracherwerb. 4. Aufl. Oldenburg: Zentrum für pädagogische Berufspraxis 1998 (= Oldenburger Vordrucke Nr. 207).

Topsch, Wilhelm: Streitpunkt Vereinfachte Ausgangsschrift. Die Forschungsergebnisse sind nicht haltbar. In: Brügelmann, Hans; Fölling-Albers, Maria; Richter, Sigrun (Hrsg.): Jahrbuch Grundschule. Fragen der Praxis – Befunde der Forschung. Seelze; Velber: Friedrich 1998a, S. 193–198.

Topsch, Wilhelm: Kritische Untersuchung der Forschungsergebnisse zur Vereinfachten Ausgangsschrift. In: Hasert, Jürgen; Ossner, Jakob (Hrsg.): Schriften schreiben. Osnabrücker Beiträge zur Sprachtheorie. 56 Jg. (1998b), S. 75–103.

Topsch, Wilhelm: Geschichte der Didaktik des Lesens. In: Bredel, Ursula u.a. (Hrsg.): Didaktik der deutschen Sprache. Ein Handbuch. Teilband 1. Paderborn: Schöningh 2003a, S. 501–512 (= UTB 8235).

Topsch, Wilhelm: Methoden des Handschreibunterrichts. In: Bredel, Ursula u.a. (Hrsg.): Didaktik der deutschen Sprache. Ein Handbuch. Teilband 2. Paderborn: Schöningh 2003b, S. 772–784 (= UTB 8236).

Topsch, Wilhelm: Einführung in die Grundschulpädagogik. Berlin: Cornelsen Scriptor 2004a.

Topsch, Wilhelm: Grundwissen für Schulpraktikum und Unterricht. 2., überarb. und erw. Aufl. Weinheim, Basel: Beltz 2004b.

Valtin, Renate: Theoretische Grundlegung des didaktischen Konzepts. In: Hinrichs, Jens; Will-Beuermann, Helene; Valtin, Renate (Hrsg.): Bunte Fibel. Fibelhandbuch. Hannover: Schroedel Schulbuchverlag 1990, S. 3–30.

Vestner, Hans: CVK-Leselehrgang. Sprechen – Schreiben – Lesen. Berlin: Cornelsen-Velhagen & Klasing 1973.

Walter, Jürgen: Der Spracherfahrungsansatz für den Anfangsunterricht: Effekte und didaktisch-methodische Konsequenzen aus den USA. In: Sonderpädagogik 26 (1996a) 3, S. 136–143.

Walter, Jürgen: Förderung bei Lese- und Rechtschreibschwäche. Grundlagenforschung, methodische Konsequenzen, Praxisbeispiele und mediendidaktische Anregungen auf der Basis empirischer Forschungsmethoden. Göttingen: Hogrefe 1996b.

Warwel, Kurt: Probleme und Aspekte des Erstschreibunterrichts. In: Deutsche Forschungsgemeinschaft (Hrsg.): Probleme des Schreibenlernens. Thesen, Beiträge und Ergebnisse eines Rundgesprächs der Deutschen Forschungsgemeinschaft. Bad Homburg: o. V. 1980, S. 97–132.

Weinert, Franz. E., Simons, H., Essing, W.: Schreiblehrmethode und Schreibentwicklung. Eine empirische Untersuchung über einige Auswirkungen verschiedener Lehrmethoden des Erstschreibunterrichts auf die Entwicklung des Schreibens im Grundschulalter. Weinheim: Beltz 1966.

[Zimmermann, Otto:] Kinderwelt. Erstes Schuljahr. Bearbeitet auf Grund von Otto Zimmermanns Hansafibel. Braunschweig, Berlin, Hamburg: Westermann 1947. Mit Genehmigung für den Gebrauch an Schulen durch Control Commission for Germany (B.E.).

Zischka, Anton: Welt ohne Analphabeten. Probleme und Möglichkeiten der Bildungshilfe. Gütersloh: Bertelsmann 1964.

Sachregister